Motivation trifft Begabung

AF522752

Motivation trifft Begabung
Gerhard Lehwald

Wissenschaftlicher Beirat Programmbereich Psychologie:
Prof. Dr. Guy Bodenmann, Zürich; Prof. Dr. Lutz Jäncke, Zürich;
Prof. Dr. Franz Petermann, Bremen; Prof. Dr. Astrid Schütz, Bamberg;
Prof. Dr. Markus Wirtz, Freiburg i. Br.

Gerhard Lehwald

Motivation trifft Begabung

Begabte Kinder und Jugendliche verstehen und gezielt fördern

Gerhard Lehwald, Prof. Dr.
Wachauer Straße 45
04416 Markkleeberg
Deutschland
Gerhard_Lehwald@t-online.de

Geschützte Warennamen (Warenzeichen) werden nicht besonders kenntlich gemacht. Aus dem Fehlen eines solchen Hinweises kann also nicht geschlossen werden, dass es sich um einen freien Warennamen handelt.

Bibliografische Information der Deutschen Nationalbibliothek
Die Deutsche Nationalbibliothek verzeichnet diese Publikation in der Deutschen Nationalbibliografie; detaillierte bibliografische Daten sind im Internet über http://www.dnb.de abrufbar.

Dieses Werk einschließlich aller seiner Teile ist urheberrechtlich geschützt. Jede Verwertung außerhalb der engen Grenzen des Urheberrechtes ist ohne Zustimmung des Verlages unzulässig und strafbar. Das gilt insbesondere für Kopien und Vervielfältigungen zu Lehr- und Unterrichtszwecken, Übersetzungen, Mikroverfilmungen sowie die Einspeicherung und Verarbeitung in elektronischen Systemen.

Anregungen und Zuschriften bitte an:
Hogrefe AG
Lektorat Psychologie
Länggass-Strasse 76
3000 Bern 9
Schweiz
Tel: +41 31 300 45 00
E-Mail: verlag@hogrefe.ch
Internet: http://www.hogrefe.ch

Lektorat: Dr. Susanne Lauri
Bearbeitung: Edeltraud Schönfeldt, Berlin
Herstellung: René Tschirren
Umschlagabbildung: @F1online
Umschlag: Claude Borer, Riehen
Satz: Claudia Wild, Konstanz
Druck und buchbinderische Verarbeitung: Finidr s. r. o., Český Těšín
Printed in Czech Republic

1. Auflage 2017
© 2017 Hogrefe Verlag, Bern

(E-Book-ISBN_PDF 978-3-456-95588-9)
(E-Book-ISBN_EPUB 978-3-456-75588-5)
ISBN 978-3-456-85588-2
http://doi.org/10.1024/85588-000

Inhalt

Abkürzungsverzeichnis erwähnter Testverfahren und Fragebogen

Näheres über die veröffentlichten Testverfahren erfährt man auf der Internetseite der Testzentrale Göttingen des Hogrefe-Verlages (www.testzentrale.de).

BBT 3–4: Bildungsberatungstest 3. bis 4. Klassenstufe (Ingenkamp, 1999)

BIVA: Bildbasierter Intelligenztest für das Vorschulalter (Berg & Schaarschmidt, 1990)

BVA: Bilderverfahren Anstrengungsbereitschaft (Lehwald, 2009)

BVE: Bilderverfahren Erkenntnisstreben (Lehwald, 1985)

CFT 20R: Culture Fair Intelligence Test – Revised, Version 20 R; Grundintelligenztest (Weiß, 2006)

CSBT: Checkliste zur Selbsterfassung der Bezugsnorm-Orientierung (Lehwald & Waka, 2007; siehe Anhang)

DEF: Diagnostischer Elternfragebogen (Dehmelt, Kuhnert & Zinn, 1993)

DEMAT: Deutscher Mathematiktest (Roick, Gölitz & Hasselhorn, 2004)

DIKJ: Depressionsinventar Kinder und Jugendliche (Stiensmeier-Pelster et al., 2014)

ESM: Erlebnis-Stichproben-Methode (Csikszentmihályi & Larson, 1987)

FEBO: Fragebogen zur Erfassung der Bezugsnorm-Orientierung (Rheinberg, 1980)

FES-K: Fragebogen Erkenntnisstreben Kurzform (Lehwald, 2009)

FES-S: Fragebogen Erkenntnisstreben für das Sekundarschulalter (Lehwald, 1985)

FKS: Flow Kurz-Skala (Rheinberg, 2004)

FPI-R: Freiburger Persönlichkeitsinventar Revidiert (Fahrenberg, 2001)

GIS: Generelle Interessen-Skala (Brickenkamp, 1990)

HAWIK III: Hamburg-Wechsler-Intelligenztest für Kinder III (Tewes, Schallberger & Rossmann, 1999)

HST-P: Handlungsverfahren Schöpferische Tätigkeiten Primarstufe (Lehwald & Paternostro, 2010)

KFT 1–3: Kognitiver Fähigkeitstest Klassenstufe 1 bis 3 (Heller & Geisler, 1983)

KFT 4–12+: Kognitiver Fähigkeitstest Klassenstufe 4 bis 12+ (Heller & Perleth, 2000)

KFT-HB 3: Kognitiver Fähigkeitstest für Hochbegabte 3. Klassenstufe (Heller & Perleth, 2007a)

KVS-P: Kreativitätstest Vorschul- und Schulkinder (Krampen, 1996)

LMG: Leistungs-Motivations-Gitter (Schmalt, 1976)

LMS: Leistungsmotivations-Fragebogen in der MHBT-S (Heller & Perleth, 2007b)

MHBT-P/S: Münchner Hochbegabungstestbatterie (Heller & Perleth, 2007a und b)

PH: Persönliche Hitliste (Rheinberg, 2004)

PMI: Potsdamer Motivationsinventar (Rheinberg, 2004)

SST-P: Skala Schöpferische Tätigkeiten für das Primarschulalter (Lehwald & Paternostro, 2010)

VEC: Vorschul-Erzieher/innen-Checkliste (Lehwald & Ofner, 2007)

ZVT: Zahlen-Verbindungs-Test (Oswald & Roth, 1987)

Vorwort

Kürzlich liess eine Meldung der Kultusministerkonferenz aufhorchen, wonach eine eine „neue" Zielgruppe verstärkt gefördert werden sollte: die besonders guten, talentierten Schülerinnen und Schüler. Man wolle – so ihre Botschaft – endlich etwas für die Begabten tun. Diese Nachricht hat wahrscheinlich alle in der Begabtenförderung und Begabungsforschung Tätigen verblüfft, hat doch dieser Bereich eine jahrzehntealte Tradition. Wirft man allerdings einen genaueren Blick auf die Absichten der Kultusministerkonferenz, dann soll es explizit um Eliteförderung gehen. Man möchte eine unverkrampftere Diskussion, weil es geradezu verpönt sei, das Wort „Elite" in den Mund zu nehmen. Tatsächlich ist es emotional stark aufgeladen. Denn zur Elite können per definitionem nur wenige gehören. Problematisch ist dies vor allem dann, wenn man aufgrund des Elternhauses und nicht der Leistung Mitglied einer Bildungselite ist oder wird.

Die Kultusministerkonferenz hat deshalb Recht: Wir brauchen keinesfalls lediglich eine neue Initiative zur Eliteförderung, sondern vielmehr eine Konzentration auf die Förderung aller Begabungen, die der Chancengerechtigkeit verpflichtet ist. Chancengerechtigkeit meint, dass jeder junge Mensch die seinen Begabungen, Neigungen und Möglichkeiten optimal förderlichen Bildungschancen bekommen soll – unabhängig von seiner sozialen Herkunft, seiner Nationalität oder seinem Wohnort.

Genau hier setzt die Publikation von Gerhard Lehwald ein. Es ist ihm hoch anzurechnen, dass er damit einen neuen Weg in der Begabungsforschung geht und zwar in doppelter Hinsicht: Erstens, indem er anders als bislang üblich die intrinsische Motive ins Zentrum seiner Betrachtungen stellt; zweitens, dass er sich auf die Begabungsentwicklung konzentriert, die auf ein Zusammenspiel individueller und kontextueller Faktoren angewiesen ist. Damit stellt er den Zugang zu einem vertieften Verständnis des Begriffs „Begabung" her und macht dadurch exzellente Leistungen Begabter besser erklärbar, aber genauso auch Störungen der Begabungsentwicklung.

Seine Erkenntnisse müssen uns zuversichtlicher stimmen. Damit sich jedoch Begabungen und Talente entwickeln können und sich Leistungsexzellenz manifestieren kann, muss unsere Gesellschaft deutlich grössere Anstrengungen tätigen. Hervorragend und auch anders zu sein, sollte weit stärker als bis anhin als individuelles Recht anerkannt werden. Genau deshalb gilt es, in allen sozialen Milieus und Kulturen motivationale und persönlichkeitsbezogene Merkmale der Heranwachsenden zu stärken. Begabungsförderung muss im Bewusstsein sozialer Verpflichtung aufgebaut werden, und sie muss sowohl die Suche nach Spitzenleistungen als auch das Streben nach Chancengerechtigkeit einschliessen. Elite muss für alle möglich sein – diese Hausaufgabe steht uns noch bevor. Aber Gerhard Lehwald lenkt uns mit seinem Werk in die richtige Richtung.

Seine psychologische Forschung ist wichtig und aktuell. Sie trägt dazu bei, dass die Entwicklung von Begabungen unseres Nachwuchses insgesamt ernster genommen wird. Die Förderung begabter Kinder und Jugendlicher, besonders derjenigen, welche aufgrund besonderer Umstände nicht als solche identifiziert werden, hängt in erster Linie davon ab, inwiefern ihr Potenzial von ihrer Umgebung entdeckt, anerkannt und gewürdigt werden. Kinder müssen ermutigt werden, zu kompetenten, und neugierigen Menschen heranzuwachsen. Sie sollen sich ihr Leben lang nicht davon abbringen lassen, ihren eigenen Weg zu gehen, Fragen zu stellen, zu experimentieren und immer weiter zu lernen. Wenn sie zu sich selbst und zu anderen eine positive Einstellung entwickeln, und hohe Ziele zuversichtlich angehen, sind sie sowohl für psychologische Ziele als auch für die Bewältigung ihres Bildungs- und Lebensweges gut vorbereitet.

Das vorliegende Werk von Gerhard Lehwald ist dieser optimistischen Sichtweise verpflichtet. In fünf Kapiteln zeichnet der Autor auf, dass motivationale Faktoren einen entscheidenden Einfluss auf die Entwicklung intellektueller und vieler anderer Fähigkeiten nehmen. Anders als bislang üblich rückt er intrinsische Motive (Wissbegier, Erkenntnisstreben, Leistungsmotivation) ins Zentrum der Begabungsentwicklung. Der Kern seiner Argumentation ist, dass Begabung, Begabungsentwicklung und Begabtenförderung erst mit dem Blick auf das Zusammenspiel genetischer, motivationaler und erziehungswirksamer Umweltfaktoren verständlich wird. Damit wirft dieser Zugang ein neues Licht auf die Möglichkeiten der Diagnostik, Beratung und die Förderung begabter Kinder und Jugendlicher, insbesondere auch auf solche mit Problemen. Derartiges psychologisches Wissen kann Eltern wie auch Lehrkräften und Fachexperten helfen, nicht nur die besonderen Bedürfnisse überdurchschnittlich Begabter zuerkennen, sondern ebenso allgemeine Förderstrategien zu entwickeln. Dieses Werk ist deshalb eine wegweisende, kreative und auch motivierende Anregung für alle, welche sich mit der Begabungsthematik auseinandersetzen.

Juli 2016, Prof. Dr. Margrit Stamm
Direktorin des Forschungsinstituts Swiss Education, Bern

Zur Einführung

Dieses Buch befasst sich mit der Individualität begabter Kinder. Auch wenn wir von „den Begabten“ sprechen, heißt das nicht, alle wären gleich. Sie sind genauso unterschiedlich wie andere Kinder. Woher kommt die große Streubreite der Lern- und Persönlichkeitsmerkmale? Das wird ein Hauptthema des Buches sein.

Begabte fassen Inhalte schneller auf als Gleichaltrige und legen oft andere und tiefgründigere Interessen und Lernbedürfnisse an den Tag. Ausgehend von den Lern- und Motivmerkmalen begabter Schülerinnen und Schüler will das Buch Verständnis für individuelle Anlagen, für individualisierte Bildung und Förderung im Elternhaus und in der Schule wecken. Dabei geht der Autor einen neuen Weg, indem er – anders als bislang in der Begabungsforschung üblich – gegenstandsbezogene und tätigkeitsbezogene Motive (Neugier, Wissbegier, Erkenntnisstreben) ins Zentrum der Betrachtung stellt. Die Möglichkeiten der Diagnostik und Beratung und die Förderung hochbegabter Problemkinder (Underachiever) werden ausführlich an Beispielen vorgeführt. Alle dargestellten theoretischen Konzepte sind so aufbereitet, dass man sie als mögliche Antworten auf Praxisanforderungen verstehen kann. Der Autor stellt Checklisten und Fragebogen zur Verfügung und erklärt an Fallbeispielen aus der eigenen Beratungspraxis, wie Begabungsentwicklung und Begabtenförderung erfolgreich verlaufen kann.

Noch ein Wort zur Struktur des Buches. Es ist in vier große Abschnitte gegliedert: Motiventwicklung, Begabungsentfaltung, Diagnostik und Förderung. In den Kapiteln mit dem Zusatz „Entwicklungslinien“ werden Verläufe der Motiventwicklung dargestellt. In Abschnitten mit dem Zusatz „Entwicklungsfenster“ finden sich praktische Beispiele (Fallbeispiele). Die Kapitel ohne zusätzliche Bezeichnungen stellen Einführungen oder aktuelle Forschungsstände dar. Die Fragen zum „Nach-Denken“ sollen zur vertieften Beschäftigung mit der jeweiligen Thematik animieren. Unter „Nach-Lesen“ findet die interessierte Leserin und der interessierte Leser ausgewählte Zusatzliteratur.

Nun wünsche ich viel Freude bei der Vermehrung der eigenen Erkenntnisse.

Gerhard Lehwald, Markkleeberg
im Mai 2016

1 Entwicklung von Tätigkeits- und Leistungsmotiven

1.1 Intrinsische und extrinsische Motivation: ein ungleiches Begriffspaar

Beobachten wir Tim und Jan im Unterricht einer fünften Klasse. Sie sind gerade ins Gymnasium übergewechselt. Glücklicherweise haben wir von beiden die Ergebnisse eines Intelligenztests. Sie liegen für Tim bei IQ 129 und für Jan bei IQ 130. Weil der gleiche Intelligenztest eingesetzt wurde, kann man sagen, sie sind gleich intelligent, und zwar auf hohem Niveau.

Tim sucht vor allem in seinen Lieblingsfächern (das sind derzeit Mathematik und Biologie) nach Problemstellungen, die er eigenständig lösen kann. Dabei ist ihm der Lehrer manchmal im Wege, der ihm eigentlich helfen will. Die Lehrerbewertungen (sprich Zensuren) sind ihm zunächst egal. Für ihn ist es wichtig, dass die Lerninhalte attraktiv sind und er sie selbständig erschließen kann. So zieht er seine Kenntnisse direkt aus dem jeweiligen Lernprozess und erlebt dabei positive Affekte und Emotionen, die ihn vorantreiben. Er braucht nicht viele Lernbeispiele, denn er sucht sofort nach den innewohnenden Gesetzen. Das macht es ihm möglich, selbstgefundene Regeln und Gesetze recht zügig auf neue Lerngegenstände zu übertragen. Dieser Transfer führt dazu, dass er den Mitschüler/innen oft weit voraus ist und sich mitunter im Unterricht langweilt.

Die Lernstrategie von Jan ist völlig anders. Er strebt nach guten Resultaten (sprich Zensuren). Wenn er in seinen Lieblingsfächern (das sind derzeit Mathematik und Geografie) ein neues Thema in Angriff nimmt, kalkuliert er zunächst, was er damit gewinnen kann. Er durchsucht also gewissermaßen die Lernsituation, ob er darin Gütemaßstäbe wiederfindet („Ich bin Vergleich zu den anderen gut", „Ich bin im Vergleich zu den anderen schlecht"), aus denen er persönlichen Gewinn ziehen kann. Dabei nutzt er die Kenntnisse und Bewertungen der Lehrperson. Erst wenn dieses Prüfen ihm ein günstiges Ergebnis in Aussicht stellt, strengt er sich an. Der Lerngegenstand rangiert beim Entwickeln der persönlichen Anstrengungbereitschaft erst an zweiter Stelle.

Damit sind wir schon mittendrin in der Aufklärung individueller Differenzen. Motive scheinen dabei eine zentrale Bedeutung zu spielen. Weil man sie nicht direkt beobachten kann (Motive sind hypothetische Konstrukte), muss man sie aus anderen Sachverhalten erschließen, die als Anzeiger dienen können (Indikatoren). So hinterlassen Motive Spuren im Handlungsablauf. Anders als zum Beispiel beim Messen der Intelligenz mit Testverfahren spielt bei der Motivmessung die Situation, in der sich eine Person befindet, eine ganz entscheidende Rolle und lässt sich zur Motiverkennung mit heranziehen.

In den oben skizzierten Beispielen zeigen sich bedeutsame Unterschiede im Lernverhalten von nachweislich gleich intelligenten Kindern. Tim ist stark gegenstandsmotiviert bzw. tätigkeitsmotiviert und deshalb besonders an problemhaften Lernsituationen interessiert. Davon fühlt er sich herausgefordert. Das macht ihn unabhängiger von äußeren Bewertungen. Er lebt in seiner eigenen Forschungswelt. Jan dagegen hat offensichtlich einen ausgeprägten Leistungsdrang und sucht in Lerngelegenheiten vor allem Gütemaßstäbe für gute und schlechte Leistungen. Das schränkt auf die Dauer seine Kreativität ein. Durch seine einengende Konzentration auf gut bewertete Leistungen agiert er nicht mehr unbefangen und will vor allem anderen seine Tüchtigkeit beweisen.

Den engen Zusammenhang zwischen Motiv und Situation hat bereits in den dreißiger Jahren des vergangenen Jahrhunderts der bedeutende deutsche Psychologe Kurt Lewin erforscht (Lewin, 1931). Er übernahm die Begriffe „intrinsische" und „extrinsische Motivation" von Woodworth (1918) und gestaltete sie weiter aus, indem er Motive mit der sie stützenden Situation verband (situationsspezifisches Verhalten). Lewin war der Meinung, dass menschliches Handeln als eine Funktion der Person (P) und der sie tragenden Umwelt (U) anzusehen ist. Das aktuelle Verhalten (V) wäre somit durch die Formel V = f (P,U) gekennzeichnet. Lewin nahm an, dass Menschen immer jene Zielzustände anstreben, die für sie einen hohen Anreizwert oder Bekräftigungswert besitzen.

Für Tim besteht der hohe Anreizwert im Gegenstands- und Tätigkeitsvollzug. Er bezieht seine Motivation aus dem Prozess – *intrinsisch.* Das dominierende Motiv, das dahintersteht, ist Wissbegier oder auch Erkenntnisstreben. Die Belohnung für das entdeckende Lernverhalten liegt also im Tätigkeitsprozess selbst. Deshalb richtet sich die individuelle Anstrengung darauf, den Lerngegenstand umfassend zu erforschen und kennenzulernen.

Intrinsische Anstrengungsbereitschaft gehört zu den Antrieben, die direkt aus dem Tätigkeitsgegenstand erwachsen. Das bedeutet, dass die Situation, in der Tim handelt, eine Motivbefriedigung und ein Erreichen der Ziele enthält. Gestützt wird ein solches Verhalten von einer emotionalen Komponente, die in den letzten Jahren starke Forschungsrelevanz gewann. Csikszentmihályi (1997) beschrieb sie als *Flow-Erleben.*

Das Flow-Erleben ist ein spezielles Phänomen der Tätigkeitsmotivation. Man bezeichnet damit den Zustand des gänzlichen Aufgehens in einer Tätigkeit, die als angenehm erlebt wird und zur Zufriedenheit und freudvollem Erleben führt (siehe hierzu Unterkapitel 2.4). Wir bezeichnen die Antriebe, die sich in ihrer Gesamtheit daraus ergeben, als *Tätigkeitsmotivation.* Tim ist also tätigkeitsmotiviert.

Für Jan dagegen ist der folgende Sachverhalt relevant: Wenn ich mich anstrenge, schaffe ich bestimmt eine gute Zensur. Hier liegt eine Handlungsergebnis-Erwartung vor, denn die Gratifikation – die gute Note – erfolgt in der Regel, nachdem die (Schul)Leistung erbracht wurde. Der Lohn für sein Bemühen liegt außerhalb eines Tätigkeitsvollzuges. Das Ergebnis gilt ihm dann als gelungen, wenn er Erfolg hatte, und als misslungen erlebt er es, wenn sich ein Misserfolg einstellt. Wir bezeichnen das Motiv, das hinter diesem Verhalten steckt, in seiner Gesamtheit als *Leistungsmotiv*. Dieses bezieht sich immer auf einen (internen) Gütemaßstab, an dem die eigene vollbrachte Leistung intern gemessen wird. Der Antrieb zum Lernhandeln liegt für Jan nicht im Handlungsprozess, sondern außerhalb als erhofftes Ergebnis oder als erwünschte Folgen. Deshalb wird diese Motivform als *extrinsisch* (von außen kommend) bezeichnet. Jan ist also vor allem leistungsmotiviert.

Die Frage, wie Gütemaßstäbe im Kleinkind- und Vorschulalter aufgebaut werden und wie sie über die Lebensspanne wirken, beschäftigt die Leistungsmotivationsforschung schon seit Längerem (Heckhausen, 1980). Darauf wird noch zurückzukommen sein. Es sei hervorgehoben, dass es rein intrinsische und rein extrinsische Motive nicht geben kann. Auch Tim möchte natürlich von der Lehrkraft bzw. den Eltern erfahren, wie seine Kreationen bewertet werden. Und Jan mit seinem weitgehend extrinsisch motivierten Lernverhalten interessiert sich auch für fachliche Inhalte.

Weil die Entwicklung der Tätigkeits- und der Leistungsmotivation in der menschlichen Ontogenese weitgehend parallel verläuft, kann man vermuten, dass Begabte mit einem hohen Score in der Tätigkeitsmotivation mittlere oder niedrige Werte in der Leistungsmotivation erreichen. Genauso ist es umgekehrt: Extreme Leistungsmotivation kann mit mittleren oder niedrigen Werten in der Tätigkeitsmotivation korrespondieren. Um deutlich zu machen, welches Motiv im Handlungsablauf gerade führend ist, sprechen wir vom *je dominierenden Motiv*. Bei Tim ist das dominierende Motiv das Tätigkeitsmotiv, bei Jan dagegen die Leistungsmotivation. Das Gesamt aller Motive ist ein kompliziertes Wirkungsgefüge, eingebettet in einen Person-Umwelt-Bezug. Wir kommen später darauf zurück (Unterkapitel 2.6).

Zusammenfassung

Wir haben zwei Schüler kennengelernt, die unterschiedlich motiviert lernen: intrinsisch bzw. extrinsisch. Beim intrinsischen Lernen sind der Gegenstand und der Handlungsprozess ausschlaggebend, beim extrinsischen Lernen dagegen der Gütemaßstab und die externen Belohnungen. Intrinsisches Lernen ist Ausdruck des Tätigkeitsmotiv-Systems. Extrinsisches Lernen ist eine Eigenheit der Leistungsmotivation.

In den folgenden Kapiteln wollen wir zeigen, dass beide Motivsysteme sich lebenslang parallel auf unterschiedliche Weise entwickeln. Unser Fokus liegt auf den Tätigkeitsmotiven, weil wir zeigen wollen, dass die hier vereinigten Motivformen als Motoren die Basis für die Entwicklung von Begabung und Hochbegabung darstellen.

1.2 Was ist Neugier, Wissbegier und Erkenntnisstreben?

Neugier spielt eine zentrale Rolle in der Entwicklung eines Menschen und gilt als wichtige Antriebskraft für die Eigentätigkeit des Kindes in seiner Auseinandersetzung mit der Umwelt. Wir verwenden „Neugier", „Wissbegier", „Erkenntnisstreben" als weitgehend synonyme Termini und bezeichnen sie als *Tätigkeitsmotive.* Sie entsprechen bestimmten Altersgruppen, sagen aber mehr oder weniger dasselbe aus. Es handelt sich um einen motivationalen Zustand, meist ausgelöst durch einen interessierenden Gegenstand, der Kinder veranlasst, durch Explorationsverhalten, Erkundungsverhalten oder gezielte Informationssuche neue Informationen aufzunehmen. Äußere Kennzeichen der Motiviertheit sind die hohe intrinsische Anstrengungsbereitschaft und das umfassende Interesse am tiefgründigen Kenntniserwerb (Lehwald, 2009).

Den Begriff *Neugier* haben wir für das Säuglingsalter reserviert. In keiner anderen Altersgruppe ist das Motiv so eng mit den perzeptiv-motorischen Fähigkeiten verbunden (Boigs & Keller, 1989; Schölmerich & Lengning, 2008). Man spricht hier vom Explorationsverhalten, welches den sinnlichen Zugang zur Welt steuert. Aus dem Explorationsverhalten können wir Rückschlüsse auf die Neugier ziehen. Die Explorationsqualität, der Reichtum der Exploration, kann schon bei Säuglingen sehr unterschiedlich sein. Sie wird zum einen bestimmt von bereits aufgebauten kognitiven Basisfähigkeiten (die in den Genen lokalisiert sind) und zum anderen von vorhandenen Antriebsqualitäten (Neugier). Je höher die erlebte Sicherheit beim Erschließen der Umwelt ist (bestimmt durch eine feste und dauerhafte Bindung an Betreuungspersonen), desto mehr kann sich Neugier zeigen und ausgestalten (vgl. Unterkapitel 1.4). Piaget (1951) bezeichnete die Art und Weise der Exploration in seinen Werken zu Recht als Fenster zur kognitiven Entwicklung. Dabei steht die Exploration im Dienst anderer Entwicklungsbereiche (z. B. Wahrnehmung, Informationsaufnahme, Aufmerksamkeit) und kann diese fördern. Schon auf dieser Altersstufe lassen sich demnach erste Anzeichen für die Begabungsentwicklung aufspüren.

Für das Vorschulalter haben wir den Begriff *Wissbegier* vorgesehen. Im Vorschulalter hat sich die Wissensbasis bereits erheblich erweitert. Das Explorieren, das im Säuglingsalter noch weitgehend ungerichtet und zufällig geschieht, bekommt eine Zielkomponente. Wir sprechen daher vom *Erkundungsverhalten.* Es dient dem Vorschulkind dazu, seinen Wissensstand zu erweitern.

Zusammen mit der Antriebskomponente Wissbegier wird das Erkundungsverhalten zur typischen Form des vorschulischen Lernens. Es veranlasst das Kind, neue, bislang unbekannte Informationen aufzunehmen und diese in ein bereits vorhandenes Wissenssystem einzufügen; dies geschieht durch den handelnden Umgang mit den Dingen (vgl. Mönks & Lehwald, 1991). Dieser handelnde Umgang trägt dazu bei, dass sich begabte Kinder einen großen Wissensbesitz (teilweise als Spezialkenntnisse) aneignen können, der allerdings ein entsprechendes (familiäres) Angebot voraussetzt. Im Mittelpunkt steht jetzt vor allem die verbale Exploration, wozu das Fragenstellen zählt. Das Frageverhalten in Bezug auf Objekte, Personen oder Situationen trägt dazu bei, dass Kinder bereits im Vorschulalter tiefgründig Probleme erkunden können.

Das Frageverhalten kann ein früher Anzeiger für außergewöhnliche Begabung sein. Die Art und Weise, wie Fragen gestellt werden, wie lange und wie tief nachgefragt wird, wonach das Kind fragt, wie *häufig es* Warum-Fragen stellt, weist schon auf die Ausprägung der Wissbegier hin (Stapf, 2010). Hinzu kommt eine sich langsam ausformende Anstrengungskomponente. Intrinsische Anstrengung beschreibt das Ausmaß der Bemühungen um Zielerreichung. Anstrengungsbereitschaft gehört zu den Antrieben begabter Kinder, die direkt aus dem Tätigkeitsgegenstand erwachsen. Sie verleiht dem Erkundungsverhalten Kontinuität und Stabilität. Im Umgang mit dem Kind kommt es darauf an, Material bereitzustellen, das Erkundungshandlungen anregt. Mönks und Ypenburg (2005) meinen sogar, dass das Bremsen oder Verneinen der Wissbegier und des Erkundungsverhaltens im Vorschulalter zu späteren Entwicklungsstörungen führen kann (vgl. Unterkapitel 2.2).

Für die Schulzeit verwenden wir den Begriff *Erkenntnisstreben*. Das im Vorschulalter auftretende Erkundungsverhalten verwandelt sich im Schulalter in gezielte Informationssuche. Nach Erkenntnis strebende Schüler/innen fallen dadurch auf, dass sie beim Lösen von Problemen, bei denen sie ihr eigenes Vorgehen systematisch planen und kontrollieren können, bewusst auf das Anfordern externer Hilfen verzichten (z.B. bei Lehrpersonen). Sie versuchen eher, über die gezielte Aneignung „theoretischer Informationen" selbständig die für den betreffenden Aufgabentyp geltenden Gesetze zu finden.

Nach Erkenntnis strebende Schüler/innen haben also Interesse am Lernziel, aber auch an den Verfahrensmöglichkeiten, das Ziel zu erreichen. Das schließt ein hohes Methodeninteresse mit ein. Das umfassende, tiefgründige Verlangen nach Wissenserwerb, verbunden mit hoher affektiv-emotionaler Beteiligung, kennzeichnet das Merkmal Erkenntnisstreben. Der nicht zu unterschätzende Prozessaspekt äußert sich im Genuss am Schaffensprozess selbst und in der beharrlichen Suche nach einer eigenständigen und originellen Lösung. Das Erkenntnisstreben wird ein Basismotiv produktiver Lerntätigkeiten, das besonders bei begabten Kindern und Jugendlichen imponiert. Im engen Zusammenspiel mit außergewöhnlichen kognitiven Leistungsvoraussetzungen (Intelligenz, Gedächtnis, Aufmerksamkeitsspanne) kann das Erkenntnismotiv zu individuellen Höchstleistungen führen.

Versucht man, Anzeichen des Erkenntnisstrebens zu bestimmen, so ergeben sich folgende Merkmale:

- Bevorzugen selbständiger geistiger Arbeit,
- Streben nach Selbstvervollkommnung,

- affektiv-emotionale Zuwendung zu Problemen (sogenanntes Flow-Erleben),
- beständiges Interesse an zusätzlichen Informationen,
- Wunsch, bei der Erkenntnisgewinnung moralische Standards anzuwenden, und schließlich
- die Neigung, nicht aufzugeben und Schwierigkeiten weitgehend eigenständig zu meistern.

Wir greifen diese Merkmale bei der diagnostischen Erfassung im Abschnitt 3.5.1 nochmals auf. Ergänzt sei hier, dass sich im Schulalter nur unter optimalen Lernbedingungen die intrinsische Anstrengungsbereitschaft entwickelt. Sie äußert sich als hohe Willensstärke im Spezialgebiet und ist oft eng verbunden mit einer leistungsfördernden individuellen Zuschreibungsgewohnheit („Ich kann das"). Selbstverständlich wirkt das Erkenntnisstreben als tätigkeitsbezogenes (intrinsisches und gegenstandsbezogenes) Motiv nicht isoliert. Es ist als Bestandteil einer komplexen Motivationsstruktur zu sehen und interagiert mit Leistungs- und sozialen Motiven (vgl. hierzu nochmals das Lernverhalten von Tim und Jan in Unterkapitel 1.1).

1.3 Exkurs: Intelligenz im Vorschulalter fördern und entwickeln

Wenn wir uns mit der Entwicklung von Motiven über die kindliche Lebenspanne beschäftigen, so dürfen wir auf keinen Fall die geistige Leistungsfähigkeit (Intelligenz) aus dem Auge verlieren. Sie gibt Kindern die spezielle Note; sie ermöglicht, dass Inhalte (das Wissen, die Strategien) nicht nur angestrebt, sondern auch verarbeitet werden. Explorationsverhalten, Erkundung und Informationssuche sind zwar Ausdruck der Tätigkeitsmotivation, aber letztlich ohne Intelligenz nicht erklärbar.

Was ist *Intelligenz?* Das beschäftigt die Forschungswelt seit nahezu hundert Jahren. Die einen verstehen darunter eine Problemlösefähigkeit, die anderen die Fähigkeit, abstrakt zu denken und auf diese Weise neues Wissen zu generieren, wieder andere ersetzen den Begriff einfach durch „schlussfolgerndes Denken" (*reasoning*). In den letzten Jahren ist gerade im Zusammenhang mit dem erneuten Aufleben der Begabungsforschung eine kaum noch zu überschauende Zahl von Publikationen zur Intelligenz entstanden. Dabei wurden viele Definitionen von den jeweils eingesetzten Intelligenztestverfahren und den dahinterliegenden Modellen abgeleitet. Es gibt demzufolge keine allgemeinverbindliche Begriffsbestimmung von „Intelligenz". Das führte zu der spaßig gemeinten Aussage, es gäbe so viele Intelligenzdefinitionen, wie es Intelligenztests gibt. Auf jeden Fall, und darin besteht weitgehend Konsens, handelt es sich bei der Intelligenz um eine basale Grundfähigkeit, die als Potential für zu erbringende Leistungen zur Verfügung steht. Die Intelligenz besitzt, wenn sie komplett ausgebildet ist, eine hohe Generalität (über verschiedene Leistungsanforderungen hinweg) und eine gewisse zeitliche Stabilität (nicht ausschließlich situationsgebunden).

Es gilt aber nicht der Satz: Einmal begabt, immer begabt. Bei keiner Altersstufe wird einem das so klar wie im Kleinkind- und Vorschulalter. Die Gestaltung von Umweltbedingungen (z.B. von kindgerechtem Spielzeug) verfolgt nicht nur Förderziele (Schlagwort: Intelligenz früh erkennen, um Ansatzpunkte für pädagogische Förderung zu finden). Die kindgerechte Förderung besitzt einen Eigenwert. Sie ist die Grundlage der frühen Intelligenzentwicklung. Je anregungsreicher das Umfeld des Klein- und Vorschulkindes ist, desto mehr kann sich die Intelligenz entfalten.

Starken Auftrieb hat die aktuelle Intelligenzforschung durch die Neurowissenschaften erfahren. Hochbegabt ist nach deren Definition das Kind, welches über hervorragende basale (angeborene) und stabile intellektuelle Fähigkeiten verfügt. Erst wenn die angeborenen intellektuellen Basisfaktoren (die in entsprechenden Genen lokalisiert sind) mit antreibenden Tätigkeitsmotiven (Neugier, Wissbegier, Erkenntnisstreben) zusammentreffen, ist eine sichtbare außergewöhnliche Leistung zu erwarten.

Stern und Neubauer (2013) sprechen den Genen eine unterschiedliche Reaktionsnorm zu. Im Kleinkind- und Vorschulalter ist die Reaktionsnorm der Gene relativ hoch. Es bedarf starker Umweltanreize, damit sie sich entfalten können. Optimal gestaltete Umweltbedingungen lassen genetische Unterschiede erst wirksam werden. Genetische Programme zur Intelligenzentwicklung können nur dann ihre Wirkung entfalten, wenn die Umwelt auch Lernangebote macht. „Gene sind weder Dompteure noch Blaupausen. Vielmehr sind sie während des gesamten Lebens aktiv; sie schalten einander an und aus; sie reagieren auf die Umgebung“ (Stern & Neubauer, 2013, S. 78).

Zu den basalen Fähigkeiten zählt die Merkfähigkeit, worunter insbesondere das *Arbeitsgedächtnis* als angeboren gilt. Das Arbeitsgedächtnis ist die Fähigkeit, Informationen im Kurzzeitspeicher festzuhalten und zugleich diese und / oder andere Informationen zu transformieren. Kein Begabungsförderprogramm kann die weitgehend angeborene Fähigkeit aufbauen oder ersetzen. Das Informationssuchverhalten des erkenntnisstrebigen Kindes lebt davon, dass beim Problemlösen (z.B. bei einer komplizierten Mathematikanforderung) Zwischenergebnisse mental festgehalten werden können und dann auf Abruf zur Problemlösung bereitstehen. Eine andere basale Determinante ist offensichtlich die *Verarbeitungsgeschwindigkeit.* Das ist die Geschwindigkeit, mit der elementare kognitive Operationen ausgeführt werden (Salthouse, 1996). Wir staunen manchmal, mit welcher Geschwindigkeit Kinder bereits im Vorschulalter ihre Lernobjekte tiefgründig erkunden. Ein weiterer Faktor ist die *Inhibition,* die Fähigkeit, irrelevante Informationen automatisch auszublenden oder zu unterdrücken (Lindenberger, 2000). Erst wenn Kinder im Lösungsprozess Unwichtiges frühzeitig unterdrücken und sich davon nicht weiter stören lassen, sind blendende Lernergebnisse möglich.

Das Aufkommen der Expertiseforschung (der Begabte als Experte) hat neue Themen generiert. So wird von dieser Forschungsrichtung die Frage gestellt, ob sich Höchstleistungen besser durch Lernen als durch angeborene Intelligenz erklären lassen. Entgegen der weitverbreiteten Meinung wird nämlich durch Förderung (Lernen) der Einfluss der genetischen Anlagen eher vergrößert als verkleinert. Hochbegabung im Vorschulalter wird als Ergebnis einer hochwertigen Förderung angesehen und weniger durch Anlagen determiniert (Ziegler, 2007). Wir werden diesen Gedanken später nochmals aufgreifen (vgl. Unterkapitel 2.1).

Abschließend noch einige Gedanken zur sozialen Einbettung der Intelligenzentwicklung. Auch das soziale Geschehen ist wechselseitig. Zum einen ist klar, dass die Kenntnisaneignung besonders in den frühen Phasen der menschlichen Entwicklung immer sozial vermittelt wird. Zum anderen nimmt das Kind Einfluss auf die Lernangebote der Eltern. Es trägt selbst dazu bei, seine eigenen Lebens- und Entwicklungsbedingungen zu gestalten. Inwieweit aber ein Kind Einfluss auf die Eltern nehmen kann, hängt ganz stark von seiner Intelligenz und dem Explorationsreichtum ab, den es zeigt. Explorationsreichen Kindern machen die Eltern häufig mehr Lernangebote, denn sie finden bei ihnen breite Ansatzflächen für individuelle Förderung vor. Wieder wird deutlich, wie individuelle Entwicklungsverläufe mit relevanter Umwelt verzahnt sind.

In einer Studie (Lehwald, 1993) interessierten wir uns dafür, ob Vorschulkinder bereits über soziale Interaktionsverhaltensweisen verfügen, die der Informationsgewinnung vom Interaktionspartner (Eltern) dienlich sein können. Wäre das der Fall, dann könnte man über das objektbetonte Erkundungsverhalten hinaus ein sozialbezogenes Erklärungsmuster für den selbstbestimmten Aufbau von Wissensstrukturen im Kindesalter anbieten. Angemessene soziale Interaktion der Eltern wäre dann gegeben, wenn die Eltern ihren Kindern altersgerechte Informations- und Wissensangebote machen, ihnen Freizügigkeit beim Selbsterkunden ihrer Umwelt lassen und Hilfestellung bei eventuell stagnierender Wissensaneignung leisten. Die Kinder können über den sozialen Kanal Lösungsinformationen von den Eltern erfahren, und zwar durch Interaktionsverhaltensweisen wie Fragenstellen und Auffordern (aktive Informationssuchprozesse) bzw. Beobachten und Zuhören (passive Informationssuchprozesse). Diese Verhaltensweisen setzt das Kind im sozialen Interaktionsgeschehen ein, um fehlendes Wissen in der Umwelt selbst zu entdecken (Kretschmer, 1990).

Als Untersuchungsmethode entwickelten wir zunächst eine kindgerechte Problemlöseaufgabe. Alle untersuchten Kinder sollten das Modell eines Hausdachs nachbauen (Spitzdach, gleichseitig). Vor den Kindern lag rechts das Modell und etwas weiter links ein Haufen von insgesamt 14 verschieden geschnittenen Bausteinen. Jeweils drei Steine waren von gleicher Form und

Größe. Noch in Abwesenheit des Kindes erhielt die Mutter folgende Instruktion: „Ihr Kind kann jetzt dieses Hausdach aus den Bausteinen zusammenbauen. Sie können *nur dann* in die Aktionen eingreifen, wenn Sie der Meinung sind, dass es alleine nicht mehr weiterkommt bzw. wenn Ihr Kind von Ihnen Hilfeleistungen fordert." Um den Aufbau der Wissensstrukturen zu kontrollieren, setzten wir eine Vorform des „Teddy-Tests" zur Bestimmung semantischer Relationen ein (Friedrich, 1998, dargestellt in Lehwald, 1993) und zusätzlich den „Bildbasierten Intelligenztest für das Vorschulalter – BIVA" (ehemals BILKOG, von Berg & Schaarschmidt, 1990). Alle Untersuchungen wurden mit Video aufgenommen und mit einem eigens entwickelten Auswertungsschlüssel bewertet (s. Abbildung 1-1).

Untersucht wurde eine anfallende Stichprobe (n = 49) aus Kindergärten einer Großstadt. 24 Kinder gehörten zur jüngeren Gruppe und 25 zur älteren. Die Ergebnisse zeigen, dass jüngere Kinder eher passive soziale Interaktionsweisen zur Informationssuche zeigen (Zuhören, Beobachten), ältere dagegen die Interaktion eher aktiv gestalten (Fragenstellen, Auffordern). Erst die aktive Form der sozialen Informationssuche ermöglicht den Aufbau intelligenzbezogener semantischer Relationen. Solche Relationen sind: Was macht der Teddy

Abbildung 1-1: Beispielbild aus dem „Teddy-Test" (Friedrich, 1998).

auf dem Bild (Aktor Aktion) ? Was kämmt der Teddy (Aktion Objekt) ? Womit kämmt sich der Teddy (Instrument)? Wo hinein schaut der Teddy (Lokation)? Warum kämmt sich der Teddy (Finalität)?

Wir konnten nachweisen, dass Kontextwissen in Abhängigkeit vom Alter und von der Ausprägung des sozialen Interaktionsverhaltens zur Informationssuche aufgebaut und spontan genutzt wird. Sechsjährige verwenden bestimmte Relationsklassen häufiger als Vierjährige. Eine Mikroanalyse zeigte, dass Sechsjährige ihren Leistungsvorteil im Wissen vor allem aus der Lokationsrelation (Wo hinein schaut der Teddy?) und der Finalitätsrelation (Warum kämmt sich der Teddy?) ziehen. Hier sind die ermittelten Unterschiede signifikant (s. Abbildung 1-2).

Da wir alle Interaktionen des Kindes mit der Mutter bzw. dem Vater beim Hausdachbauen videografiert haben, konnten wir auch die Reaktion der Eltern bewerten. Wir unterteilten das Elternverhalten in:

- *nonverbale Eingriffe:* jede physische Hilfestellung oder Unterbrechung des Lösungsprozesses ohne verbale Begleitung (Eingreifen der Mutter bzw. des Vaters in den Lösungsablauf);
- *Aufgabenhinweise:* Verbalisierungen, die sich auf einen einzelnen Stein bezogen, wie zum Beispiel Äußerungen über Form, Gestalt oder Größe des Bausteins, oder Platzierungshinweise;
- *Strategiehinweise:* Verbalisierungen zum Vorwissen, zur Bearbeitung, zu Prozessmerkmalen, zum Zielzustand, zur Beziehung zwischen den Stei-

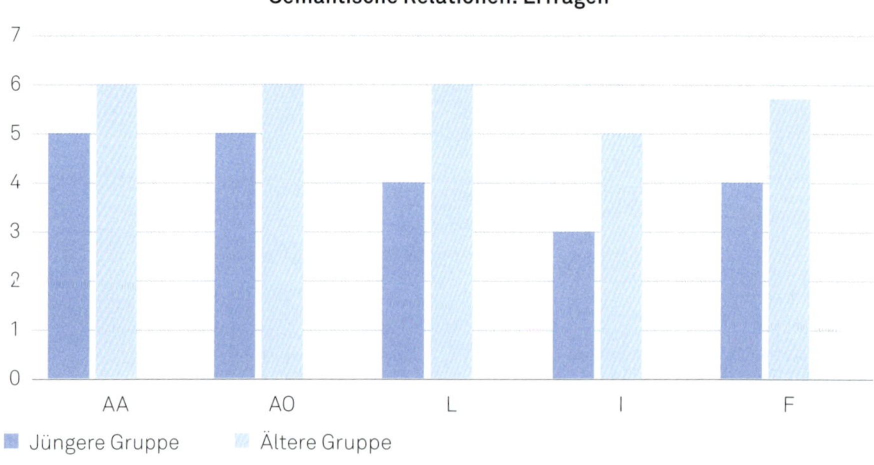

Abbildung 1-2: Häufigkeit semantischer Relationen im „Teddy-Test" in der Kategorie Erfragen bei jüngeren (vierjährigen) und älteren (sechsjährigen) Kindern. AA: Aktor-Aktions-Relation, AO: Aktor-Objekts-Relation, L: Lokations-Relation, I: Instruments-Relation, F: Finalitäts-Relation (Lehwald, 1993, S. 39).

nen. Dabei wurden spezifische Strategiehinweise („Vergleiche beide Teile“) von allgemeinen Strategiehinweisen („Schau erst auf das Modell“) unterschieden;
- *Hinweise zur Steuerung der Selbstregulation:* alle Äußerungen der Mutter oder des Vaters, die den wahrgenommenen emotionalen Zustand verbalisierten bzw. eine gewisse Steuerung dieses Zustandes zum Ziel hatten.

Zur Auswertung lagen je 49 Mutter-Kind- und Vater-Kind-Dyaden vor. Auf die Vater-Kind-Dyaden gehen wir hier nicht weiter ein. Zunächst fiel auf, dass sich Vielfrager von Wenigfragern hinsichtlich der Gewährung mütterlicher Strategiehinweise signifikant unterscheiden. Viel fragende Jungen erhalten mehr Strategiehinweise als viel fragende Mädchen. Offensichtlich wird bei den Müttern neben der Perzeption des aktuellen Frageverhaltens parallel eine geschlechtsspezifische Erwartungshaltung aktualisiert und handlungswirksam.

Um zu klären, welche Persönlichkeitseigenschaften der Mutter für den hilfegewährenden Interaktionsprozess handlungswirksam werden, erfassten wir deren Leistungsmotivation und deren Feinfühligkeit. Zur Bestimmung der Leistungsmotivation verwendeten wir das revidierte „Freiburger Persönlichkeitsinventar – FPI-R“ (Fahrenberg, 2001), zur Erfassung der Feinfühligkeit die „Erikson-Skalen“ in der niederländischen Fassung (Riksen-Walraven, 1991). Bei Müttern mit hoher Leistungsmotivation waren die Unterschiede nicht signifikant, wohl aber bei Müttern mit hoher Feinfühligkeit. Hier sind insbesondere nonverbale Eingriffe und Strategiehinweise bedeutsam (Tabelle 1-1). Feinfühlige Mütter greifen signifikant seltener in den Lösungsprozess ein und geben mehr Strategiehinweise. Hinsichtlich der Aufgabenhinweise und Hinweise zur Selbstregulierung unterscheiden sie sich nicht wesentlich von den weniger feinfühligen Müttern. Die Kinder stellen etwa gleich viele Fragen an ihre Mütter, egal ob diese feinfühlig sind oder nicht.

Tabelle 1-1: Hilfeleistungen niedrig und hoch feinfühliger Mütter bei der Problemaufgabe „Bauen eines Hausdachs“ (Frost, 1992, S. 61)

	niedrig feinfühlig	hoch feinfühlig
Fragen der Kinder	4,4	3,7
Aufgabenhinweise	7,2	6,5
Strategiehinweise	19,6	24,2
Nonverbale Eingriffe	12,3	5,0
Hinweise zur Selbstregulierung	5,0	5,1

Zusammenfassung

Die Tätigkeitsmotive Neugier, Wissbegier und Erkenntnisstreben sind dadurch gekennzeichnet, dass sie in unterschiedlichem Maße aktive Informationssuchprozesse steuern. In Abhängigkeit vom Alter und von der Intelligenz können Kinder Wissen aufnehmen und für Lern- und Problemlösungsprozesse nutzen.

Die Neurowissenschaften betonen, dass sich Basisprozesse (einschließlich der genetischen Ausstattung) erst dann entfalten, wenn die Umwelt den Kindern genügend Anreize setzt. Insofern kommt dem sozialen Geschehen (Kind→Eltern, Eltern→Kind) eine entwicklungsfördernde Funktion zu.

In einer Studie ließ sich belegen, dass bereits sehr junge Kinder über aktive Interaktionsverhaltensweisen verfügen, die der Informationsgewinnung vom Interaktionspartner (Eltern) dienlich sind. Die Neugier bzw. Wissbegier veranlasst das Kind, neue Informationen aus der Interaktion aufzunehmen und in ein bereits vorhandenes Wissenssystem einzufügen.

1.4 Entwicklungslinien: Von der Neugier zum Erkenntnisstreben

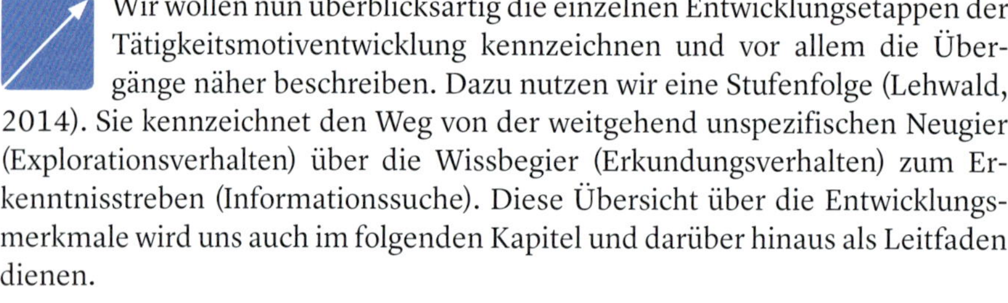

Wir wollen nun überblicksartig die einzelnen Entwicklungsetappen der Tätigkeitsmotiventwicklung kennzeichnen und vor allem die Übergänge näher beschreiben. Dazu nutzen wir eine Stufenfolge (Lehwald, 2014). Sie kennzeichnet den Weg von der weitgehend unspezifischen Neugier (Explorationsverhalten) über die Wissbegier (Erkundungsverhalten) zum Erkenntnisstreben (Informationssuche). Diese Übersicht über die Entwicklungsmerkmale wird uns auch im folgenden Kapitel und darüber hinaus als Leitfaden dienen.

1. *Entwicklungsmerkmal:* Sichtbarwerden des weitgehend angeborenen explorativen Verhaltens (Funktionslust)
2. *Entwicklungsmerkmal:* Suche nach zunächst Vertrautem, dann Neuem in der Umgebung unter dem Einfluss von Betreuungspersonen (Bindung)
3. *Entwicklungsmerkmal:* Zentrierung auf ein selbstbewirktes Handlungsergebnis (Selber Machen Wollen)
4. *Entwicklungsmerkmal:* Ausbildung der intrinsischen Anstrengungsbereitschaft, die dem Erkundungsverhalten Stabilität und Dauerhaftigkeit verleiht
5. *Entwicklungsmerkmal:* Erste Differenzierung von Handlungszielen als Grundlage bewusster Informationsauswahl. Entstehung individuell bevorzugter Bereichsklassen: bereichspezifisches Erkenntnisstreben
6. *Entwicklungsmerkmal:* Herausbildung eines systematischen Gegenstandsbezugs (Dauerhaftigkeit, Bevorzugung, Beliebtheit von Gegenständen). Übergang zu Interessenprofilen

Beschäftigen wir uns zunächst mit dem ersten Entwicklungsmerkmal: *Sichtbarwerden des explorativen Verhaltens.* In Unterkapitel 1.2 sind wir bereits auf einige Merkmale des Explorationsverhaltens eingegangen und haben es als Ausdruck der fühkindlichen Neugier gekennzeichnet. Säuglinge kommen, wenn sie gesund sind, mit einer funktionstüchtigen Ausstattung zur Welt, die sie zur Interaktion mit der Umwelt befähigt. Sie können riechen, sehen, hören, schmecken. Sie können die Temperatur wahrnehmen und Bewegungen anderer verfolgen. Offensichtlich gibt es überdies eine genetisch angelegte, früh sich zeigende unterschiedliche Ansprechbarkeit auf neue Reize, die die Basis der Neugier bzw. des Explorationsverhalten bildet. Nicht alle produzierten Verhaltensweisen sind ungerichtet: Das Explorationsverhalten ist bereits frühzeitig selektiv.

Sehr viel wissen wir über die visuelle Exploration. In einer Längsschnittstudie haben Boigs und Keller (1989) zeigen können, dass zweijährige Kinder, die als Säuglinge im Alter von sechs bis vierzehn Wochen einen ausgeprägten Blickkontakt zur Mutter hatten (Viel-Schauer), hinsichtlich der manipulativen Exploration erheblich im Vorteil waren. Bei den Vermeidern (Wenig-Schauern) waren im Alter von zwei Jahren dagegen nur geringe zeitliche Anteile manipulativer Exploration festzustellen (s. Abbildung 1-3).

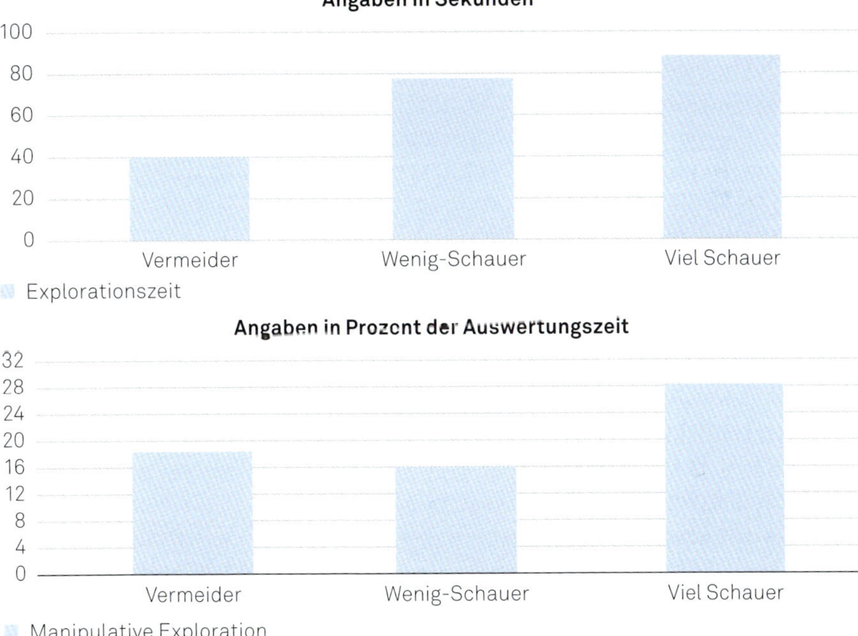

Abbildung 1-3: Explorationszeiten Zweijähriger (oben) und Anteile der manipulativen Exploration (unten) in Abhängigkeit vom Blickverhalten im Alter von 6 bis 14 Wochen (Boigs & Keller, 1989, S. 462, Abdruck mit freundlicher Genehmigung des Springer-Verlages).

Bereits im Säuglingsalter werden demnach die Grundlagen für das angereicherte Explorationsverhalten und die kindliche Neugier gelegt. Hier setzen Habituierungsstudien an: Man bietet einen visuellen Stimulus wiederholt an, bis sich der Säugling ihm nicht mehr zuwendet. In der Literatur wird die Aussagekraft solcher Habituierungsstudien diskutiert. Bornstein und Sigman (1986) zeigten, dass man die Aufmerksamkeitszuwendung im Alter von sechs Monaten als Prädiktor für später erfasste Intelligenzquotienten nutzen kann. Andere Forscher lehnen solche unbestimmten Indikatoren eher ab (Lewis & Enright, zit. in Lehwald, 1991).

Unbestritten ist, dass die Qualität der Exploration von der erlebten Sicherheit abhängt. Damit wären wir beim zweiten Entwicklungsmerkmal: der *Suche nach zunächst Vertrautem, dann Neuem in der Umgebung unter dem Einfluss von Betreuungspersonen (Bindung)*.

Zunächst richtet sich die Exploration auf bereits Bekanntes, also auf Reize mit geringem Angstpotential. Das ist oft das Gesicht der Betreuungsperson (meist der Mutter). Studien von Bowlby und Ainsworth haben gezeigt, dass die erlebte Sicherheit immer die Bindungsqualität des Kindes an die Betreuungspersonen ausdrückt (vgl. Bretherton, 1992; Ahnert, 2008). Erst später wird der Säugling mutiger und gelangt über die Zwischenstufe „Neues in vertrauter Umgebung" zur Exploration von Neuem. Grossmann und Grossmann (1994) haben das Verhältnis von Bindung, Neugier und Explorationsverhalten in Form einer motivgeleiteten Waage dargestellt. Erst wenn der Säugling bzw. das Kleinkind Sicherheit erlebt, etwa durch stabile Bindung an die Betreuungsperson, ist das Explorationssystem aktiviert. Dann ist das Kind unternehmungslustig und neugierig. Wenn aber das Bindungssystem beim Kind sozialen Stress anregt (keine gute Bindung an die Betreuungsperson), senkt sich die andere Waagschale: Das Explorationssystem ist deaktiviert, stattdessen dominieren Angst, Bangigkeit und Besorgnis (s. Abbildung 1-4).

Die sichere Bindung an Betreuungspersonen ist somit eine Grundvoraussetzung dafür, dass sich ein breites und inhaltsreiches Explorationsverhalten entwickeln kann. Im „Fremde-Situations-Test" (Ainsworth & Bell, 1970) werden handlungsbezogene Merkmale des Bindungsverhaltens detailliert erfasst und in Beziehung zum späteren emotionalen Verhalten und zum Lernen gesetzt. In der Vielzahl der vorliegenden Untersuchungen zeigte sich konsistent, dass Kinder mit sicherer Bindung gegenüber Kindern mit unsicherer oder ambivalenter Bindung im Entwicklungsvorteil sind.

Das dritte Entwicklungsmerkmal *Zentrierung auf ein selbstbewirktes Handlungsergebnis (Selber Machen Wollen)* wird im Kleinkindalter bedeutsam. Anfänge des Selbermachenwollens sind jedoch schon eher zu beobachten, wie die Untersuchungen von Watson (1972, zitiert in Largo, 2015) zeigen. Watson führte mit seinen Mitarbeiter/innen ein Experiment mit Kindern im Alter von acht Wochen durch. Sie hängten Säuglingen jeden Tag für etwa zehn Minuten ein Mobile über ihre Bettchen. Gruppe A erhielt ein übliches Mobile, Gruppe B

Die Balance zwischen Bindung und Erkundung:
Beruhigung des Bindungssystems

Die Beruhigung des Bindungssystems, d.h. bei Wohlbefinden und dem Gefühl der Sicherheit wird das Erkundungssystem aktiviert. Das Kind ist unternehmungslustig, sozial neugierig, spiellustig, explorativ mit Mund und Händen.

Die Balance zwischen Bindung und Erkundung:
Aktivierung des Bindungssystems

Die Erregung des Bindungssystems und Dämpfung des Erkundungssystems geschieht, wenn das Kind ängstlich, unsicher, mißtrauisch, krank, müde, hungrig, einsam, verlassen, fremd ist, bei Schmerz, usw.

Abbildung 1-4: Bindung, Neugier und Explorationsverhalten (Grossmann & Grossmann, 2012, S. 137; Abdruck mit freundlicher Genehmigung des Verlages Klett-Cotta).

bekam eines, das sich jede Minute fünf Sekunden lang drehte. Das Mobile von Gruppe C konnte das Kind selbst mit leichten Kopfbewegungen über Drucksensoren zum Drehen bringen (s. Abbildung 1-5).

Die Säuglinge der Gruppe C lernten in wenigen Tagen, dass sie das Mobile beeinflussen konnten, und hatten ihre Freude daran. Die Kinder der Gruppen A und B dagegen verloren recht schnell das Interesse und beachteten die Mobiles immer weniger. Das Explorationsverhalten bzw. die Neugier wird also am meisten geweckt und bleibt am längsten erhalten, wenn das Kind sich aktiv selber betätigen kann (Largo, 2015, S. 206).

Ohne Zweifel ist das selbstgesteuerte Explorationsverhalten des Säuglings eines der ersten sichtbaren Zeichen intellektueller Aktivität. Bewirkt er mit seinem Handeln Veränderungen in der Umwelt, so werden Orientierungsreaktio-

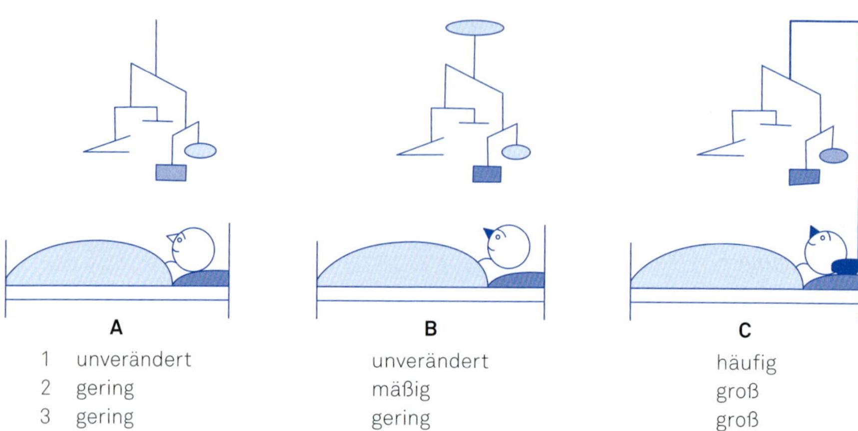

Abbildung 1-5: Exploration bei acht Wochen alten Säuglingen. A: normales Mobile; B: Mobile mit Drehbewegung; C: Mobile wird durch Kopfbewegung gestartet. Darunter: Verhalten des Kindes nach drei Wochen Mobileerfahrung. 1: Häufigkeit der Kopfbewegungen; 2: gezeigtes Interesse; 3: Intensität der Freude. (Übernommen aus Largo, 2015, S. 205; Abdruck mit freundlicher Genehmigung des Piper-Verlages.)

nen nicht habituiert, sondern intensiviert. Experimentelle Studien haben gezeigt, dass besonders Kleinkinder beim Explorieren sichtliches Vergnügen an den Tag legen, wenn sie Zusammenhänge des eigenen Verhaltens mit Veränderungen der Umwelt erleben (Kaufmann-Hayoz, 1991). Das eigene Verhalten kann dabei so kompliziert werden, dass daraus später Problemsituationen erwachsen. Ihre Bewältigung stabilisiert das Explorationsverhalten und steigert die Bereitschaft, einfache Ziele zu erreichen. Unter den Bedingungen einer positiven emotionalen Bindung (siehe oben) kann sich das Explorationsverhalten des Kleinkindes als Ausdruck kindlicher Wissbegier zum Erkundungsverhalten weiterentwickeln.

Wenden wir uns noch einmal kurz dem Begriff „Selbermachenwollen" zu. Der Begriff stammt aus der frühen Phase der Leistungsmotivationsforschung (Winterbottom, 1958, zit. in Heckhausen, 1980). Man versuchte damals zu erklären, wie eine große Anzahl von gesetzten Selbständigkeitsanforderungen der Mütter in eine hohe Leistungsmotivation (Hoffnung auf Erfolg) umschlagen kann. Erst wenn ein Kind eigene Tüchtigkeitsmaßstäbe setzen kann, lässt sich von Leistungsmotivation sprechen. Das Selbermachenwollen scheint der Scheidepunkt für die Trennung von Tätigkeitsmotivation und Leistungsmotivation zu sein (vgl. Unterkapitel 1.6). Wir fassen den Begriff *Selber Machen Wollen* hingegen intrinsisch auf und betonen dies durch eine andere Schreibweise. Kleinkinder sind bereits wegen seiner hoher Attraktivität intensiv am Tätigkeitsgegenstand interessiert, wollen ihn selber aktiv erkunden und lassen sich durch nichts davon abbringen. Winner (2007) wählt hierfür den Begriff „wütende

Neugier“, den leidenschaftlichen Wunsch, eine Sache zu beherrschen. Sie meint, dass die glückliche Mischung von obsessivem Interesse an einer Domäne, verbunden mit der Fähigkeit, leicht zu lernen, später zu herausragenden Leistungen führt. Der Begriff ist also von uns wortwörtlich gemeint: Selber – Machen – Wollen. Das Selber Machen Wollen des Kleinkindes ist somit eine wichtige Vorstufe der intrinsischen Anstrengungungsbereitschaft. Wir sind beim vierten Entwicklungsmerkmal angelangt: *Ausbildung der intrinsischen Anstrengungsbereitschaft, die dem Erkundungsverhalten Stabilität und Dauerhaftigkeit verleiht.*

Im ersten Kapitel haben wir das intrinsische Lernen Tims und das extrinsische Lernen Jans gegenübergestellt. Tim strebt Lernzuwächse an, weil er auf seinem Spezialgebiet mehr wissen und verstehen will. Sein Ziel ist der Erwerb von Kompetenzen. Man spricht mitunter von Lernzielorientierung (Rheinberg, 2004b). Diese ist variabel und passt sich den jeweiligen Inhalten an. Für Tim geht es immer um sein individualisiertes Lernen und den Lernzuwachs. Jan dagegen will anderen zeigen, dass er mehr kann und besser ist als seine Mitschüler/innen. Er entdeckt im Unterschied zu Tim nichts „auf eigene Faust“ und zeigt nicht die leidenschaftliche intrinsische Wissbegier (Winner, 2007), sondern er will Überlegenheit anderen gegenüber demonstrieren. Das verlangt nach stabilen Persönlichkeitsmerkmalen, die von der Handlung unabhängig sind. Handlung und Ergebnisfolgen fallen weit auseinander. Man spricht von Performanz-Orientierung (d.h. anderen Kompetenzen demonstrieren) oder Bezugsnorm-Orientierung.

Kehren wir noch einmal zur Herausbildung der intrinsischen Anstrengungsbereitschaft zurück. Sie gehört zu den Antrieben, die direkt aus dem Tätigkeitsgegenstand erwachsen. Sie verleihen dem Erkundungsverhalten und der Wissbegier Kontinuität und Stabilität (im Unterschied zur extrinsisch motivierten Anstrengungsbereitschaft). Nun ist es nicht mehr weit bis zum Aufbau individueller Handlungsziele als Grundlage bewusster Informationsauswahl. Wir sind beim fünften Entwicklungsmerkmal: *Entstehung individuell bevorzugter Bereichsklassen, Etablierung des bereichsspezifischen Erkenntnisstrebens.*

Unter *Erkenntnisstreben* verstehen wir einen motivationalen Zustand, ausgelöst von einem interessierenden Gegenstand, der Kinder veranlasst, auf Informationssuche zu gehen. Hier wird der bereichsspezifische Ansatz deutlich, der für intrinsische Motive so typisch ist. Äußere Kennzeichen der Motiviertheit sind ein umfassendes Interesse am tiefgründigen Kenntniserwerb, hohe Anstrengungsbereitschaft und affektiv-emotionales Beteiligtsein (Flow-Erleben). Erkenntnisstrebige Kinder werden generell von Form und Inhalt der Aufgaben angetrieben, die ihnen Freude bereiten. Sie haben Spaß an Inhalten und Themen, sie kultivieren ihre gegenstandsbezogenen Vorlieben und Interessen, sie sind hellwach, begeistert und voller Energie, wenn sie ein Lieblingsthema gefunden haben. Wie äußert sich diese Zielbezogenheit in Selbstaussagen?

- Mich mit interessanten Aufgaben zu beschäftigen, macht mir großen Spaß. *(Genereller Anreiz durch den Gegenstand)*
- Wenn ich mich mit Problemen beschäftige, vergeht die Zeit wie im Fluge. *(Affektiv-emotionale Bindung an den Gegenstand)*
- Auch in meiner Freizeit beschäftige ich mich mit interessanten Fachthemen. *(Interessenbezogenheit auf den Gegenstand)*
- Beim Lernen habe ich mich gut im Griff. *(Selbstregulation in Bezug zum Lerngegenstand)*.

Wir entnehmen den Äußerungen Hinweise auf die intrinsische Anstrengungsbereitschaft, die „wie von selbst kommt" und keiner Unterstützung von außen bedarf. Einen großen Beitrag leistet dazu das Interesse, etwas genauer zu erkunden (Erkenntnisinteresse). Der Gegenstand und der Prozess faszinieren, sie sind der Motor allen Geschehens. Es macht einfach Spaß, die jeweiligen Aufgaben zu lösen. Zusätzliche Motivierungen sind eigentlich nicht nötig, was nicht dagegen spricht, dass das Kind, zum Beispiel für die beste oder praktikabelste Lösung einer Aufgabe, eine Anerkennung von den Eltern oder Lehrpersonen erhält. Unter dem Zielaspekt dominieren zwei Merkmale der intrinsischen Motivation (Tätigkeitsmotivation): zum einen das Streben nach Wissen und Können und zum anderen Prozessmerkmale wie Lust und Spaß daran, komplizierte Aufgaben zu lösen. Erkenntnisstrebigen geht es nicht darum, das Problem einfach nur zu lösen, sondern sie möchten daraus persönlichen Kenntnisgewinn ziehen. Deshalb durchforsten sie die Aufgaben oft danach, ob man aus ihnen Gesetzesinformationen ziehen kann. Solche Gesetzesinformationen werden abgespeichert und stehen dann für die Lösung anderer anspruchsvoller Fragestellungen zur Verfügung. Hieraus erwächst ein Leistungsvorteil der begabten Kinder allgemein: der Transfer auf bisher Ungelöstes.

Kinder und Jugendliche, die nur unmittelbar auf die jeweilige einzelne Aufgabe fixiert sind, haben diesen Vorteil nicht. Sie müssen jedes Mal gewissermaßen neu mit der Lösung beginnen, verlieren dabei Zeit, und die Übertragung auf enge oder weite Fragestellungen ist eher gering. Ebenso geht es denen, die den Zweck der Aufgabenlösung ausschließlich darin sehen, äußere Anerkennung einzuheimsen (extrinsische Leistungsmotivation). Stück um Stück erlischt durch übertriebene äußere Belohnungen *(overjustification)* das inhaltliche Interesse, so dass sie leicht Gefahr laufen, zum begabten Underachiever (Minderleister) zu werden.

Beim näheren Hinsehen wird die schroffe Unterteilung in extrinsisch und intrinsisch allerdings fragwürdig. Selbstverständlich streben auch begabte Kinder Zwecke an, die nach dem oder außerhalb des unmittelbaren Aufgabenlösens liegen und sich nicht direkt mit dem Aufgabeninteresse erklären lassen. Diese Zwecke sind aber immer „gleichthematisch" mit der Aufgabe und nicht „aufgabenfremd" (vgl. hierzu insbesondere Rheinberg, 2008). Damit wird das Erkenntnisstreben zum Motiv der schöpferischen Leistung.

Wir kommen zum sechsten Entwicklungsmerkmal: *Herausbildung eines systematischen Gegenstandsbezugs, Übergang zu Interessenprofilen und Wertorientierungen.* Erkenntnisstreben wird zunehmend Teil einer Motivhierarchie. Bei begabten Kindern steht es als dominierendes Motiv an oberster Stelle. Das begabte Kind trägt dazu bei, seine eigenen Lebens- und Entwicklungsbedingungen mitzugestalten. Die Selbstentwicklung, die ein Kind durch sein Handeln bewirkt, kann ein wichtiger Anzeiger für spätere Begabung sein (Lehwald, 2014). In Reflexion von Arbeiten Wygotskis zum „sozialen Verkehr" schrieb Lissina (1986) sinngemäß: Das Verhaltensrepertoire des Erwachsenen trägt Merkmale, die für die Entwicklung eines Heranwachsenden unentbehrlich sind. Zu den wichtigsten Merkmalen gehören neben der eigenen Kompetenz auch das Vermögen des Erwachsenen, die *Zone der nächsten Entwicklung* aufzuspüren und mit entsprechender Sensibilität und in gefühlsbetonter Form die aktive Auseinandersetzung des Kindes mit der sachlichen und sozialen Umwelt zu fördern. Um dies vollständig gewährleisten zu können, müssen die Eltern bzw. Betreuungspersonen (1) kindliches Verhalten richtig wahrnehmen und bewerten, (2) angemessen auf dieses Verhalten reagieren, (3) die Wirkung des eigenen Verhaltens auf das kindliche Handeln abschätzen und (4) in der Lage sein, eigenes Verhalten situationsangepasst zu verändern. Diese grundlegenden Gedanken über die menschliche Entwicklung hat Wygotski in seinen Schriften (deutsche Ausgabe 1987) für unterschiedliche Altersstufen erklärt.

Lompscher (1995) hat in einer schematischen Darstellung (s. Abbildung 1-6) die Theorie Wygotskis dargestellt. Auf den jeweiligen Entwicklungsstufen unterscheidet Wygotski die Zone der aktuellen Leistung (AL) und die Zone der nächsten Entwicklung (NE). Die Zone der aktuellen Leistung umfasst das, was ein Kind aufgrund der bisherigen Entwicklung selbständig (S) realisiert. Die Zone der nächsten Entwicklung umschreibt den Bereich, den ein Kind unter Anleitung Erwachsener (A) erreichen kann. Auf der nächsten Entwicklungsstufe wird die Zone der nächsten Entwicklung NE zur Zone der aktuellen Leistung AL. Dabei ist es möglich, die Anleitung der Erwachsenen systematisch abzubauen (AdA). Kurz gesagt: Die Theorie Wygotskis erfasst die „schlummernden kognitiven Potentiale" von Kindern und Jugendlichen, indem sie die Bedeutung von äußeren (sozialen) Anreizen ins Zentrum der Förderung stellt.

Es ist erstaunlich, wie umfassend der Mechanismus einer so gearteten Förderung ist. Er gilt nicht nur im unterdurchschnittlichen Intelligenzbereich (hier gibt es eine breite Palette von Anwendungen), sondern auch im Hochbegabtenbereich. Das konnte Guthke mit seinem Lerntestansatz belegen (Guthke, 1992; Guthke & Wiedl, 1996). In diesen Testverfahren werden in der Zone der nächsten Entwicklung individuelle Lernanregungen gesetzt, und man stellt hernach fest, ob die Probanden sie bei der Lösungsfindung nutzen.

Dieses Vorgehen haben bei Lerntests im unterdurchschnittlichen Bereich besonders die Förderpädagogen begrüßt. Aber mit spezifisch aufbereiteten Verfahren lassen sich auch im oberen Leistungsbereich konkrete Anwendungs-

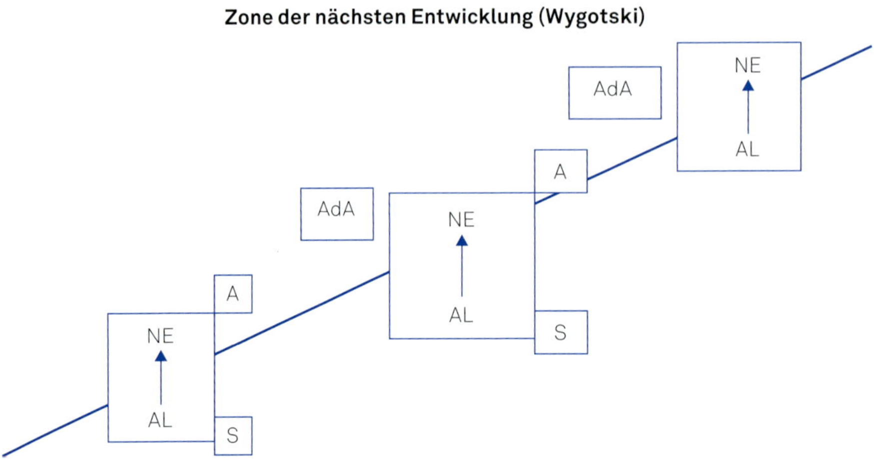

Zone der nächsten Entwicklung (Wygotski)

Abbildung 1-6: Die Theorie Wygotskis als schematische Darstellung der Beziehungen zwischen aktueller Leistung eines Kindes und der Zone der nächsten Entwicklung. AL: Zone der aktuellen Leistung, NE: Zone der nächsten Entwicklung, S: selbständige Realisierung, A: angeleitete Realisierung, AdA: Abbau der Anleitung. (Nach Lompscher, 1995, S. 526, Abdruck mit freundlicher Genehmigung des Harri-Deutsch-Verlages).

möglichkeiten finden. Besonders beim Entdecken von Begabungsreserven bei „unterprivilegierten“ Kindern und Jugendlichen oder bei Schüler/innen mit „irregulären Lernbedingungen“ können Lerntests angezeigt sein. Auch in der Frühdiagnostik bei sehr jungen Kindern, bei denen sich das Testen sehr schwierig gestaltet, ist die Lerntestdarbietung möglicherweise ratsam.

Wygotskis Ansatz offenbart, dass menschliche Entwicklung auf Erziehung (pädagogische Förderung) im weiteren Sinne angewiesen ist. Dazu ist es stets nötig, das aktuelle Entwicklungsniveau genau zu kennen, um die Zone der nächsten Entwicklung adäquat ermitteln zu können.

Begabte Kinder sind wissbegierig, später erkenntnisstrebig und haben in jedem Fall ein breites Verhaltensrepertoire (Erkundungsverhalten, Informationssuche). Dazu gehören häufiges Fragenstellen, verbales oder nonverbales Auffordern, die Fähigkeit, gut zuzuhören, und das Beobachten von Einzelheiten. Mit diesen aktivierenden Verhaltensweisen können tätigkeitsmotivierte Kinder bei den Eltern (deren Feinfühligkeit vorausgesetzt) oft Verhaltensweisen hervorlocken, die zur Förderung der eigenen Kompetenz wichtig erscheinen (Zone der nächsten Entwicklung). Sich im späten Schulkindalter als begabte Schülerin, als begabter Schüler zu zeigen, gilt dann für die Kinder als Wert, der die Wahl von Handlungsarten und Handlungszielen beeinflusst. Erkenntnisstreben und Informationssuche werden nun in vielen unterschiedlichen Lernsituationen wirksam, Antrieb und Methode werden immer stärker generalisiert und schließlich Teil einer Wertehierarchie (Lehwald, 1996, 2000). Man spricht dann von Interessen. Im Unterkapitel 2.8 gehen wir ausführlich auf die Entwicklung von Interessen im späten Schul- und Jugendalter ein.

Die Tabelle 1-2 fasst die Entwicklung der Tätigkeitsmotive zusammen. In der ersten Spalte sind die Entwicklungsstufen genannt, wobei auf eine Altersangabe bewusst verzichtet wurde. Zu groß ist die individuelle Streubreite. In der zweiten Spalte haben wir die dominierenden Handlungen für das entsprechende Motiv genannt. In der dritten Spalte sind die Hauptergebnisse der betreffenden Entwicklungsstufe notiert. Noch ein Wort zum Selber Machen Wollen (zweite Spalte, dritte Zeile). An dieser Stelle schert das Leistungsmotiv aus dem intrinsischen Tätigkeitsstrom aus und verselbständigt sich durch die Entwicklung von individuellen Gütemaßstäben (siehe oben). Das Leistungsmotiv entwickelt sich von da an parallel zum Tätigkeitsmotiv. Wir gehen in Unterkapitel 1.6 darauf näher ein.

Zusammenfassung

Die Entwicklung von Tätigkeitsmotiven lässt sich als eine Stufenfolge beschreiben. Stabilität und Dauerhaftigkeit erhöhen sich, gleichzeitig setzt eine innere Differenzierung ein. Handlungen können zunehmend zielbezogen und wertbesetzt ausgeführt werden. Zwei Etappen der Stufenfolge haben wir näher beleuchtet: die Entwicklung der intrinsischen Anstrengungskomponente und die Entwicklung des Selber Machen Wollens. (Beide Begriffe werden in der Leistungsmotivationsforschung unter anderen Prämissen verwendet. Wir gehen später darauf ein und verweisen auf Unterkapitel 1.6.)

Konstitutiv für das Verständnis der Entwicklung des Tätigkeitssystems ist die Theorie Wygotskis. Die Zone der nächsten Entwicklung umschreibt den Bereich, in dem ein Kind, zunächst unter Anleitung Erwachsener, sein geistiges Potential ausschöpfen kann. Später ist es möglich, die Anleitung der Erwachse-

Tabelle 1-2: Schematische Darstellung von Entwicklungsstufen der Tätigkeitsmotive (Lehwald, 2014), S. 42, leicht verändert.

Entwicklungsstufe	Handlung	Ergebnis
Neugier	Explorationsverhalten (Funktionslust)	Suche nach Neuem im Vertrauten
Wissbegier	Erkundungsverhalten Anstrengungsbereitschaft (intrinsisch)	Selber Machen Wollen Abspaltung des Leistungsmotivs
Erkenntnisstreben	Informationssuche (zielbezogen)	Tiefgründiger Erkenntniserwerb, Zielbezug
Interessen	Systematischer Gegenstandsbezug	Profilbildung Wertorientierung

nen systematisch abzubauen und trotzdem das Lernpotential des Kindes zu erhalten. Das wirkt sich langfristig positiv auf die Motiv- und Interessenstruktur der Heranwachsenden aus.

1.5 Entwicklungsfenster: Meinungen von Eltern zur Lebenssituation begabter Klein- und Vorschulkinder

In den seltensten Fällen sind die Eltern begabter Kinder im Klein- und Vorschulalter auf die hohen Anforderungen und Herausforderungen vorbereitet, die auf sie zukommen. Diese Kinder verlangen durch ihr ausgeprägtes Explorationsverhalten, durch das frühe Interesse an altersuntypischen Fragen und Themen ihren Eltern viel ab. Sie wollen ausreichende Anregungen und Material vorfinden und werden nicht müde, dies auch einzufordern.

In ihrer Diplomarbeit hat Sabine Ofner (2006) über ein Internetforum zu Eltern begabter Vorschulkinder Kontakt gehalten und deren Sorgen und Ängste notiert. Die Eltern sind teilweise verzweifelt, weil sie sich der großen Herausforderung nicht gewachsen fühlen. Viele sind unsicher, ob sie ihrem Kind das bieten, was es zu seiner Entwicklung braucht, es dabei aber weder über- noch unterfordern. Es gibt Eltern, die sich schon sehr früh, wenn das Kind etwa zwei Jahre alt ist, Gedanken über eine mögliche Hochbegabung machen. Immer wieder schreiben sie, dass es sehr schwierig ist, mit anderen Eltern über ihre Ängste und Zweifel zu sprechen. Hier ein Auszug aus dieser Arbeit (Ofner, 2006, S. 28–30):

> Grundsätzlich bestimmen hochbegabte Kinder auch schon im Vorschulalter das Familienleben, weil der Alltag mit ihnen nicht unproblematisch ist. Es besteht große Unsicherheit in Erziehungs- und Entwicklungsfragen, da sich die Kinder von anderen Kindern sehr unterscheiden. Oft ist es nötig, den Erziehungsstil zu überdenken und zu „renovieren“. Den Eltern fehlt der Austausch mit anderen Eltern. Sie fühlen sich unverstanden, werden als „Rabeneltern“ oder „Eislaufmutter“ bezeichnet, denen man unterstellt, sie würden das Kind drillen, ihm all die Dinge, die es schon kann und weiß, eintrichtern. Der Neid anderer Eltern ist groß. So trauen sie sich kaum, über die Stärken ihrer Kinder zu sprechen, aufgrund des negativen Feedbacks von anderen Eltern, aber auch Lehrern, Erziehern, selbst Familienmitgliedern. Es ist manchmal sehr schwierig, den Kindern Grenzen zu setzen, da sie alles ausdiskutieren wollen und schlagfertige Gegenargumente bringen. […]
> Die Eltern machen sich sehr viele Gedanken um eine gute Förderung. Ist ein Musikinstrument, eine Sprache oder doch ein Sportverein das Richtige für mein Kind? Sie versuchen zu beachten, dass sich die Kinder viel bewegen und nicht zu kopflastig werden. Einige Eltern wiesen auch darauf hin, dass der finanzielle Aspekt eine bedeutende Rolle spielt.

Anspruchsvolle Zusatzangebote, wie zum Beispiel Geigenunterricht, verursachen dauerhaft Mehrkosten, deren Höhe manches Familienbudget nicht hergibt. Die Kinder stellen unentwegt unzählige Fragen, die die Eltern aus den Stegreif oft nicht abschließend beantworten können. Antworten findet man normalerweise in guten Kinderbüchern. Doch für Hochbegabte ist es schwierig, passende Literatur zu finden, da sie sich für altersatypische Themen interessieren, zu denen es kaum kindgerechte Bücher gibt. Dazu meinte eine Mutter: „Trotz aller Interessen sind es noch Kinder, die bunte Bilder brauchen". [...]
Es war auch in den Antworten zu spüren, dass sich die Eltern viele Gedanken um die Einschulung machen. Sollen sie das Kind früher einschulen, wann, wo? Für manche Eltern wird es zur Gratwanderung, wenn sie ihre Kinder unterstützen wollen, falls ihre Andersartigkeit zum Problem wird. Probleme entstehen im Kindergarten, da die Kinder mehr fordern oder zeigen als ihre Kameraden. Eine Mutter schrieb: „Die Akzeptanz der Erzieherinnen von lese- und schreibkundigen Kindern wäre schon ein Traum." Umgekehrt berichteten viele Eltern genau das Gegenteil. Begabte Kinder passen sich den Gleichaltrigen an, zeigen ihr Können nicht. Dadurch werden sie von Erzieherinnen falsch eingeschätzt. Die Eltern fühlen sich dann unverstanden, wenn die Wahrnehmung der Erzieherinnen und die der Eltern diametral entgegengesetzt ist. Die Eltern kritisieren, dass der Fokus der Kindergärtnerinnen hauptsächlich auf die Schwächen, viel zu wenig auf die Stärken des Kindes ausgerichtet ist. Dies trifft vor allem dann zu, wenn die Entwicklungsunterschiede zwischen einzelnen Bereichen asynchron sind (z. B. kognitive und motorische Entwicklung). Durch die oben genannten Schwierigkeiten in der Einschätzung durch Erzieherinnen sind die Kinder mitunter unausgeglichen und unzufrieden.

1.6 Was ist Leistungsmotivation?

In Unterkapitel 1.1 haben wir Jan als intelligenten Schüler gekennzeichnet, der vornehmlich extrinsisch motiviert ist. Er besitzt eine hohe Leistungsmotivation, weil er vor allem Lernziele anstrebt, die außerhalb seiner Lernhandlung liegen. Der Antrieb ist nicht im Handlungsprozess selbst zu suchen, sondern speist sich aus dem erhofften Ergebnis oder den erwünschten Folgen. Die folgenden Sätze kennzeichnen beispielhaft Jans dominierende Motive:

- „Wenn ich mich anstrenge, dann schaffe ich bestimmt eine Eins." – Hier liegt eine extrinsische Handlungs-Ergebnis-Erwartung vor, denn die Gratifikation mit einer Note erfolgt in der Regel, nachdem die Schulleistung erbracht wurde.
- „Wenn ich das Ergebnis erreiche, freuen sich meine Eltern." – Die Freude der Eltern bezieht sich auf das Ergebnis (als Folge) des Lernens. Deshalb bezeichnet man dies als Handlungs-Folgen-Erwartung (Rheinberg, 2008).

Die Leistungsmotivationsforschung hat in ihrer über 60jährigen Forschungsgeschichte – die erste Veröffentlichung erschien unter Federführung McClellands in den frühen 1950er Jahren – eine Vielzahl von Befunden hervorgebracht. Vernachlässigt hat sie (wie bereits in Unterkapitel 1.2 kurz angedeutet) die Antriebe, die direkt aus dem Tätigkeitsgegenstand erwachsen. Vor allem, wenn sie über spezifische Begabungen verfügen, handeln Kinder nämlich nicht nur rein zweckrational; sie streben keineswegs ausschließlich Gratifikationen außerhalb der Aufgabenlösung an. Sie werden angetrieben von Form und Inhalt der Aufgaben, die ihnen Freude bereiten. Um diesen Sachverhalt im Forschungszusammenhang besser abzubilden (auch in Absetzung von der Tätigkeitspsychologie), entwickelte die frühe Leistungsmotivationsforschung verschiedene Prozessmodelle (z.B. ein Prozessmodell leistungsmotivierten Verhaltens). Das Prozessziel der Handlung besteht in diesen Modellen grundsätzlich nicht im Erkunden von interessierenden Gegenständen, sondern darin, neue Informationen über eigene Fähigkeiten in Erfahrung zu bringen. Zu diesem Zweck wurde ein Konstrukt „Anstrengungskalkulation“ eingefügt, welches darüber entscheiden soll, ob eine Aufgabe in Angriff genommen wird oder nicht: Erst wenn Kinder aber auch Erwachsene man durch das Aufgabenlösen „interne Fähigkeitsinformationen über sich selbst“ erhalten können, nehmen sie dem Modell zufolge die Lösung einer Aufgabe in Angriff (Meyer, 1973).

Es mag sein, dass die beschriebenen Kalkulationsprozesse beim Aufgabenlösen dann und wann auftreten, jedoch kaum bei begabten Kindern. Die intrinsische (tätigkeitsorientierte) Motivation ist der wesentliche Bestandteil einer angeborenen Hochbegabung (Winner, 2007; vgl. auch Unterkapitel 1.2).

Eine sehr interessante Erweiterung erfuhr die Leistungsmotivationsforschung, indem sie sich innerhalb der „kognitiven Wende“ näher mit Ursachenerklärungen für Erfolg und Misserfolg beschäftigte. Bekanntlich führt Erfolg, stärker jedoch Misserfolg bei einer Leistungshandlung zur Suche nach Gründen für das Abschneiden, insbesondere dann, wenn das Handlungsresultat unerwartet war und als wichtig erlebt wurde.

Besonders fruchtbar ist in Forschungen zur Beschreibung von Leistungserwartungen nach Erfolg bzw. Misserfolg bei Begabten das Modell der *Kausalattribuierung* geworden (Weiner, 1994). Bleiben wir beim Beispiel aus Unterkapitel 1.1. Fragt man Tim, welche Gründe es haben kann, wenn er in seinem Lieblingsfach versagt, dann antwortet er kurz, ohne weiter nachzugrübeln, da habe er „Pech gehabt“. Diese Zuschreibungsgewohnheit führt dazu, dass er bei neuen Aufgaben stets in einer guten Startposition verharrt. Denn durch das „Wegschieben“ bleibt er ohne größere dauerhafte Beeinträchtigung. Der Misserfolg bleibt für ihn eine Episode. Jan dagegen erklärt seinen Misserfolg eher mit mangelnden Fähigkeiten: „Ich kann das nicht.“ Einher geht dies mit leistungsthematischen Emotionen. Jan lässt erkennen, dass er sich schämt. Scham kann aber nur durch den Vergleich mit anderen entstehen. Wie sieht es bei Erfolgen aus? Fragt man Jan nach Erfolgen und ihren Gründen, dann kommt mit breitem Grinsen die Aussage: „Ich bin halt stark auf diesem Lerngebiet.“ Die zugehörige leistungsthematische Emotion wäre Stolz.

Die Leistungsmotivation stellt, anders als die Tätigkeitsmotivation, immer den Vergleich zur Bezugsgruppe her. Tim würde bestimmt ähnlich antworten, allerdings mit dem Zusatz, dass ihn die Aufgabe interessiert und er Spaß an der Lösung hat. Die Zuschreibungsgewohnheiten bleiben nach dem Kausalattribuierungsmodell stabil und können das Lernen über die Lebensspanne dauerhaft negativ oder positiv beeinflussen.

Zusammenfassung

Gemäß unserer Konzeption entwickeln sich die Tätigkeitsmotivation und die Leistungsmotivation lebenslang parallel. Die Tätigkeitsmotivation ist der Antreiber (Motor) der Begabungsentwicklung, die Leistungsmotivation ein wichtiges Korrektiv. Primär Leistungsmotivierte suchen die Gründe für erfolgreiches bzw. nicht erfolgreiches Handeln außerhalb des Tätigkeitsprozesses. Sie verfolgen Ziele, bei denen sich Handlungen oder Handlungsergebnisse auf einen Tüchtigkeitsmaßstab beziehen lassen. In Auseinandersetzung mit einem Gütemaßstab schätzt der Schüler, die Schülerin ein, ob er bzw. sie im Vergleich zu anderen erfolgreich oder weniger erfolgreich war. Dabei können leistungsmotivierte Emotionen wie Stolz und Scham auftreten.

1.7 Entwicklungslinien: Von der intrinsischen zur extrinsischen Leistungsmotivation

Übereinstimmend setzen unterschiedliche Forscher die Entstehung der Leistungsmotivation auf das dritte Lebensjahr fest (Heckhausen, 1972; Heckhausen & Roelofsen, 1962; Holodynski, 2007). Über die Phase davor aber divergieren die Meinungen. Einige nehmen an, die „Freude am Effekt“ und das „Selber Machen Wollen“ seien Vorstufen der Leistungsmotivation. Wir meinen dagegen, dass die Tätigkeitsmotivation ubiquitär ist, und haben in Unterkapitel 1.4 als Entwicklungsstufen zwei Merkmale gesetzt: das Sichtbarwerden des weitgehend angeborenen explorativen Verhaltens (Funktionslust) und die Suche nach zunächst Vertrautem, dann Neuem in der Umgebung unter dem Einfluss von Betreuungspersonen (Bindung). Beide Merkmale sind klar tätigkeits- und wirksamkeitsorientiert.

Von etwa dreieinhalb Jahren an (bei einigen Kindern bereits früher) beginnen sich die Geister zu scheiden. Jetzt können Kinder das Handlungsergebnis auf die eigene Tüchtigkeit zurückführen. Sie unterscheiden Grade der Aufgabenschwierigkeit und können persönliche Fähigkeiten als Grund für die Aufgabenlösung erkennen. Einige Kinder zeigen bereits Stolz auf die eigene Leistung oder Scham über einen Misserfolg (Unterkapitel 1.6). Sozusagen im Schoße des Tätigkeitssystems entwickelt sich das autarke Leistungsmotivationssystem. Wertmaßstäbe für eigene Leistungen (im Sinne von Tüchtigkeit) beginnen sich herauszubilden. Solche Tüchtigkeitsmaßstäbe (Gütemaßstäbe) sind klar erziehungsbedingt und werden von den Erwachsenen (meist den

1.8 Frühe Leser und frühe Rechner: zwei Längsschnittstudien

Wenn ich über Frühleser und Frührechner berichte, fällt mir immer wieder eine Situation aus meiner eigenen Beratungspraxis ein. Es ging um Hugo. Er war damals vier Jahre alt und nässte immer noch ein, besonders wenn er ein interessantes Problem vor sich hatte. Deshalb sollte er nicht in die Gruppe der Größeren wechseln, in der auf die Schule vorbereitet wird. Ich sprach mit der Mutter. Ehe ich mich's versah, schrieb er mir an einem Nebentischchen folgenden Brief in Druckschrift:

Halo Hier Ist Hugo Wie Get Äß Dier Schlech Oder Geht Äß Dier Gut.

Er sagte mir, er könne auch in Schreibschrift, aber er wolle mich nicht überfordern. Unvergessen!

Zwei Studien stellen wir vor, die sich mit Frühlesern und Frührechnern beschäftigen. Ob frühes Lesen und Rechnen, bereits im Vorschulalter, ein Begabungsindikator ist und über welche Aussagekraft er für die schulische Lebensspanne verfügt, darüber sind die Meinungen geteilt. Wir halten die Ergebnisse für einen guten Hinweis darauf, wie Intelligenzfaktoren, Tätigkeitsmotivation und Anregung durch die häusliche und schulische Umwelt zusammenwirken können.

Härtel und Schaarschmidt (2002) untersuchten 54 Kinder im Alter von vier bis sechs Jahren, die 1989 in Berliner Kindergärten gingen. Nur solche Kinder wurden einbezogen, die man als „spontane Leser und Rechner" bezeichnen konnte, die sich also das Lesen und Rechnen ohne erkennbare Mithilfe der Eltern angeeignet hatten. Als „frühe Leser" galten Kinder, die einen längeren Text der 4. Klassenstufe sinnerfassend lesen konnten. Als „frühe Rechner" wurden Kinder eingestuft, die (ohne Objektbindung) zumindest die Addition und Subtraktion im Zahlenraum bis 100 fehlerfrei beherrschten. Wenn beide Kriterien (Lesen und Rechnen) gleichermaßen erfüllt waren, ordneten die Autoren die Kinder den „Kombinierern" zu (komb. L/R). Die altersgleiche Kontrollgruppe wies keine Entwicklungsvorsprünge oder Entwicklungsverzögerungen auf.

Bereits bei der Erstmessung zeigten sich Unterschiede in der Intelligenz, erfasst mit dem „Kognitiven Fähigkeitstest – KFT". Die Kombinierer erzielten die höchsten IQ-Werte, gefolgt von den Frührechnern. Die Zweitmessung erfolgte etwa elf Jahre später unter Einbezug eines weiteren Intelligenztests. Erneut stachen die Kombinierer von den anderen Teilgruppen ab, die insgesamt hohe IQ-Mittelwerte erzielten. Wie hatten sich Kontrollgruppenmitglieder, die Frühleser, die Frührechner und die Kombinierer im Verlauf der elf Jahre entwickelt?

Leider liegen nur die Zeugnisnoten in Deutsch, Mathematik und Englisch vor und keine objektiven Daten (z. B. Schulleistungstests). In Abbildung 1-7 und

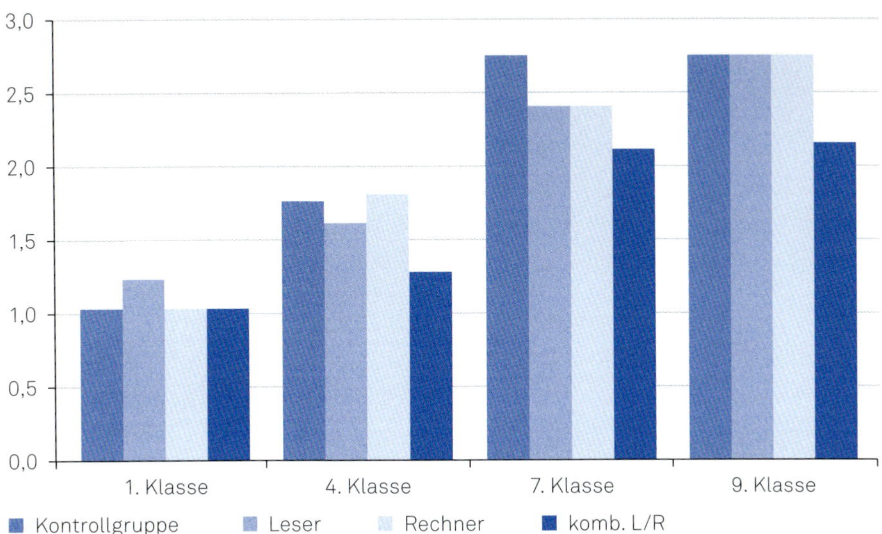

Abbildung 1-7: Vergleich der durchschnittlichen Deutschnoten von vier Gruppen von der 1. bis zur 9. Schulstufe. Leser: Frühleser; Rechner: Frührechner; komb.L/R: Kombinierer. (Härtel & Schaarschmidt, 2002, S. 308, leicht verändert.)

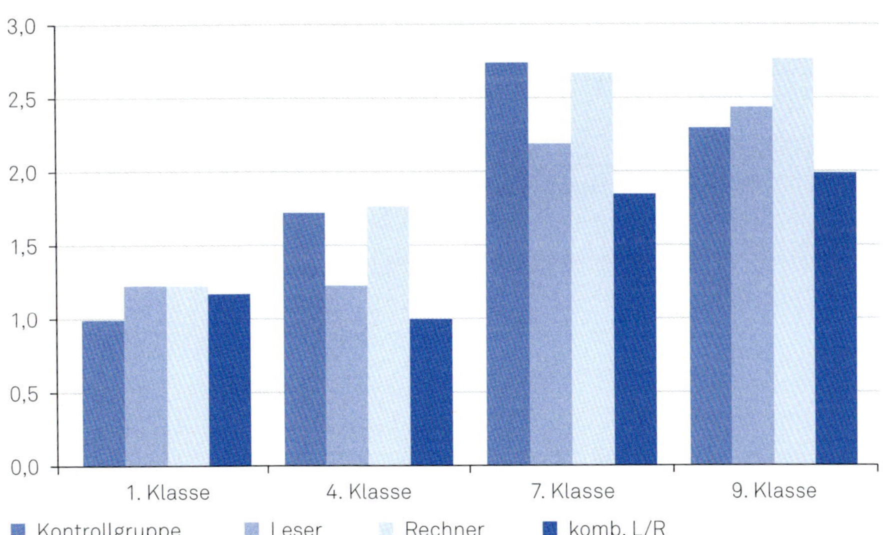

Abbildung 1-8: Vergleich der durchschnittlichen Mathematiknoten von vier Gruppen von der 1. bis zur 9. Schulstufe. Leser: Frühleser; Rechner: Frührechner; komb.L/R: Kombinierer. (Härtel & Schaarschmidt, 2002, S. 309, leicht verändert.)

Abbildung 1-8 stellen wir die Ergebnisse für die Deutsch- und die Mathematiknoten dar. Die Noten sind nicht umgepolt, das heißt, niedrige Werte entsprechen guten Zensurendurchschnitten. Beide Grafiken wurden von uns zum Zweck der besseren Lesbarkeit als Säulendiagramme dargestellt.

Im Fach Deutsch erreichen die Kombinierer in den verschiedenen Schulstufen die besten Noten. Sowohl die frühen Leser als auch die frühen Rechner erreichen nicht das Niveau der Kombinierer. In der Mathematiknote ergibt sich das gleiche Bild: Die Kombinierer liegen zu allen Messzeitpunkten eindeutig an der Spitze. Danach folgen zu einigen Messzeitpunkten die Frühleser und die Frührechner. Beide übertreffen die Kontrollgruppe. Auch wenn die Untersuchung methodisch einige Fragen aufwirft (kleine Stichprobe, keine Verlaufsindikatoren, Zensuren als Qualitätskriterium) stellt sie doch klar, dass es bereits ontogenetisch früh stabile Intelligenz/Begabungsfaktoren gibt, die über die Schulzeit hinweg erhalten bleiben.

Wir halten fest, dass das frühe Lesen und das frühe Rechnen nur dann ein Indikator für Hochbegabung ist, wenn es kombiniert auftritt. Leider wissen wir kaum etwas über den Entwicklungsverlauf, weil die Autoren in den elf Jahren zwischen der ersten und der zweiten Messung keine weiteren Ergebnisse erheben konnten.

Einen anderen Weg ging in ihrer Untersuchung Stamm (2004b). Die Frühleser und Frührechner wählte sie aus über 2500 Schulanfängern in Schweizer Kantonen und im Fürstentum Liechtenstein aus. 193 Kinder konnte sie so in die ursprüngliche Stichprobe aufnehmen. Wichtig war für die Autorin die Frage, wie die beteiligten Kinder zu Frühlesern und Frührechnern geworden sind. Stand dahinter möglicherweise das Bildungsinteresse der Eltern, oder war die Eigendynamik (die „Wissbegier") der Kinder entscheidend? Die Frage war interessant, weil nur das frühe selbstinduzierte Lesen und Rechnen eine überdurchschnittliche Begabung annehmen lässt. Abbildung 1-9 zeigt den Zusammenhang von Lesen- und Rechnenlernen in Abhängigkeit von Eigenmotivation bzw. Instruktion (durch die Eltern) und Intelligenz. Eingesetzt wurde der „Grundintelligenztest CFT 20R", den man je nach Bedarf mit einem Wortschatztest und einem Zahlenfolgentest applizieren kann.

Besonders auffallend ist das Ergebnis bei den kombinierten Frühlesern und Frührechnern (FLR). Hier erreichen 53 Prozent der Schüler/innen einen IQ zwischen 120 und 139; 6 Prozent sogar einen Wert über 140. Unter Instruktionsbedingungen sind das nur 23 Prozent. Der höchste Anteil der Schüler/-innen liegt hier bei 58 % mit einem IQ zwischen 100–119. So eindeutig sind die Befunde bei den reinen Frühlesern und reinen Frührechnern nicht; allerdings lässt sich feststellen, dass auch hier die Eigeninitiative den Instruktionsbedingungen stets überlegen ist. Stamm (2004b) schlussfolgert aus diesen Befunden: Mit einiger Sicherheit kann man annehmen, dass in Eigeninitiative erworbene Kenntnisvorsprünge in Lesen *und* Rechnen außergewöhnliche intellektuelle Fähigkeiten anzeigen.

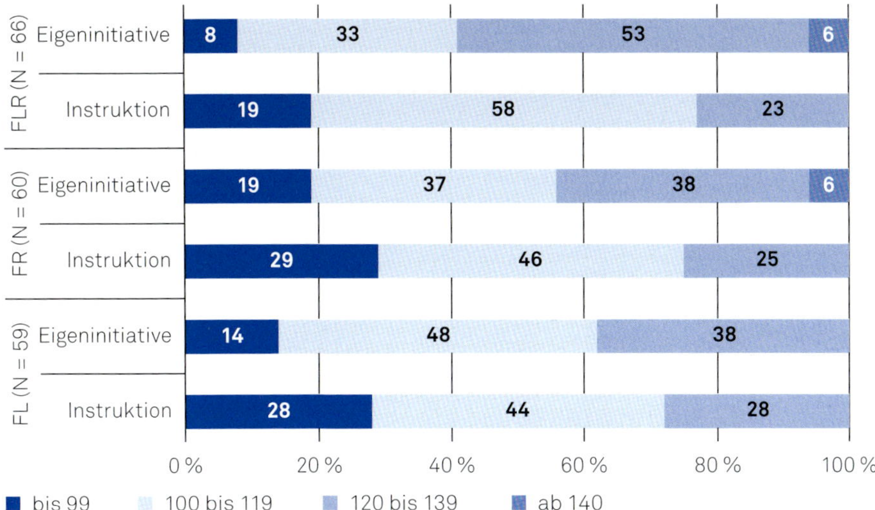

Abbildung 1-9: Eigeninitiative oder Instruktion durch die Eltern bei Frühlesern (FL), Frührechnern (FR) und Kombinierern (FLR) und deren prozentualer Anteil an den ermittelten CFT20-Intelligenztestwerten. (Stamm, 2004b, S. 15)

Eine der wichtigen Fragen ist, ob die erworbenen Leistungsunterschiede der Frühleser und der Frührechner über die gesamte obligatorische Schulzeit hinweg erhalten bleiben oder ob sie wie eine Scheinblüte wieder vergehen. Dies versuchte die Autorin über Clusteranalysen herauszufinden. Bleibt die Leistungsstabilität der Kompetenzgruppen erhalten, oder gibt es im Längsschnitt auch Teilgruppen, die ihren Vorsprung verlieren?

Die von der Autorin favorisierte 3Clusterlösung (s. Abbildung 1-10) zeigt teils stabile Verläufe (der Leistungsvorsprung bleibt erhalten), aber auch Teilgruppen, die eher ungünstige Verläufe aufweisen: Der Leistungsvorsprung wird teilweise bereits in der ersten Klasse verspielt. Besonders günstig schneidet in dieser Clusteranalyse wieder die Gruppe der Kombinierer ab. Und noch etwas ist augenscheinlich: In der Gruppe der Leistungsstarken (vgl. Abbildung 1-10 oben) beträgt der Anteil der Eigeninitiative („hohe Wissbegier") 66 Prozent. Die Frühleser und Frührechner bleiben dann in der Schule erfolgreich, wenn sie sich Lesen und Rechnen eigenständig angeeignet haben und nicht von den Eltern instruiert wurden. Die von den Eltern eindeutig gecoachten Kinder verlieren überdurchschnittlich stark ihren Leistungsvorsprung. „Wer sich vor Schuleintritt autodidaktisch Kenntnisse im Lesen und/oder Rechnen angeeignet hat, die sich bei Schuleintritt als deutliche Kompetenzvorsprünge manifestieren, gehört überzufällig auch am Ende der obligatorischen Schulzeit noch zu den besonders schulerfolgreichen Schülerinnen und Schülern" (Stamm, 2004b, S. 18). Durch den Einbezug von weiteren Begabungsfaktoren (z.B. Kreativität), Persönlichkeitsmerkmalen (z.B. Schulzufriedenheit), Umweltmerkmalen (z.B.

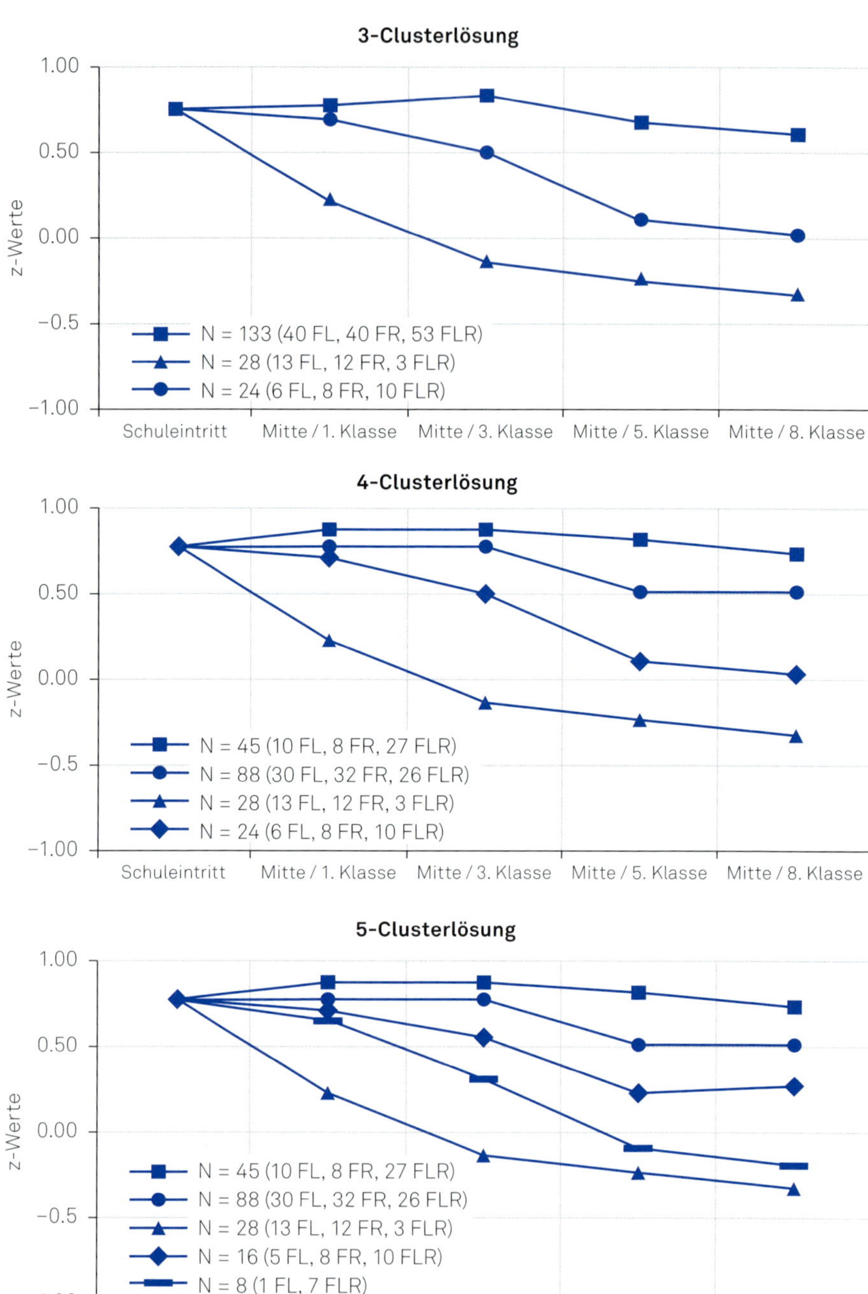

Abbildung 1-10: Leistungsverläufe. Ergebnisse von Clusteranalysen. FL: Frühleser, FR: Frührechner, FLR: Kombinierer. (Stamm, 2004a, S. 409 Abdruck mit freundlicher Genehmigung des Springer-Verlages.)

familiäre Situation) und sozioökonomischen Daten (z.B. Bildungsstatus) kann die Längsschnittuntersuchung weitere entwicklungspsychologische Probleme bearbeiten, auf die wir hier nicht eingehen. Hier sei auf die Originalliteratur verwiesen.

Zusammenfassung

Anhand von zwei Längsschnittstudien erörterten wir in einem Exkurs das frühe Lesen und frühe Rechnen und gingen der Frage nach, ob diese beiden vorschulischen Besonderheiten eventuell einen Frühindikator für Begabung darstellen. Frühes Lesen und frühes Rechnen sind nur dann bedeutsam für die kognitive Leistungsfähigkeit (Begabung), wenn sie kombiniert auftreten. Entscheidend ist, dass sich Vorschulkinder beide Kulturtechniken eigenständig ohne Zwang durch die Eltern angeeignet haben. Die kindliche Wissbegier und das Erkundungsverhalten bilden die motivationale Grundlage.

Kombinierer (Frühleser und gleichzeitig Frührechner) sind offenbar über die gesamte Schulzeit hinweg erfolgreich, sofern sie nicht in eine schulische Unterforderungssituation hineingeraten. Frühpagog/innen und Grundschullehrer/innen sollten darin ausgebildet sein, mit den besonderen Herausforderungen angemessen umzugehen, die Frühleser und Frührechner an das Lernen stellen.

1.9 Entwicklungsfenster: Die Lebenssituation begabter Schulanfänger

Der Übergang vom Kindergarten in die Schule – die Einschulung – wird in der Psychologie als eine der prägenden Entwicklungsaufgaben bezeichnet. Der Begriff „prägende Entwicklungsaufgabe" wurde von Havighurst (1948) eingeführt (vgl. Montada, 1995, S. 66) und bezeichnet den Umstand, dass jede psychische Entwicklung problemhaft verlaufen kann. Entwicklungsaufgaben gliedern normativ den Lebenslauf und müssen von nahezu allen Menschen gelöst werden; darin unterscheiden sie sich von den individuellen „kritischen Lebensereignissen". Havighurst konzeptualisierte verschiedene Typen von Entwicklungsaufgaben, unter denen Aufgaben, welche die Gesellschaft stellt, etwa in Bildung und Beruf, einen besonderen Stellenwert einnehmen. Der Hamburger Entwicklungspsychologe Wilhelm Wieczerkowski thematisierte den Übergang aus Familie und Kindergarten in die Grundschule bei begabten Kindern in besonderer Weise und nannte die Probleme, die dabei auftauchen können, eine *Spirale der Enttäuschung* (s. Abbildung 1-11).

Die Spirale der Enttäuschung ist ein Erklärungsmodell für Probleme im schulischen und psychosozialen Bereich. Die begabten Kinder erleben eine Diskrepanz zwischen ihrer Erwartung (Hoffnung) und der Realität. Sie haben

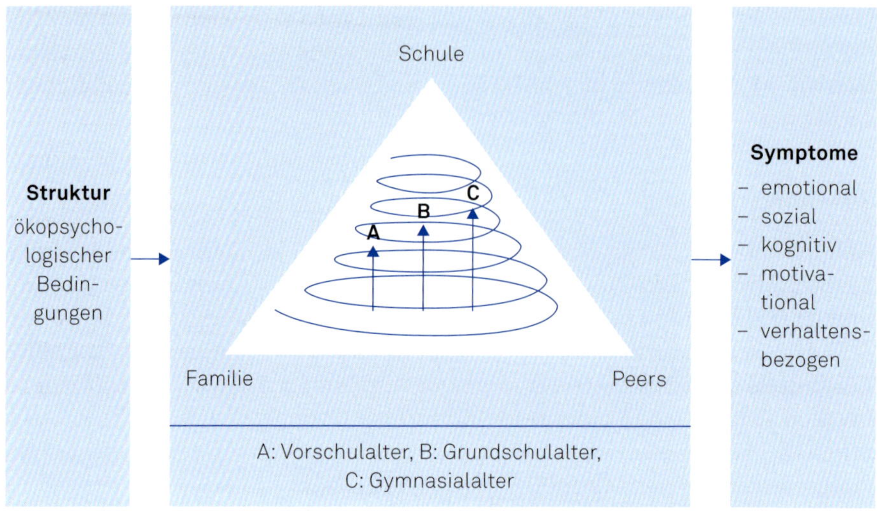

Abbildung 1-11: Spirale der Enttäuschung (nach Wieczerkowski und Prado, 1993; aus Wittmann, 2003, S. 33).

sich vor dem Schuleintritt mit anspruchsvollen Themen beschäftigt und können bereits lesen und schreiben (vgl. Unterkapitel 1.8). Sie sind sehr wissbegierig, und ihr Erkundungsverhalten hat sie zu Themen geführt, in denen sie sich als „Spezialisten" fühlen (z.B. Dinosaurier, Steine, Briefmarken, Pins). Sie freuen sich auf die Schule und hoffen darauf, neue spannende Informationen zu erhalten und neue Fertigkeiten zu erlernen. Kommen sie dann in die Schule, sind sie schnell frustriert, weil keines der erwarteten Themen im Unterricht vorkommt. Zudem müssen sie, die in der vorschulischen Zeit immer frei und ungehemmt lernen konnten, ihr Lerntempo an das der Klassengemeinschaft anpassen, was häufig nicht ihrem kognitiven Lernstil entspricht. Sie müssen überdies Dinge üben, die sie bereits beherrschen. Diese Kinder erleben einen Konflikt zwischen ihrer intrinsischen Anstrengungsbereitschaft und der lehrergesetzten Forderung.

Nicht selten ist dieser Unterforderungs-Mix ein Einstieg in den Typus des hochbegabter Minderleisters (Underachiever). Spiralen der Enttäuschung können bei Schulanfänger/innen zu folgenden Verhaltensauffälligkeiten führen: störendes Verhalten im Unterricht, äußerliche Anpassung bei innerer Unzufriedenheit und damit verbunden ein sozialer Rückzug, Übertonung von körperlichen Beschwerden (Kopfschmerzen), Motivationsstörungen und mangelndes Interesse an Arbeits- und Lerntechniken (Lehwald, 2006).

Berichtet wird nun von Florian, der wegen Unterforderung in der ersten Klasse einer spezialisierten Beratungsstelle vorgestellt wurde. Im Kindergarten bereits fiel er durch seine Entdeckerfreude (Wissbegier) auf. Er konnte schon lesen und gut rechnen. Eine vorzeitige Einschulung wurde vom schulmedizinischen Dienst allerdings wegen nicht ausreichender sozialer Kompetenz abgelehnt. Wir geben hier einen komprimierten Auszug aus dem Gutachten wieder:

Florian gehört zu den begabten Schülern der ersten Klasse: Er besitzt eine sehr hohe Intelligenz, imponierendes Spezialwissen, gute Lernfähigkeit, hohe Neugier und eine günstige Kombination von Anstrengungsbereitschaft und Leistungsmotivation. Er kann bereits lesen und gut rechnen. Perfekt beherrscht er ein Musikinstrument. Nach Aussagen der Mutter langweilt er sich im Anfangsunterricht furchtbar, da er alle Anforderungen bereits beherrscht.

Florian erreicht in Testaufgaben des „Kognitiven Fähigkeitstests – KFT 1–3“, die logisches Denken abprüfen (Sprachverständnis, Beziehungserkennung, Schlussfolgerndes Denken, Rechnerisches Denken), weit überdurchschnittliche Werte. Der eingesetzte Test (KFT), der eigentlich für seine Altersstufe konzipiert wurde, ist für ihn einfach zu leicht, und es zeichnet sich ein sogenannter Deckeneffekt ab, das heißt, er erreicht in fast allen Untertests die Höchstpunktzahl. Der erreichte Gesamtpunktwert entspricht einem IQ von 142. Bei Nachuntersuchungen sollte man deshalb unbedingt Tests einsetzen, die im oberen Leistungsbereich gut differenzieren.

Besonders fällt auf, dass Florian nicht allein dem Konkreten verhaftet ist, sondern schnell eine abstrakte Stufe der Lösungsbearbeitung erreichen will. Auf dieser Stufe empfindet er viel Vergnügen an der Lösungsbearbeitung und ist immer wieder daran interessiert, neue Aufgaben mit immer höherem Schwierigkeitsgrad zu erhalten (hoch ausgeprägtes Erkundungsverhalten).

Nicht ganz so hoch liegen die Werte des eingesetzten Schulleistungstests. Parallel zum Fähigkeitstest wurde auch ein Motivfragebogen verwendet, um zu prüfen, welche Interessen und Motive das selbständige Lernen Florians unterstützen. Im Motivfragebogen zeigen sich eine hohe Ausprägung der Neugier und eine günstige Kombination von Anstrengungsbereitschaft und Leistungsmotivation.

Die sozialen Fähigkeiten Florians unterstützen sein Bedürfnis, hochwertige Lernleistungen zu erbringen. Das ist aber bei den Anforderungen der ersten Klasse schlechterdings nicht möglich. Bei der Beantwortung einiger Fragen aus einem Satzergänzungstest zeigt Florian eine gewisse Ängstlichkeit und Schüchternheit.

Zusammengefasste Empfehlungen der Beratungsstelle, die in einem Eltern-Lehrerinnen-Gespräch vermittelt wurden:

1. Alle Formen der inneren Differenzierung sind zu prüfen und von der Schule anzubieten (leistungsbezogene Lerngruppen, Drehtürmodell, Lernkartei Westermann, Forschungsaufträge; vgl. hierzu das Kapitel 4 über die Begabtenförderung), um das außergewöhnliche Lern- und Leistungspotential und

das hochwertige Interesse Florians zu erhalten und weiter zu fördern. Sollten aber die Maßnahmen der inneren Differenzierung und des Enrichments nicht ausreichen, könnte aufgrund des fächerübergreifend hohen Lernprofils auch ein Überspringen in Erwägung gezogen werden. Dazu müssten aber alle Beteiligten bereit sein: die abgebende Lehrerin, die aufnehmende Lehrerin, die Eltern, Florian selbst und die Beratungsstelle. Sollte das Springen als Fördermaßnahme in Betracht gezogen werden, müsste Florian vorher noch Möglichkeiten erhalten, seine sozialen Fähigkeiten zu kultivieren. Hier wäre ein Kurztraining „Soziale Fähigkeiten" sehr zu empfehlen, das in Form eines Rollenspiels von der Beratungsstelle angeboten wird.
2. Eventuell wäre es günstig, Florian sofort zu ermöglichen, wenigstens zeitweilig in seinen Lieblingsfächern in der nächsthöheren Klasse zu hospitieren. So würde der Kontakt zu seiner Stammklasse erhalten bleiben. Solch eine Förderung ist eher unproblematisch, da mögliche soziale Konflikte dann meist ausbleiben.
3. Florian braucht eine schulische Leistungsbewertung, die es ihm ermöglicht, sich mit den Mitschüler/innen seines Leistungsniveaus zu vergleichen (Leistungsgruppenarbeit).
4. Die Förderung im Elternhaus sollte wie bisher systematisch weitergeführt werden. Ziel muss es hier sein, die Interessen Florians weiter zu stabilisieren und eventuell zu spezifizieren. Denn der Übergang von einem Kind mit (nur) hohem Lernpotential zu einem Kind, das sich als Experte auf einem Gebiet ausweist, steht unmittelbar bevor. Dazu muss es aber für Florian Möglichkeiten geben, viel Zeit in seine wichtigsten Interessen zu investieren und in seiner Domäne langfristig zu üben. Gemeinsam mit dem Kind ausgewählte Freizeitangebote in seinem Spezialgebiet könnten hier helfen (z.B. musikalische Bildung, Kreativitätsangebote im Stadtteil, Schach).

So weit zum Gutachten. Florian konnte in die nächste Klasse springen. Dort fühlt er sich wohl, und alle Leistungsauffälligkeiten sind verschwunden. Aber muss es so weit kommen? Müssen wissbegierige und begabte Kinder erst in eine Unterforderung hineingetrieben werden? Welche Möglichkeiten gibt es, um frühzeitig gegenzusteuern?

Das vorzeitige Einschulen wäre eine Möglichkeit. In Deutschland werden aber nur etwa 3 bis 4 Prozent eines Jahrgangs früheingeschult. Eltern und Lehrkräfte befürchten nicht unberechtigt, dass Kinder eventuell körperlich, sozial und emotional überfordert werden und für die spätere Entwicklung Schaden nehmen könnten. Dabei liegt der Vorteil auf der Hand: Der Langeweile wird entgegenwirkt. Späteres Überspringen einer Klasse lässt sich so eventuell vermeiden.

Es gibt aber auch Nachteile. Die Kinder erleben das Gefühl des Andersseins. Durch Herausreißen aus der Kindergartengruppe können möglicherweise soziale Konflikte entstehen. Besonders bei extrem leistungsorientierten Eltern steht der Elternwunsch nach Anerkennung im Mittelpunkt und wird auf das Kind projiziert (vgl. Abschnitt 4.2.3 über Probleme der Frühförderung).

Von einer vorzeitigen Einschulung sollte man absehen, wenn deutliche Defizite im sozialen Bereich vorliegen und wenn manuelle Ungeschicklichkeit sowie geringe Wissbegier und Ausdauer beobachtet werden. Viel hängt davon ab, ob die Erzieher/innen ihre Schützlinge hinsichtlich kognitiver Leistungsfähigkeit, Wissbegier und Erkundungsverhalten richtig zu bewerten imstande sind, besonders im letzten Kindergartenjahr. Denn hier ist eine eventuelle Unterforderung bereits beobachtbar: Die angebotenen Vorschulprogramme der Kindergärten können die Begabten kaum herausfordern. Stapf (2010, S. 188) berichtet von hohen Fehleinschätzungen der Kindergärtner/innen hinsichtlich der kindlichen Kompetenz und gravierender Unkenntnis zum Beispiel in der Einschätzung von Frühlesern und Frührechnern. Frühpädagog/innen schlagen deshalb vor, verschiedene Verfahren zu entwickeln und einzusetzen, um einen Entwicklungsvorsprung rechtzeitig zu diagnostizieren (Textor, 2014). In Abschnitt 3.3.2 werden wir eine neu entwickelte Checkliste für Erzieher/innen zur Bestimmung der Wissbegier in Kindergärten vorstellen. Zusätzlich sollten weitere Informationsquellen genutzt werden, um begabte Kinder richtig einzuschätzen. So scheint es auch wichtig, dass sich Kindergärtner/innen und Lehrpersonen der ersten Klasse untereinander absprechen, damit begabte Kinder an die Schule „übergeben" werden können. Es scheint notwendig, dass bereits in der ersten Klasse von Beginn an differenzierter Unterricht in Lerngruppen erfolgt. Frontaler Unterricht ist bei begabten Kindern weitgehend wirkungslos. Erst wenn alle inneren Differenzierungmaßnahmen ungeeignet bleiben, sollte man ein Springen in die nächsthöhere Klasse erwägen.

1.10 Entwicklungslinien: Vom Schulanfänger zum Viertklässler

Nach dem teilweise dramatischen Gestaltwandel in der Vorschulzeit legen die körperlichen Veränderungen im Grundschulalter gewissermaßen eine Ruhepause ein. Wie sieht es aber mit der Entwicklung von Intelligenz und Motivation aus?

Veränderungen lassen sich am besten aus Längsschnittstudien ablesen. Wir beziehen uns auf zwei renommierte deutsche Untersuchungen: die Münchner Längsschnittstudie von Kurt Heller und Mitarbeiter/innen (Heller, 1992) und die Studie Scholastik unter der Leitung von Franz Weinert und Andreas Helmke (Weinert & Helmke, 1997).

Schauen wir uns zunächst die Ergebnisse zur Intelligenzentwicklung an. Hier stellen beide Studien über die Grundschulzeit hinweg eine hohe Stabilität fest. So bleiben die Mittelwerte der Drittklässler in der Münchner Studie (Heller, 1992) in den drei untersuchten Begabungsgruppen bei drei Messzeitpunkten weitgehend konstant. Relativ klar konnte Heller die durchschnittlich begabten Kinder von den Gutbegabten und Hochbegabten trennen. Man kann davon ausgehen, dass Kinder im Alter von zehn Jahren, was die Intelligenz anbetrifft, nach vierjährigem Grundschulbesuch ihre relative Position gefunden haben. Die Stellung, die ein Kind in seiner Referenzgruppe hinsichtlich der Intelligenz einnimmt, verändert sich kaum (s. Abbildung 1-12).

Weinert (2000) schlussfolgert aus diesem Ergebnis, dass bei allen kognitiven Kompetenzen, bei denen sich in der Frühphase der Ontogenese bedeutsame interindividuelle Unterschiede zeigen, die Differenzen unter dem Einfluss anregender externer (schulischer) Lernprozesse langfristig erhalten bleiben. In der LOGIK-Studie (vgl. Weinert, 2000, S. 17) ließen sich Leistungsunterschiede in der Grundschulzeit in Mathematik durch Intelligenzprädiktoren der Vorschulzeit sogar voraussagen (s. Abbildung 1-13). Auch beeindrucken die Stabilitäten für allgemeine Intelligenz und mathematische Kompetenz. Das gelingt naturgemäß umso besser, je dichter die Messzeitpunkte beieinanderliegen.

Diese stabilen Leistungsunterschiede sind erstaunlicherweise vom Lehrpersonal unabhängig und unterrichtsresistent. Das besagt aber nicht, dass das schulische Lernen keine Einflüsse auf die Entwicklung der Intelligenz hätte. Dafür ein Beispiel: Mit zunehmender Rechenkompetenz erhalten Kinder die Möglichkeit, Regeln und Gesetzmäßigkeiten kennenzulernen, was der Ausgestaltung des schlussfolgernden Denkens *(reasoning)* dient. Solche Themen werden im Übrigen in vielen Intelligenztests erfragt. Ähnlich sieht es bei der

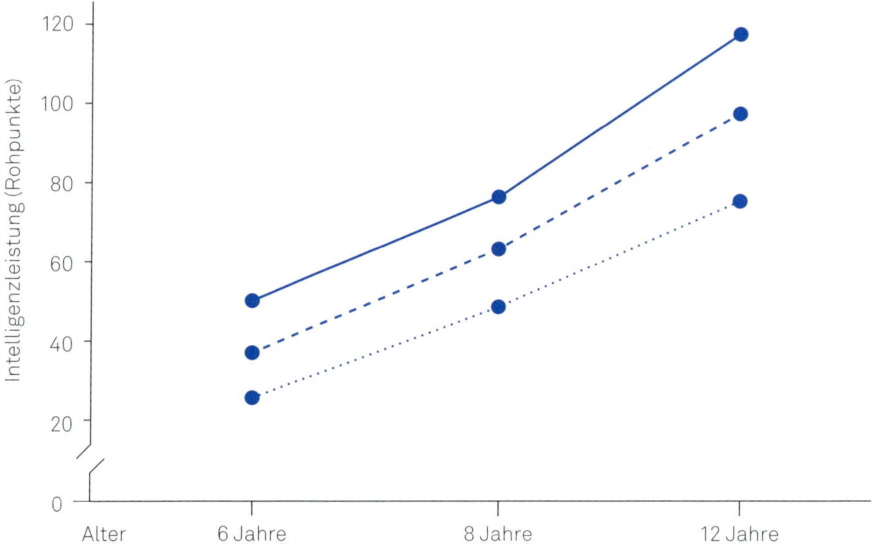

Abbildung 1-12: Entwicklung der Intelligenzleistungen bei schlechtem (········), durchschnittlichem (- - - -) und gutem (———) Leistungsniveau (Weinert, 2000, S. 15).

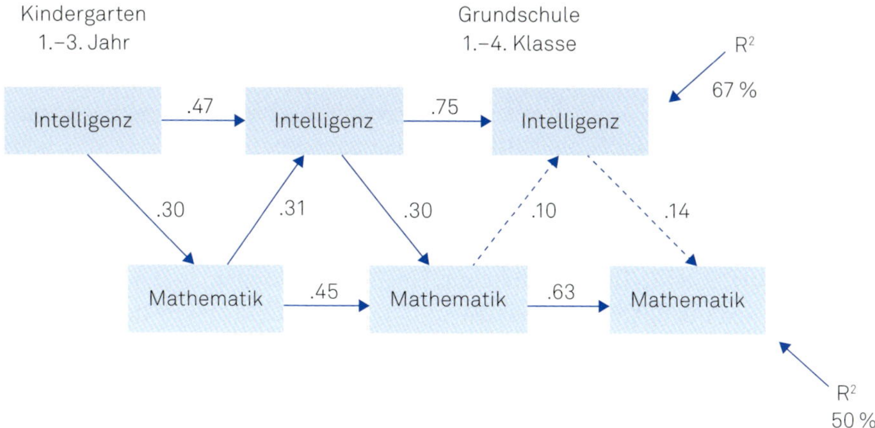

Abbildung 1-13: Vorhersagemodell der Mathematikleistungen in der 4. Grundschulklasse (Weinert, 2000, S. 17). Die dargestellten Korrelationskoeffizienten zeigen die Stabilität der Intelligenzwerte, aber auch der Mathematikkompetenzen, die mit zunehmendem Alter immer höher werden. R2 bedeutet aufgeklärte Varianz.

sprachlichen Intelligenz aus. Sie wird gefördert durch schulisches Lernen im Deutschunterricht.

Schulische Lernangebote sollen Kindern also dazu verhelfen, ihre intellektuellen Potentiale auszugestalten. (Auf diesen wichtigen Sachverhalt kommen wir unter dem Aspekt der Expertiseentwicklung in Unterkapitel 2.1 zurück.) Selbstverständlich wird hinzugelernt, jedoch verändert sich dadurch die intellektuelle Position eines Schülers im Klassenverband nicht. Es gilt auch hier das Matthäus-Prinzip: Wer schon hat, dem wird gegeben. Wer also zu einem bestimmten Zeitpunkt über bessere Leistungsvoraussetzungen verfügt, wird von den Lernangeboten der Schule stärker profitieren. Leider gilt diese Stabilität auch im unteren Leistungssegment. Dabei gilt der Hinweis von Weinert und Helmke (1997, S. 461): Je allgemeiner eine Intelligenzleistung ist, desto geringer erweist sich der direkte Einfluss variabler schulischer Bedingungen. So verwundert es nicht, dass es einer Generation von Unterrichtsforscher/innen trotz aller Bemühungen nicht gelungen ist, einen direkten Einfluss der Schul- und Unterrichtsqualität auf die Intelligenzentwicklung im Grundschulalter nachzuweisen. Das führte in der österreichischen Längsschnittstudie *Ist Schulerfolg vorhersehbar?* (Saurer & Gamsjäger, 1996) zu der deprimierenden Erkenntnis der Autoren, dass die zu Beginn der Schulzeit und im weiteren Verlauf der schulischen Sozialisation ermittelten Schulleistungsunterschiede trotz hoher Unterrichtsqualität konserviert bleiben und durch schulorganisatorische Angebote und Reformen kaum verändert werden.

Ist der Einfluss vielleicht eher auf die Motiventwicklung im Grundschulalter zu erwarten?

Wir ziehen erneut die Scholastik-Studie zu Rate. Helmke (1997) untersuchte hier das Fähigkeitsselbstbild und die Lernfreude von Grundschulkindern in den Fächern Deutsch und Mathematik. Unter dem *Fähigkeitsselbstbild* versteht man die Gesamtheit aller subjektiven Einschätzungen eines Kindes hinsichtlich der eigenen Fähigkeiten. Je besser das Selbstbild, desto stärker geht ein Kind davon aus, dass es erfolgreich abschneiden wird. Das schließt günstige Zuschreibungsmuster für Erfolg und Misserfolg mit ein. Ein Selbstbild, das die eigenen Fähigkeiten gering einschätzt, spricht dagegen eher für die Erwartung eines Misserfolges. Es bewirkt sinkende Erfolgserwartungen, und handlungsirrelevante Gedanken treten vermehrt in den Mittelpunkt (Stiensmeier-Pester & Schöne, 2008). Das Fähigkeitsselbstbild ist ein Kernstück der Leistungsmotivation und gleichsam als Gegenstück zur Lernfreude zu betrachten.

Helmke (1993) beschreibt *Lernfreude* als positiv getönte Orientierung des Lernens auf Lerninhalte, Verhaltensweisen oder auch Personen. Die Nähe zur intrinsischen Motivation bzw. Tätigkeitsmotivation ist augenscheinlich (vgl. Unterkapitel 1.1). In der jetzt vorzustellenden Studie (s. Abbildung 1-14) wurde

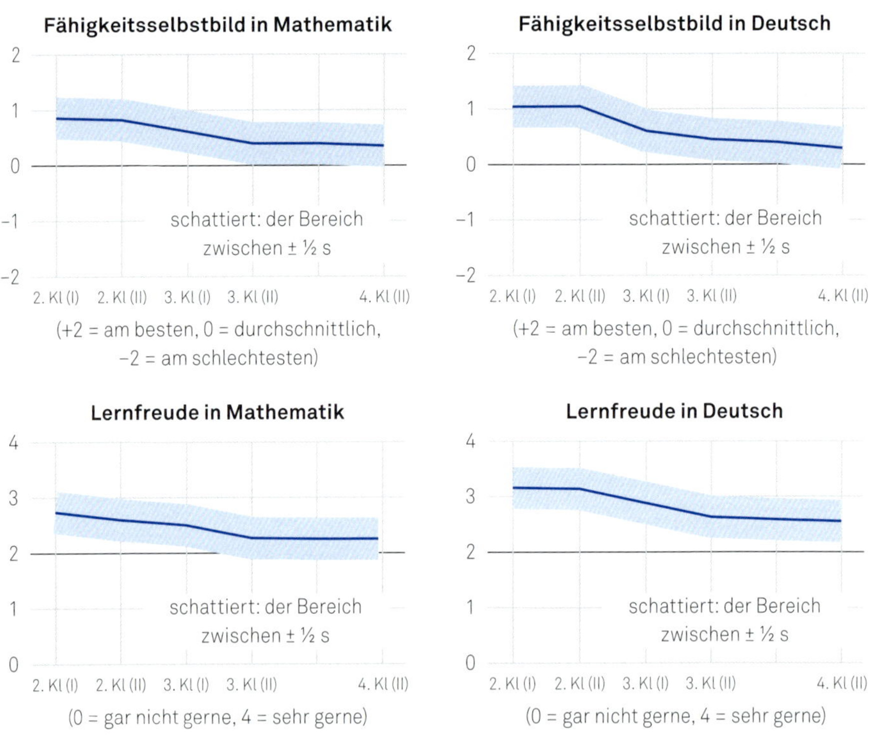

Abbildung 1-14: Entwicklung des Fähigkeitsselbstbildes und der Lernfreude in Mathematik und Deutsch. (I), (II): Messzeitpunkte. (Helmke, 1997, S. 64, Abdruck mit freundlicher Genehmigung des Beltz-Verlages).

die gegenstandsbezogene Motivation auf die Fächer Deutsch und Mathematik eingeschränkt. In einer Voruntersuchung ging es zunächst darum zu klären, ob das Fähigkeitsselbstbild von der Lernfreude als Tätigkeitsmotivation zu trennen ist. Die faktorielle Validität ist deutlich: Das Fähigkeitsselbstbild in Mathematik lädt auf einem gesonderten Faktor und lässt sich klar von der Lernfreude unterscheiden. Die faktorielle Struktur in Deutsch ist allerdings nicht ganz so eindeutig. Hier legt die Faktorenanalyse nahe, nochmals zu differenzieren (Helmke, 1997, S. 61). Die Scholastik-Studie gibt Auskünfte über die Verlaufsgestalt des Fähigkeitsselbstkonzeptes und der Lernfreude in den vier Jahren der Grundschulzeit.

Das Selbstkonzept korreliert bereits ab Mitte der zweiten Klasse substantiell mit den Schulleistungen. Mit zunehmendem Alter und zunehmender Schulerfahrung werden die Korrelationen immer enger. Kurz vor der Entscheidung über die weitere Schullaufbahn (4. Klasse) steigen sie nochmals an.

Anders sieht die Verlaufsgestalt der Lernfreude als intrinsisches Motiv aus, was für die Eigenständigkeit der Tätigkeitsmotivation spricht. Zwar bleibt das Niveau der Lernfreude im Durchschnitt während der gesamten Grundschulzeit im positiven Bereich, aber es gibt bedeutsame Einschnitte beim Übergang von der ersten in die zweite Klasse und bei der Vorbereitung auf eine weiterführende Schule in der vierten Klasse (Helmke, 1993, S. 81).

Größere Unterschiede zeigen sich ferner in der Geschlechtsspezifik. Jungen legen über alle vier Jahre hinweg eine höhere Lernfreude in Mathematik an den Tag. Getrennte Vergleiche für die einzelnen Klassenstufen zeigen, dass der Geschlechtereffekt in Mathematik erst ab Klasse 2 wirksam wird. In Klasse 4 nimmt das Signifikanzniveau zu und sinkt in Klasse 5 wieder ab (s. Abbildung 1-15). In Deutsch sind die Unterschiede in der Lernfreude zwischen Jungen und Mädchen marginal, sie erreichen nicht das Signifikanzniveau (s. Abbildung 1-16). Auf das Problem der Geschlechterunterschiede werden wir am Beispiel der Förderung begabter Mädchen in Passus 4.3.3.2 zurückkommen.

In der Studie ging man ferner der Frage nach, ob das Fähigkeitsselbstbild bzw. die Lernfreude durch unterrichtliche Merkmale zu beeinflussen sind. Für das Fähigkeitsselbstbild waren die Befunde eher enttäuschend. Anders die Muster, die mit einer günstigen Entwicklung der Lernfreude als intrinsischem Motiv einhergehen. Für die Lernfreude scheint das Sozialklima besonders bedeutend zu sein, außerdem der gewährte Freizügigkeitsspielraum beim Lernen und die Adaptivität des Unterrichts an die je individuellen Lernvoraussetzungen der Schüler/innen. „Lehrer/innen, deren Klassen sich durch eine überdurchschnittliche Entwicklung der Lernfreude auszeichnen, tendieren (weiterhin) dazu, ihren Schüler/innen Freiheitsspielraum für selbständige Entscheidungen einzuräumen“ (Helmke, 1997, S. 75).

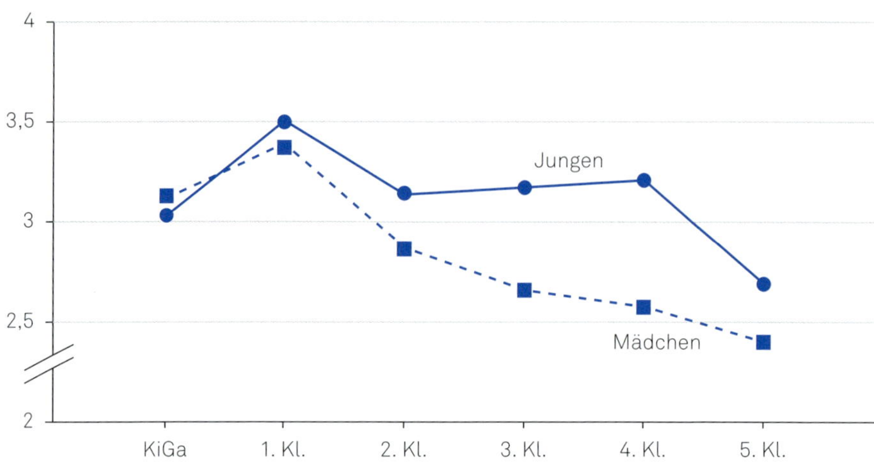

Abbildung 1-15: Verlauf der Lernfreude in Mathematik bei Jungen und Mädchen (Helmke, 1993, S. 83).

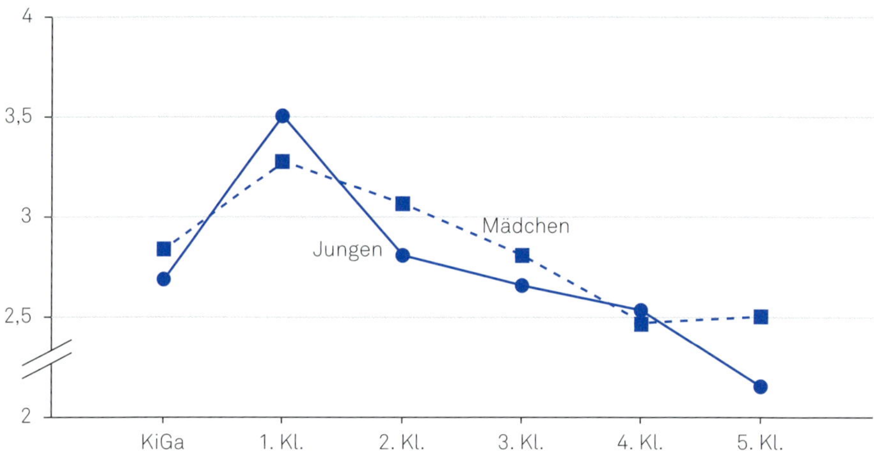

Abbildung 1-16: Verlauf der Lernfreude in Deutsch bei Jungen und Mädchen (Helmke, 1993, S. 83).

Zusammenfassung

Interpretationsbedürftig ist zunächst das überraschende Ergebnis, dass die Intelligenzunterschiede über Jahre hinweg stabil bleiben und durch keine noch so gute Unterrichtsqualität zu beinflussen sind. Selbstverständlich wird in den Intelligenzgruppen hinzugelernt, jedoch verändert sich damit die intellektuelle Position eines Schülers im Klassenverband nicht. Es gilt das Matthäus-Prinzip: Wer da hat, dem wird gegeben. So verwundert es nicht, dass Voraussagen über die zukünftige Entwicklung, besonders im oberen Leistungssegment, relativ sicher sind. Man kann davon ausgehen, dass Kinder im Alter von zehn Jahren nach vierjährigem Grundschulbesuch ihre relative Position hinsichtlich der Intelligenz gefunden haben.

Was lässt sich nun über die Entwicklung der Leistungsmotivation und der Tätigkeitsmotivation aussagen?

Die vorgestellte Scholastik-Längsschnittstudie untersuchte das Fähigkeitsselbstbild (als Ausdruck der Leistungsmotivation) und die Lernfreude (als Ausdruck der Tätigkeitsmotivation). Faktoranalytisch ließen sich beide Motivformen deutlich trennen. Interessant ist die Verlaufsgestalt beider Motivformen in der Grundschulzeit und deren Geschlechtsspezifik. Hier gibt es klare Unterschiede. Die in der Studie erfassten Unterrichtsmerkmale beeinflussen nur die Lernfreude. Das Fähigkeitsselbstbild bleibt dagegen weitgehend unberührt.

1.11 Entwicklungsfenster: Hochbegabte Grundschulkinder

Wir stellen Pawel vor. An seinem Gutachten können wir zum einen Besonderheiten hochbegabter Kinder in der Grundschule festmachen. Zum anderen zeigt es auch die besondere Vulnerabilität (Verwundbarkeit) begabter Kinder.

Pawel wird von seinen Eltern der Beratungsstelle vorgestellt. Gegenwärtig besucht er die dritte Klasse einer Montessorischule. Den vorliegenden Beurteilungen der Schule ist zu entnehmen, dass er in fast allen Fachdisziplinen der Montessori-Ausbildung, besonders aber in Deutsch, Englisch und Mathematik, einen erheblichen Entwicklungsvorsprung aufweist.

Bereits im Kindergarten, so erfahren wir von den Eltern, galt Pawel als hochbegabt. Als er fünf Jahre alt war, habe man ihn einmal zu testen versucht, aber die Ergebnisse seien sehr ungenau gewesen, und der verwendete Test sei zudem wohl unprofessionell durchgeführt worden. Nun zeige er in der Schule Verhaltensauffälligkeiten, die nach der Elternmeinung möglicherweise von einer Unterforderung herrühren. Weil sein Selbstvertrauen mittlerweile sehr gering sei und auch er selbst sich nicht mehr als klug ansehe, sei auch seine Wissbegier erloschen. Er arbeite nicht mehr selbständig, sondern nur nach Anforderung. Die gelegentlichen Auffälligkeiten im sozialen Bereich, die schon „sehr früh dagewesen“ seien, könnten Ursache oder auch Folge der permanenten Unterforderung sein. Die Pädagogen der Schule würden ihn gern fördern, wollten aber vorher doch lieber ein Testergebnis sehen, damit man sagen könne, wo genau er in der schulischen Ausbildung mehr Angebote brauche. Außerdem wollten die Lehrkräfte dringend Hilfestellung, denn mit begabten Minderleistern (Underachievern) hätten sie bislang noch niemals zu tun gehabt.

Die hauptsächliche Untersuchungsfrage lautete also: Handelt es sich bei Pawel um einen begabten Schüler, der über ein hohes kognitives Potential verfügt? Und ist er schulisch unterfordert? Wenn dies der Fall sein sollte, wie kann man ihm dazu verhelfen, sein wahres Lernpotential auszuschöpfen?

Zur Prüfung der Intelligenz wendeten wir den „Grundintelligenztest – CFT 20R“ (Weiß, 2006) an, der besonders im oberen Leistungssegment gut differenziert. Auf der Basis der Intelligenztheorie von Cattell *(general fluid ability)* werden figural Reihenfortsetzen, Klassifikationen, Matrizen und Typologien angeboten. Die Beratungsstelle setzte die Kurzform mit Zeitbegrenzung (ohne Zeitverlängerung) ein, die besonders anspruchsvoll ist. Zur Absicherung der Befunde wurden außerdem Teile aus dem „Kognitiven Fähigkeitstest für Hochbegabte – KFT-HB 3“ von Heller und Perleth für die dritte Klassenstufe eingesetzt (hier der Untertest Verbale Denkfähigkeiten).

Um die schulische Leistungsfähigkeit vergleichbar zu prüfen, wählte man Ausschnitte aus dem „Deutschen Mathematiktest – DEMAT“ für die dritte Klassenstufe (Roick, Gölitz & Hasselhorn, 2004). Ferner wollte man das Sprachverstehen feststellen und verwendete dafür das „Salzburger Lesescreening“, das eigentlich erst für Schüler der 5. Klassenstufe vorgesehen ist.

Zur Erfassung leistungsfördernder oder leistungshemmender Persönlichkeitseigenschaften setzte die Beratungsstelle aus der „Münchner Hochbegabungstestbatterie für die Primarstufe – MHBT-P“ den „Fragebogen Arbeitsverhalten – AVP“ ein und überprüfte mit dem „Kausalattributionsfragebogen – KA“ die Attribuierungsgewohnheiten. Die Eltern wurden mit dem „Diagnostischen Elternfragebogen – DEF“ (Dehmelt, Kuhnert & Zinn, 1993) nach Lebenslaufdaten Pawels befragt.

Die Ergebnisse beider Intelligenztests bestätigen die hohe Intelligenz und Begabung von Pawel. Er erzielt im zeitbegrenzten CFT 20R einen IQ von 148. Dieses exzellente Testergebnis wird vom KFT (verbale Intelligenz) bestätigt. Pawel verfügt demnach über ein hohes Intelligenzpotential zur Leistung. Ebenso eindrucksvoll sind die Ergebnisse der Schulleistungstests. Sowohl im „Deutschen Mathematiktest – DEMAT“ als auch in der Deutschprobe liegt er weit über dem Durchschnitt. Er besitzt ein klares Zahlen- und Mengenverständnis und eine hohe Sensibilität für Sprache. In Deutsch fällt sein ausgeprägtes Verständnis für sprachliche Mehrdeutigkeiten auf. Zieht man die in den Tests angegebenen Altersdurchschnitte heran, so ergibt sich für Pawel ein schulischer Leistungsvorsprung von etwa einem Jahr. Trotzdem erreicht er keine optimalen schulischen Ergebnisse. Er gehört offensichtlich zu den begabten Minderleistern (Underachievern).

Wie sind das schulische Desinteresse und die nicht optimale Lernbereitschaft zu erklären? Die Auswertung der Persönlichkeitsproben und Fragebogen könnte einen Hinweis geben. Auffallend, aber nicht überraschend sind die Ergebnisse des Arbeitsverhaltens-Inventars. Hier bejaht Pawel viele Angst-Items. Das deckt sich mit der Satzergänzungsprobe, in der er über Angst, allgemeine Albträume und Schamgefühle berichtet. Inwieweit die Ängste schulisch bedingt sind, muss einer weiteren Untersuchung vorbehalten bleiben (siehe Empfehlungen). Interessant ist sein Zuschreibungsmuster für Erfolg und Misserfolg. Im Kausalattribuierungsbogen zeigt er kein zweckmäßiges Zuschreibungsmuster. Erfolge werden, wie bei Begabten üblich, auf eigene Fähigkeiten und Anstrengungsbereitschaft zurückgeführt. Das ist gut so. Misserfolge begründet er dagegen mit eigenem Versagen und nicht ausreichenden Fähigkeiten. Dieses zumindest in Teilen deformierte Fähigkeitsselbstkonzept führt zu nicht optimalen schulischen Anstrengungen.

Die Eltern berichten im Elternfragebogen über Kontaktschwierigkeiten ihres Sohnes, die schon früh auftauchten, aber sofort verschwinden, wenn der Junge durch schwierige Aufgaben, die sein Interesse erwecken, herausgefordert wird. Pawel gehört zu den Kindern, die soziales Gruppenverhalten nicht unbedingt brauchen, um erfolgreich zu sein. Das muss in der Gruppenarbeit der Schule berücksichtigt werden (siehe Abschnitt Empfehlungen).

Bevor wir aus den Testergebnissen Empfehlungen für Pawel ableiten, sei kurz das Thema *Underachievement* angerissen (mehr darüber in Unterkapitel 2.2 und in dem Passus 4.3.3.2).

In der Fachliteratur hat sich auch für das Grundschulalter der Begriff des „hochbegabten Underachievers" durchgesetzt. Hierunter versteht man begabte Schüler/innen, die erwartungswidrig trotz hoher Begabung in der Schule Niedrigleistungen zeigen. Aufgrund von Einzelanalysen kann man bei ihnen immer wieder eine Kernstörung feststellen: Sie liegt in der unzureichenden Herausforderung durch Lernaufgaben.

Wie aber ist es möglich, dass begabte Kinder bereits in der Grundschule unterfordert sind? Die Lernbedingungen sind doch eigentlich durch die Bindung an (meistens) eine Lehrperson optimal.

Es kann sein, dass sich die Unterrichtsführung im Anfangsunterricht zu stark an den Kindern orientiert, die Leistungsdefizite aufweisen. Bestimmte pädagogische Konzepte fördern diese Vorgehensweise. Hochbegabte Kinder kommen dann mit ihren Anliegen zu kurz. Ein anderer Grund liegt vor, wenn Schüchternheit und Zurückgezogenheit es dem begabten Kind unmöglich machen, auf seine Anliegen gebührend hinzuweisen. Die Persönlichkeitseigenschaften werden von ungeübten Lehrkräften mitunter als „Tagträumen" fehlinterpretiert. Wenn das Kind aber den Unterricht über lange Zeit als langweilig erlebt, dann ist Mitarbeit nicht Bedürfnis, sondern Zwang. Es muss langweilige, „kindische" Dinge tun, darf aber als Schüler/in weder stören noch Widerstand leisten. Ein weiterer möglicher Grund für Underachievement kann darin liegen, dass es dem begabten Kind nach der Kindergartenzeit noch nicht gelingt, sich den neuen sozialen Anforderungen einer Schulklasse zu stellen, und es so ins Abseits gerät. Die Lehrperson kann all dem nur entgegentreten, wenn sie vom ersten Tag an differenziert in Lerngruppen unterrichtet und auf diese Weise die unterschiedlichen Lernniveaus und Temperamentsbesonderheiten berücksichtigt.

Kommen wir zum Gutachten zurück. Wie kann Pawel in der Schule (bei Berücksichtigung der Montessori-Ausbildung) geholfen werden?

Empfehlungen

1. Pawel braucht schulische Herausforderungen. Das können Problemaufgaben oder komplizierte Denkaufgaben sein, bei denen er die Lösungskomponenten selbst suchen muss.
2. Auch wenn in einer Montessorischule sehr individuell gearbeitet wird, fehlt mitunter die Differenzierung in Leistungsgruppen. Pawel hat einen Lernvorsprung von etwa einem Jahr, vor allem in den Fächern Deutsch, Mathematik und Sachkunde. Er könnte also ohne weiteres Lernaufgaben der vierten Schulstufe erhalten bzw. mit diesen Schüler/innen gemeinsam lernen.
3. Defizite gibt es bei Pawel wahrscheinlich im Lern- und Arbeitsverhalten. Es fällt ihm schwer, unangeleitet Wissen zu strukturieren, Lernprozesse eigenständig zu planen und die Lernumgebung (Schreibtisch usw.) angemessen zu gestalten.
   Besonders in der Grundschulzeit bietet es sich an, spielerisch Methodenkenntnisse mit den Kindern zu erarbeiten und ihnen zu zeigen, welchen Lernvorsprung (und Zeitvorsprung) sie beim richtigen Einsatz der Methoden erreichen können. Eine gute Möglichkeit stellt die Portfolioarbeit dar, in der Schüler ihre eigenen Stärken und Schwächen erkennen.
4. Pawel braucht eine Leistungsbewertung, die es ihm ermöglicht, sich mit den Mitschüler/innen seines Leistungsniveaus zu vergleichen. Das müssen nicht unbedingt Zensuren sein; dieser interindividuelle Vergleich kann auch in einem sehr differenzierten Worturteil erfolgen.
5. Die schulische Unterforderung hat bei Pawel bereits Spuren hinterlassen. Fehlende Herausforderung und das viel zu schwach ausgeprägte Gefühl, wegen der Leistungseminenz von den Mitschüler/innen besonders anerkannt zu sein, führt zur Beeinträchtigung seines Selbstwertes. Er traut sich in der Konsequenz zu wenig zu und kann sich nicht vorstellen, von den Mitschüler/innen gemocht zu werden. Daraus resultieren soziale Konflikte. So entsteht für Pawel ein Teufelskreis sowohl auf schulischer als auch auf sozialer Ebene. Je länger sich Pawel in diesem Teufelskreis befindet, desto schwieriger wird es für ihn, verfestigte Einstellungs- und Verhaltensstrukturen wieder aufzubrechen.
6. Pawel hat ein breites außerschulisches Wissen, das nicht unbedingt mit den schulischen Anforderungen in Übereinstimmung steht. Die Lehrpersonen sollten diesen Wissensschatz viel stärker in die schulische Arbeit mit einbeziehen. Die Eltern sind gut beraten, wenn sie die außerschulischen Aktivitäten fördern und kultivieren. So greifen verschiedene Bücher und Hefte zur

„Kinder-Uni" dieses Spezialwissen auf und verhelfen Kindern dazu, es im größeren Kontext zu verstehen. Pawel berichtete in der psychologischen Untersuchung über allgemeine Ängste und Albträume. Diese ließen sich nicht weiter als etwaige Folge von Underachievement spezifizieren und lokalisieren. Den Eltern wird deshalb empfohlen, sich bei einem klinischen Psychologen/Therapeuten Rat zu holen.

So weit das ausführliche Gutachten über Pawel. Es zeigt am praktischen Beispiel Merkmale hochbegabter Kinder. Durch optimales Zusammenwirken von Intelligenz, Tätigkeitsmotivation und sozialen Fähigkeiten können hochbegabte Kinder einen dauerhaften Entwicklungsvorsprung erreichen. Dabei zeigen sie oftmals eine günstige Leistungsmotivation, die ein stabiles Selbstbild miteinschließt. Sie schreiben ihre Leistung eigenen (guten) Fähigkeiten zu, Misserfolge führen sie auf Zufall und Pech zurück. Dadurch bleiben sie bei neuen Anforderungen in einer optimalen Startposition und verzagen nicht.

Das Gutachten macht auch klar, wie wichtig schulische Herausforderungen für begabte Kinder sind. Pawel verfügt über einen riesigen Entwicklungsvorsprung, der vor allem die Fächer Deutsch, Englisch und Mathematik betrifft. Wie wir aus dem Gutachten erfahren, war der Vorsprung schon früh da, bereits im Kindergarten. Wir haben im vergangenen Kapitel gelernt, dass Intelligenzmerkmale über die Zeit stabil sind. Pawel erlebte bei der Einschulung eine Spirale der Enttäuschung (vgl. nochmals Abb. Abbildung 1-11). Viele Wissensinhalte aus der Vorschulzeit konnte er im Anfangsunterricht nicht anwenden. Deshalb zeigte er Verhaltensauffälligkeiten. Sie resultieren zum großen Teil aus der Unterforderung. Solche Unterforderungen schlagen direkt auf das Fähigkeitsselbstbild durch („Ich bin nicht klug, ich bin im Vergleich zu anderen schlecht"), so dass er nicht mehr selbständig arbeiten will. Die Tätigkeitsmotivation mit den Äußerungsformen Wissbegier (Lernfreude), Erkundungsverhalten und Informationssuche wird erheblich beeinträchtigt. Pawel traut sich nichts mehr zu und wird ängstlich. Dinge, die er früher mit Leichtigkeit bewältigte, fallen jetzt schwer. (Auf weitere Probleme des hochbegabten Minderleisters gehen wir in Unterkapitel 2.2 nochmals ausführlicher ein.)

Die pädagogischen Empfehlungen des Gutachtens zentrieren sich vor allem auf eine höhere Individualisierung und Differenzierung des Unterrichts. Dies ist das Kernstück einer jedweden Förderung von Kindern, egal welcher Leistungsstufe. Der Bericht über Pawel empfiehlt aber auch das Hospitieren in höheren Klassen. Während der Schüler beim Springen komplett in eine darüberliegende Klasse integriert wird, stellt das Hospitieren eine sanfte Form der Akzeleration dar. Pawel könnte bei dieser Förderung in seiner Stammklasse verbleiben und nähme nur in den Fächern am Unterricht der höheren Klasse teil, in denen er einen bedeutsamen Lernvorsprung aufweist. Der organisatorische Aufwand in der Grundschule wird von Lehrkräften meist überschätzt; in der Sekundarstufe wird diese Form der Förderung allerdings schwieriger.

Das Anknüpfen an außerschulische Interessen ist ein weiterer Vorschlag des Gutachtens. Es ist gut belegt (Rahn, 1985), dass bei Schüler/innen, die tief im Underachievement stecken, die außerschulischen Interessen trotzdem weitgehend ungestört erhalten bleiben. Also besteht die Möglichkeit, Pawel über den außerschulischen Bereich wieder ins schulische Lernen „zurückzuholen“.

Den Lehrpersonen wird empfohlen, spielerisch Methodenkenntnisse mit den Kindern zu erarbeiten und sie auf diese Weise optimal auf die Gymnasialausbildung vorzubereiten.

Wichtig erscheint ferner, Pawel genug Zeit zum Tüfteln und Problemlösen zu geben. Oftmals meinen die Lehrpersonen, sie hätten dazu im Unterricht

Tabelle 1-4: Lernmerkmale hochbegabter Kinder (Bundesministerium für Bildung und Forschung, 1991, S. 27)

1. Merkmale des Lernens und des Denkens	2. Arbeitshaltung und Interessen	3. Merkmale des sozialen Verhaltens
Hochbegabte haben in einzelnen Bereichen ein sehr hohes Detailwissen. Ihr Wortschatz ist für das Alter ungewöhnlich. Ihre Sprache ist ausdrucksvoll, ausgearbeitet und flüssig. Sie können sich Fakten schnell merken. Sie durchschauen sehr schnell Ursache-Wirkungs-Beziehungen. Sie suchen nach Gemeinsamkeiten und Unterschieden. Sie erkennen sehr schnell zugrundeliegende Prinzipien. Sie können gültige Verallgemeinerungen herstellen. Sie beobachten außergewöhnlich gut. Sie lesen sehr viel von sich aus und bevorzugen Bücher, die über ihre Altersstufe deutlich hinausgehen. Sie geben in ihren Ausführungen zu erkennen, dass sie kritisch, unabhängig und wertend denken.	Motivierte Hochbegabte gehen in bestimmten Problemen völlig auf. Sie sind bemüht, Aufgaben stets vollständig zu lösen. Sie sind bei Routineaufgaben leicht gelangweilt. Sie streben in ihrem Interessenschwerpunkt nach Perfektion. Sie sind selbstkritisch. Sie sind mit ihrem Tempo oder Ergebnis nicht schnell zufrieden zu stellen. Sie arbeiten unabhängig, um hinreichend Zeit für das eigene Durchdenken eines Problems zu haben. Sie setzen sich hohe Leistungsziele und lösen (selbst) gestellte Aufgaben mit einem Minimum an Anleitung und Hilfe durch Erwachsene. Sie interessieren sich für viele „Erwachsenenthemen“ wie Religion, Philosophie, Politik, Umweltfragen, Sexualität, Gerechtigkeit in der Welt	Hochbegabte beschäftigen sich viel mit Begriffen wie Recht – Unrecht, Gut – Böse und sind bereit, sich gegen Autoritäten zu engagieren. Sie gehen nicht um jeden Preis mit der Mehrheit. Sie sind eher individualistisch. Sie akzeptieren keine Meinung von Erwachsenen, ohne sie einer kritischen Prüfung zu unterziehen. Sie können gut Verantwortung übernehmen und erweisen sich in Planung und Organisation als zuverlässig. Sie kommen mit Alterskameraden in der Regel gut zurecht, suchen ihre Freundschaften aber bevorzugt unter Gleichbefähigten. Sie neigen schnell dazu, über Situationen zu bestimmen. Sie können sich in andere einfühlen und sind daher für politische und soziale Probleme aufgeschlossen.

keine Zeit. Der bedeutende amerikanische Forscher Renzulli empfiehlt für begabte Kinder das *Compacting:* Der Unterrichtsstoff wird nicht vollständig dargeboten, sondern man wählt exemplarisch Beispiele aus, die als Prototypen der Stoffaneignung dienen (Renzulli, Reis & Stedtnitz, 2001). So ist es möglich, Zeit zum Problemlösen zu gewinnen, das begabte Kinder so gerne in der Schule umsetzen wollen. Die Tabelle 1-4 fasst Lernmerkmale begabter Kinder in der Grundschule zusammen, die auch im Gutachten über Pawel eine Rolle gespielt haben.

Zusammenfassung

Bereits im Grundschulalter gibt es hochbegabte Underachiever. Hierunter versteht man Schüler/innen, die aufgrund ihrer Lerngeschichte permanenter schulischer Unterforderung durch eine massive Reduzierung der Tätigkeitsmotivation auffallen. Der dargestellte Einzelfall macht klar, wie wichtig schulische Herausforderungen für begabte Kinder bereits in der Grundschulzeit sind. Fehlen diese, geraten die Schüler/innen in eine Spirale der Enttäuschung. Sie beginnt mit einem Absinken der Wissbegier, setzt sich mit einer negativen Veränderung des Selbstbildes fort und endet in Versagensängsten. Das vorgestellte Gutachten gibt Tipps, wie mit Kindern zu arbeiten ist, die in der Grundschule einen riesigen Entwicklungsvorsprung aufweisen und dennoch ihr Lernpotential nicht abrufen können. (Das Thema Underachievement wird in Unterkapitel 2.3 noch einmal aufgegriffen und erweitert.)

1.12 Fragen zum Nach-Denken

- Welche Unterschiede gibt es zwischen dem intrinsischen und dem extrinsischen Lernen?
- Wie können Eltern die Herausbildung von Neugier und Wissbegier unterstützen?
- Unter welchen Bedingungen kann frühes Lesen im Vorschulalter ein Indikator für spätere Hochbegabung sein?
- Was versteht Wygotski unter der Zone der nächsten Entwicklung, und warum ist dieses Modell zur Erklärung von Entwicklungsvorgängen maßgeblich?
- Wie entwickelt sich die Lernfreude in Mathematik und Deutsch im Grundschulalter, und welche Beziehungen bestehen zur Tätigkeitsmotivation?
- Die Schwierigkeiten, die für begabte Vorschulkinder beim Übergang in die Grundschule entstehen können, nennt man „Spirale der Enttäuschung“. Warum?
- Welche negativen Effekte können Unterforderungen in der Grundschule auslösen?

1.13 Tipps zum Nach-Lesen

Ellen Winner (2007). *Kinder voll Leidenschaft*. Berlin: LIT-Verlag.

Elsbeth Stern und Aljoscha Neubauer (2013). *Intelligenz. Große Unterschiede und ihre Folgen*. München: Deutsche Verlags-Anstalt.

Aiga Stapf (2010). *Hochbegabte Kinder* (5. Auflage). München: Beck.

Franz E. Weinert und Andreas Helmke (Hrsg.). (1997). *Entwicklung im Grundschulalter*. Weinheim: Psychologie Verlags-Union.

2 Motivationspsychologische Grundlagen der Begabung

2.1 Begabung, Motivation und Expertise

Am Ende der Grundschulzeit (4. Klasse) ist die Intelligenzentwicklung zwar noch nicht abgeschlossen, hat sich aber (falls eine förderliche Umwelt vorhanden war) hinsichtlich der individuellen Position in der Gesamtbevölkerung weitgehend stabilisiert (Stern & Neubauer, 2013, S. 131). Die Tätigkeitsmotivation entwickelt sich in dieser Altersstufe gerade von der Wissbegier zum Erkenntnisstreben weiter. Faktorenanalysen bei unterschiedlichen Stichproben zeigen, dass man beim Erkenntnisstreben stets mit drei Faktoren zu rechnen hat (Lehwald, 1985; siehe Kapitel 3: Diagnostik): dem Interesse am selbständigen Kenntniserwerb, der intrinsisch gefärbten kognitiven Anstrengungsbereitschaft und der affektiv-emotionalen Zuwendung zu Problemen.

Die Leistungsmotivationsentwicklung hat am Ende der vierten Klasse Gütemaßstäbe für Erfolg und Misserfolg hervorgebracht: Die Kinder können ohne weiteres eine Beziehung zwischen Tüchtigkeit und Aufgabenschwierigkeit herstellen, und sie können sachgerecht attribuieren (internal, external). Damit sind gute Voraussetzungen für die erweiterte Begabungsentwicklung gegeben (vgl. Unterkapitel 1.7). Jetzt wird es Zeit, Begabungsmodelle vorzustellen und den Begabungsbegriff weiter zu spezifizieren.

Ziegler (2000, S. 97ff.) unterscheidet Komponentenmodelle, Expertiseansätze und kombinierte Modelle von Expertise- und Begabungsförderung. Bei den Komponentenmodellen wird eine günstige Ausprägung einzelner oder mehrerer stabiler Personenmerkmale als Voraussetzung von Leistung angesehen. In der Gesamtheit stellen sie das Potential eines Menschen dar. Bekannte Modelle sind die von Joseph Renzulli, Franz Mönks (Abbildung 2-1) und auch Kurt Heller (eine gute Übersicht, auch über die Forschungsgeschichte dieser Modelle, geben Heller & Mönks, 2014).

Das Triadische Interdependenzmodell setzt hohe intellektuelle Fähigkeiten, Motivation und Kreativität ins Verhältnis. Die Schnittmenge ergibt die Hochbegabung bzw. Hochleistung. Diese steht mit den Sozialisationsfeldern Familie, Freunde und Schule in Verbindung und wird dort gebrochen. Unter „Motivation“ versteht Mönks, ähnlich wie Renzulli, eine Aufgabenverpflichtung, welche Anstrengungsbereitschaft und emotionale Komponenten miteinschließt. Damit entspricht sie dem, was wir als „Tätigkeitsmotivation“ beschreiben.

Auch im Münchner Hochbegabungsmodell (Heller, 1992) wird explizit die Motivation genannt. Bei glücklicher Kombination der Basisintelligenz mit den Umweltfaktoren und mit Persönlichkeitsmerkmalen kann eine exzellente

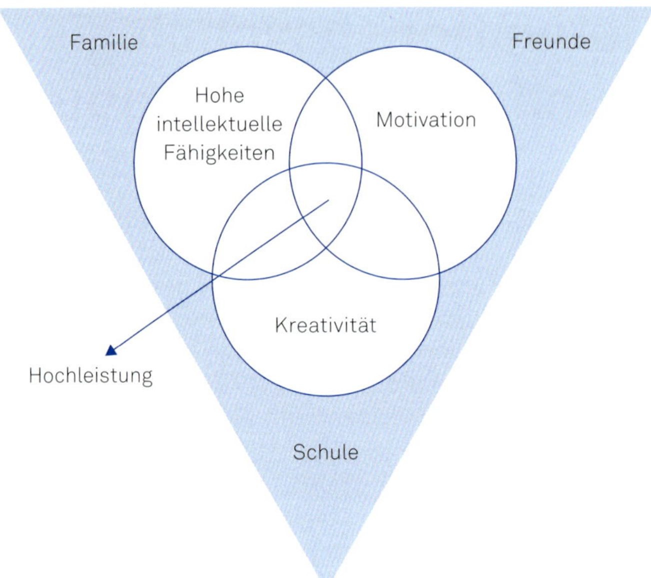

Abbildung 2-1: Das Triadische Interdependenzmodell von Mönks (Heller & Mönks, 2014, S. 127, Abdruck mit freundlicher Genehmigung des Autors).

Leistung hervortreten. Hochbegabt ist die Person, welche über hervorragende basale (angeborene) und stabile intellektuelle Fähigkeiten verfügt. Begabung lässt sich den Komponentenmodellen zufolge allerdings nur in festgelegten Grenzen steigern. Sie wird hier eher als Potential gesehen; nicht in jedem Fall kann man sicher sein, dass eine Verknüpfung dazu führt, eine eminente Leistung hervorzubringen. Falls das nicht geschieht, geht die Suche nach stringenten Merkmalen weiter, bis eine halbwegs vernünftige Kombination gefunden ist. Fazit: Das Potential eines Menschen muss nicht in jedem Fall zu außergewöhnlichen Leistungen führen.

Hieran setzen in jüngster Zeit Expertiseansätze mit ihrer Kritik an. Sie verstehen sich als kognitionspsychologisch orientierte Alternative zu den traditionell orientierten Begabungstheorien. Im Mittelpunkt steht nicht das Potential, sondern effektive Lernprozesse. In einigen Veröffentlichungen wird der Einfluss der individuellen Lernvoraussetzungen sogar als gering eingeschätzt. Außergewöhnliche Expertenleistungen sind nicht von den angeborenen Basisfähigkeiten determiniert, wie es die Komponentenmodelle beschreiben, sondern hauptsächlich von bereichsspezifischen Fertigkeiten. Unter einem Experten verstehen die Expertiseforscher eine Person, die auf einem Gebiet (Domäne) nachweislich und über einen längeren Zeitraum herausragende Leistungen erzielt. Ein hoher Grad von Expertise ist nur mit einer umfangreichen Wissensbasis und reichhaltigen Erfahrungen zu erreichen (Gruber, 2007, S. 96). Zur

Leistungsverbesserung bedarf es intensiver Lerntätigkeiten auf dem Domäneschwerpunkt (die sogenannte *deliberate practice*). Allerdings meinen einige Expertiseforscher, solche lernintensiven Übungen seien aversiv und wenig freudvoll. Die Lernenden betrachten sie als notwendiges Übel zur Steigerung der Performanz (Gruber & Lehmann, 2014, S. 357).

Diese Einschätzung können wir nicht nachvollziehen. Intensive Lernübungen bedürfen tätigkeitsmotivierender Unterstützung; andernfalls wäre der Weg vom Novizen zum Experten eine erbarmungslose Sache. Gerade die Freude und das mitspielende Flow-Erleben scheint uns ein wichtiger Antrieb zu sein, eine Domäne beherrschen zu wollen. Die Expertiseforschung meint ja selbst, dass jeder, der gut motiviert ist, den Expertenstatus erreichen kann. Begabung lässt sich ihrer Meinung nach durch intensives Lernen und Üben beliebig steigern.

Leider hat sich die Expertiseforschung durch Einfügen immer neuer Annahmen von der traditionellen Begabungsforschung entfernt und stellt sich heute als relativ artifiziell dar. Man kann Gruber und Mandl (1992) nur zustimmen, dass sich beide Zweige der Begabungsforschung aufeinander zubewegen müssen. Schon beim Thema „Wunderkinder" gebe es Möglichkeiten, sich zu ergänzen.

Ein Wunderkind ist eine extreme Variante eines talentierten Individuums, das sich in einem strukturierten Wissens- und Verhaltensbereich auf Erwachsenenniveau bewegt (Stamm, 2014, S. 180). Alle Versuche, diese früh spezialisierten Begabungen mit traditionellen Begabungsmodellen hinreichend zu erklären, sind gescheitert. Der Weg des Wunderkindes ist nicht vorgezeichnet, denn die Begabungen entwickeln sich nicht kontinuierlich. Viele später Hochbegabte waren in der frühen Kindheit völlig unauffällig (Csikszentmihályi, 2015). Aber auch die gegenläufige Entwicklung findet sich: Viele Wunderkinder mit erstaunlichen Anlage entwickelten sich nicht weiter und blieben in ihrer Entwicklung stehen (Winner, 2007). Sie können ihr Potential nicht mehr zur Geltung bringen.

Hier gäbe es für traditionelle Begabungsforscher und Expertiseforscher eine gute Möglichkeit der Zusammenarbeit. Wie sieht die Domänenstruktur eines Wunderkindes aus? Wie nehmen Wunderkinder in den sensiblen Phasen Wissen auf? Gibt es Besonderheiten in der Intelligenzstruktur? Wie verläuft das individuelle Training? Gibt es Besonderheiten in der Tätigkeitsmotivation? Es gäbe genug zu tun. In einige Modellvorstellungen ist dieser neue Geist schon eingezogen. Synthetisierte Vorstellungen gibt es bereits. Sie halten die Lernunterstützung beim Entwickeln von Begabungen für überaus bedeutsam.

Das Münchner Begabungs-Prozess-Modell (Ziegler & Perleth, 1997), das wir nun darstellen, enthält neben Begabungsfaktoren auch domänenspezifische Vorkenntnisse und den Nachweis eines zielgerichteten Lernprozesses (vgl. Abbildung 2-2). Es gehört zu den kombinierten Begabungs- und Expertisemodellen. Eine Person ist dann intellektuell hochbegabt, wenn sie sich durch intensives Üben schnell und effektiv deklaratives und prozedurales Wissen aneignen kann, dieses Wissen in variierenden Situationen zur Lösung individuell neuer Probleme adäquat einsetzt, rasch aus den dabei gemachten Erfahrungen lernt und erkennt, auf welche neuen Situationen bzw. Problemstellungen die gewonnenen Erkenntnisse transferierbar sind und auf welche nicht (Rost, 2010, S. 235).

Aus diesem Modell (Abbildung 2-2) lassen sich einige Schlussfolgerungen für die praktische Motivationsförderung Begabter ableiten. Erstens scheint es wichtig, Lehrkräften den engen Zusammenhang deutlich zu machen, der bei Begabten zwischen Vorwissen und Motivation besteht (Ziegler, 2000). Es kommt darauf an, die Entwicklungsanreize zu bieten, die für die jeweilige Begabungsstruktur notwendig sind. Erst dann kann Differenzierung gelingen. Sehr

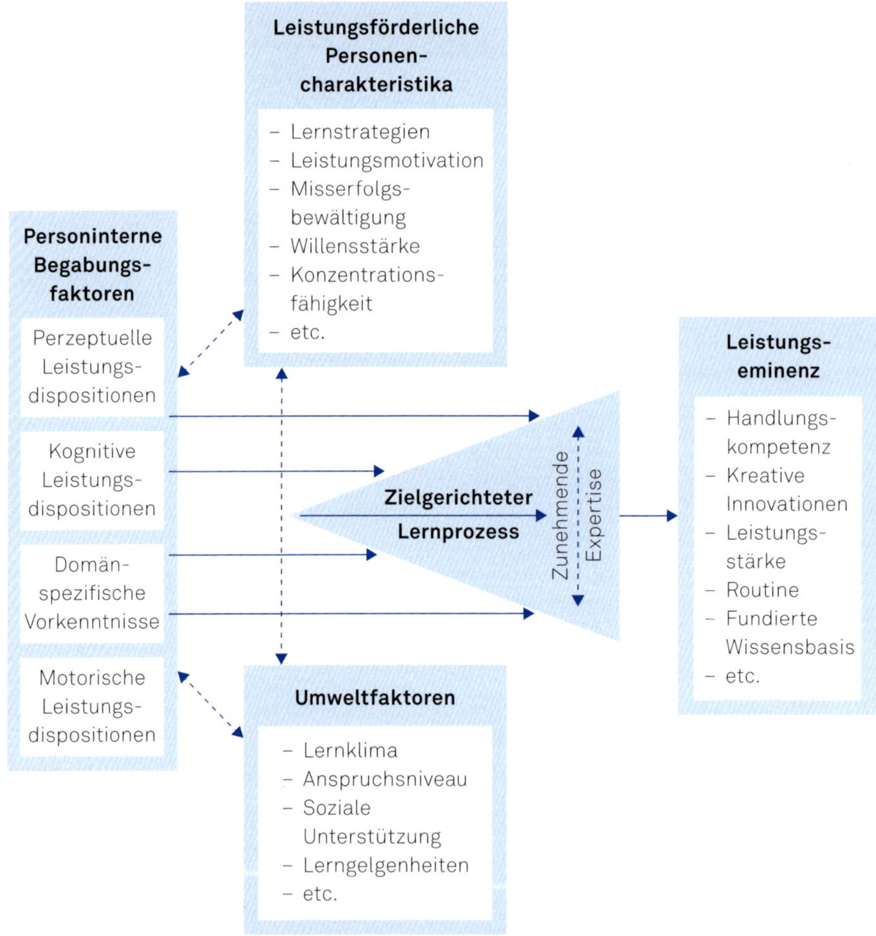

Abbildung 2-2: Das Münchner Begabungs-Prozess-Modell (Ziegler, 2000, S. 99).

wichtig sind für außergewöhnliche Leistungen zweitens die außerschulischen Interessen. Hier lassen sich die notwendigen Übungszeiten *(deliberate practice)* beim Übergang zum Expertentum spielerisch angehen. Langfristiges Ziel ist es, die außerschulischen Inhalte zu curricularen Lerninhalten werden zu lassen und in ein schulisches Enrichment überzuführen. Drittens sind stets die unterschiedlichen Entwicklungswege Begabter zu beachten. Motive können sich mit Begabungspotentialen verbünden, so dass der Begabte sein Leistungspotential voll ausschöpfen kann. Es gibt aber auch Fälle, in denen Tätigkeitsmotive depraviert werden, so dass Begabte zu Minderleistern (Underachievern) werden können. Wir gehen im folgenden Unterkapitel (2.2) darauf ein.

Zusammenfassung

In den letzten Jahren hat sich in der Begabungsforschung eine neue Richtung entwickelt: die Expertiseforschung. Sie will die traditionellen Vorstellungen von Begabung ergänzen. Außergewöhnliche Leistungen werden nach Auffassung der Expertiseforscher/innen nicht ausschließlich von angeborenen Basisfähigkeiten determiniert, sondern hauptsächlich von bereichspezifischen Fähigkeiten. Solche bereichsspezifischen Fähigkeiten bauen sich durch langandauernde und intensive Übung auf *(deliberate practice)* und führen zur Meisterung einer Domäne. Dabei spielt das Vorwissen eine determinierende Rolle. Die Expertiseforschung hebt in besonderer Weise die Bedeutung tätigkeitsmotivierender Anreize hervor. Das Münchner Begabungs-Prozess-Modell greift die unterschiedlichen Ansätze der Begabungsforschung auf und versucht sie umzusetzen.

2.2 Entwicklungslinien: Mögliche Probleme Begabter beim Übergang ins Gymnasium

Ebenso wie die Einschulung ist der Übergang ins Gymnasium eine Entwicklungsaufgabe. Die Mehrzahl der hochbegabten Kinder bewältigt diese Aufgabe ohne Störungen, obwohl sich ihnen teilweise völlig neue soziale Anforderungen stellen.

So beschreiben Goetz und Preckel (2006) eine möglicherweise auftretende Störung des Selbstbildes und bezeichnen diese als *„Big-fish-little-pond"-Effekt* (Fischteicheffekt) (Abbildung 2-3). Hochbegabte sind mit diesem Effekt konfrontiert, wenn sie von der Grundschule, also aus einem kleinen Teich, in sehr leistungsstarke Klassen eines Gymnasiums überwechseln, in Hochbegabtenklassen, also einen „großen Teich". Hochbegabte Schülerinnen und Schüler waren in ihren regulären Grundschulklassen häufig „große Fische". Wechseln sie in eine Hochbegabtenklasse, in den „großen Teich", dann ist anzunehmen, dass sie sich dort als „kleinere Fische" wahrnehmen. Ein Wechsel in eine Hochbegabtenklasse kann sich somit negativ auf das akademische Selbstkonzept der Begabung auswirken.

Der Übergang von der Grundschule ins Gymnasium verläuft bei den meisten Kindern weitgehend unproblematisch. Einige der Hochbegabten beginnen sich sogar zu Expert/innen zu entwickeln. Sie finden ihre Domäne, in der sie sich beweisen wollen. Das geschieht parallel mit der Ausdifferenzierung des Fähigkeitsselbstkonzepts (Abbildung 2-4). Das ursprünglich einheitliche Fähigkeitskonzept spaltet sich zunächst in das mathematische und das sprachliche Selbstkonzept auf. Später kommen domänenspezifische Selbstkonzepte für weitere fachliche Inhalte hinzu. Schüler/innen nehmen in ihrer Lieblingsdomäne *deliberate practice* auf sich, um Experte bzw. Expertin auf diesem Gebiet zu werden. Die dazu notwendige Tätigkeitsmotivation scheint ungebremst.

Eine weitere Gruppe (nach Angaben von Rost, 2007, etwa 12 Prozent der Hochbegabten) zeigt trotz hoher Begabung Auffälligkeiten im Bereich Anforderung und Leistung. In der Fachliteratur hat sich der Begriff des *hochbegabten Underachievers* durchgesetzt (vgl. das Fallbeispiel in Unterkapitel 1.11). Hochbegabte Underachiever werden von den Lehrkräften oft als am Unterrichtsstoff weitgehend desinteressiert beschrieben. Sie hätten noch viele Leistungsreserven, so sagen die Lehrpersonen, und schöpften ihr Lernpotential nicht aus. Alles täten sie nur „mit links“ und legten keine ausreichende Anstrengungsbereitschaft an den Tag.

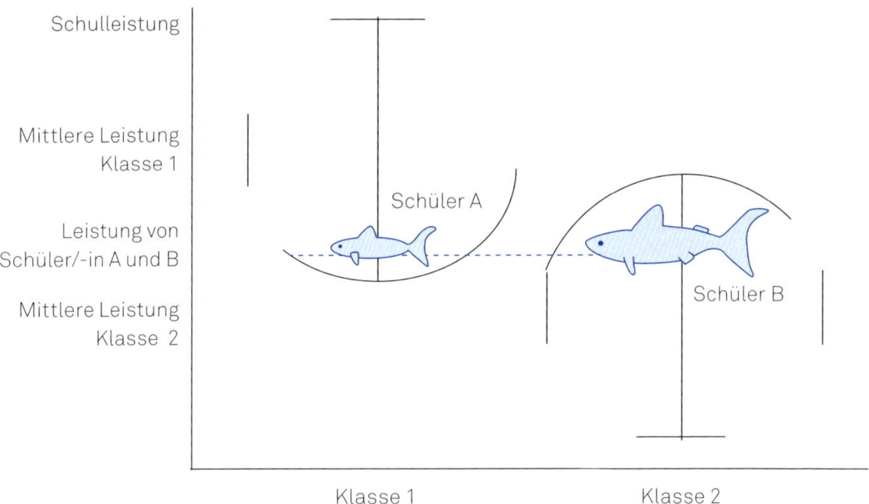

Abbildung 2-3: „Big-fish-little-pond“-Effekt – der Fischteicheffekt nach Marsh. Trotz vergleichbarer Leistungen der Schüler/innen A und B ist Schüler/in A in der leistungsstärkeren Klasse 1 ein „kleinerer Fisch“; das heißt, sie bzw. er hat ein geringeres akademisches Selbstkonzept als Schüler/in B in der leistungsschwächeren Klasse 2. (Goetz & Preckel, 2006, S. 25, Abdruck mit freundlicher Genehmigung des Österreichischen Zentrums für Begabtenförderung und Begabtenforschung ÖZBF.)

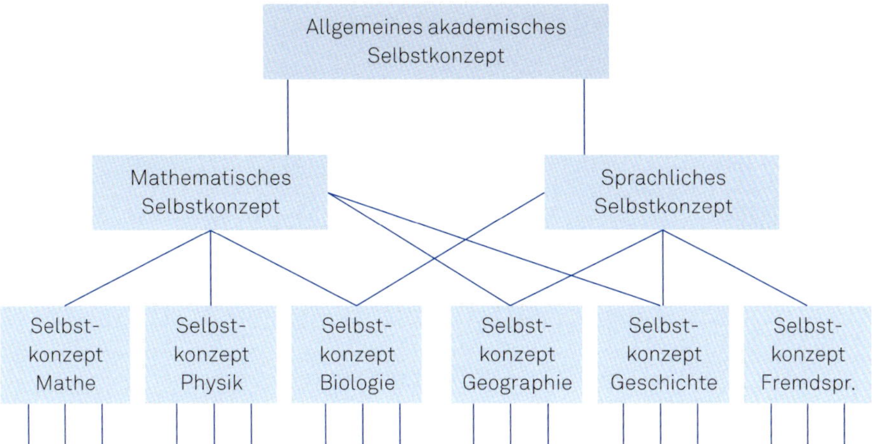

Abbildung 2-4: Ausgestaltung des Fähigkeitskonzepts (in Anlehnung an Marsh & Shavelson, 1985, dargestellt von Stiensmeier-Pester & Schöne, 2008, im Handbuch für Pädagogische Psychologie, S. 63).

In Einzelanalysen hochbegabter Underachiever kann man immer wieder die genannte Kernstörung feststellen. Sie liegt in der unzureichenden Herausforderung durch die gestellten Lernaufgaben. Selbst ehemals interessierende Probleme werden nur widerwillig gelöst. Der Motivationsschwund ist enorm. Auf Dauer verlieren hochbegabte Underachiever sogar die Fähigkeit, sich zu konzentrieren und zu belasten. Darunter leidet oft ihr Selbstkonzept. Sie lernen zu wenig über sich selbst, zum Beispiel, wie man erfolgreich schwere Aufgaben löst. Stattdessen erwerben sie die zweifelhafte Fähigkeit, im Unterricht die permanent viel zu leichten Aufgaben zu „erdulden". Partielle Entwicklungsstörungen (z. B. Ängstlichkeit), wie man sie sonst nur im unterdurchschnittlichen Leistungsbereich beobachtet, können die Folge sein. Die individuelle Entwicklung verläuft meist nach dem gleichen Muster: erst fachbezogene, dann generelle Anstrengungsvermeidung; erst isolierte, dann übergreifende Aufmerksamkeitsstörungen; anfangs kognitive Unsicherheit, dann zunehmend lernhemmende Angst; zunächst abgrenzbare Schrullen und später allgemeine Ausweichhandlungen. Wir haben versucht, die Veränderungen als Stufenfolge darzustellen (Abbildung 2-5).

Folgende Aussagen begabter Underachiever dokumentieren die in Abbildung 2-5 dargestellte Stufenleiter.

- Abbau des Flow-Erlebens: „Ich kann mich bei Themen einfach nicht mehr konzentrieren, auch wenn sie interessant erscheinen. Die Zeit will nicht vergehen."

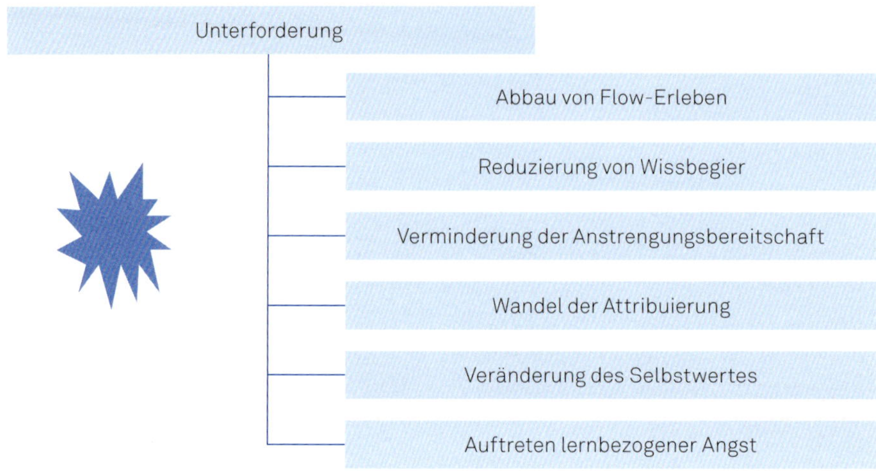

Abbildung 2-5: Stufenfolge beim Übergang ins Underachievement (Lehwald, 2008).

- Reduzierung der Wissbegier und des Erkenntnisstrebens: „Mein Ehrgeiz, selbst etwas herauszufinden, hat in letzter Zeit sehr gelitten. Ich mache jetzt nur noch, was die in der Schule sagen."
- Verminderung der Anstrengungsbereitschaft: „Anstrengung zahlt sich für mich nicht mehr aus. Wenn mir eine Sache nicht auf Anhieb gelingt, gebe ich auf. Letztlich sagt mir schon einer irgendwann die richtige Lösung. Man muss nur warten können."
- Wandel der Attribuierung: „Ich erinnere mich an Zeiten, in denen ich stolz auf meine Leistung war. Jetzt habe ich nur noch Glück, wenn ich nicht abrutsche. Ich müsste mich anstrengen, aber wie?"
- Veränderung des Selbstbildes: „Ich tauge zu nichts mehr."
- Lernbezogene Angst: „Bereits nach Bekanntgabe des Zieles kann ich häufig vor Aufregung den Erklärungen der Lehrerin nicht mehr folgen. Das geschieht auch bei Aufgaben, die ich früher alle konnte."

Wie gesagt, es handelt sich um ursprünglich leistungsfähige, hochbegabte Schülerinnen und Schüler. Die Verpflichtung von Eltern und Pädagogen besteht darin, ihnen durch zweckentsprechende Übungs- bzw. Trainingsverfahren dabei zu helfen, die temporären Denk- und Lernblockaden wieder abzubauen. Erst dann wird es dem begabten Kind wieder möglich, seine herausragenden geistigen Fähigkeiten bei der Lösung anspruchsvoller Probleme einzusetzen. Hier unsere pädagogischen Empfehlungen zur Überwindung von Underachievement im Gymnasialschulalter (vgl. Lehwald, 2009).

1. *Beurteilungsfehler im Hochleistungsbereich vermeiden*
Lehrkräfte orientieren sich beim Einschätzen der Begabung von Schüler/innen im Allgemeinen an der Schulleistung. Das kann zu Fehleinschätzungen führen. Denn Hochleistende in der Schule sind oftmals nicht die Hochbegabten. Orientiert man sich als Lehrperson zu stark an den erbrachten Leistungen, übersieht man bei schlechten Schulleistungen eventuell, dass die Schüler/innen Underachiever sind, bei denen nicht die Intelligenz, sondern die motivationalen Persönlichkeitsqualitäten gestört sind. Leistung erhält zwar durch die Intelligenz eine spezielle Note, sie ist aber keineswegs durch Intelligenz allein erklärbar. Außerintellektuelle Eigenschaften, wie themengebundene Leistungsmotivation, unbändige Wissbegier (Erkenntnisstreben) und Anstrengungsbereitschaft können manchmal wichtiger für eine Hochbegabung werden als die reine kristalline Intelligenz.

2. *Lehrstrategien auf begabte Kinder zuschneiden und damit ihre Motivation fördern*
Die folgende Tabelle 2-1 stellt gegenüber, welche Lehrstrategien bei hochbegabten Schülerinnen und Schülern als motivationsfördernd (Pro) und welche als motivationshemmend (Contra) gelten. Mit dieser Übersicht möchten wir Lehrerinnen und Lehrer zum Nachdenken anregen und sie vielleicht zu einem neuen Handlungskonzept für den Unterricht animieren. Erst die Summation aller Einzelmaßnahmen macht es möglich, bei Hochbegabten die gewünschte Motivationsförderung zu erreichen und Motivationsstörungen, ausgelöst durch permanente Unterforderung, zu vermeiden.

3. *Auf Anzeichen von Unterforderung im Unterricht achten*
Fachliche Unterforderung bezeichneten wir als Kernsymptom jedes begabten Underachievers. Sie lässt sich im Unterricht frühzeitig an Verhaltensindikatoren erkennen. Nachfolgend geben wir eine Checkliste wieder, die der Diplomarbeit von Krenner (2007) entnommen ist. Aus ihr wird ersichtlich, dass Unterforderung viele Bereiche der Schülerpersönlichkeit erfassen kann.

Tabelle 2-1: Günstige Lehrstrategien bei hochbegabten Schüler/innen

Pro	Contra
Entwicklung intellektueller Tiefe	Reine Wissensvermittlung
Unterstützen von Entdecken und Untersuchen	Einschränken des selbständigen Problemlösens
Förderung der Kreativität und Unkonventionalität	Bezugsnorm-Orientierung bei Leistung und Bewertung
Ermutigende Kommunikation und Anregung	Kein Verständnis für Fehler und Gefühle
Reziproke Erziehung durch Auflösen der Machtbeziehung	Machtorientierte lineare Erziehung
Erziehung zur Eigenverantwortlichkeit (intrinsisch)	Reine Erfolgsorientierung (extrinsisch)

Im Arbeitsverhalten bemerken Lehrer/innen oft eine Abwehrhaltung gegenüber Routine-Aufgaben. Nicht selten lehnen Hochbegabte von Lehrkräften geforderte Arbeitswege ab und möchten lieber selbst bestimmen, auf welche Weise sie eine Problemstellung bearbeiten. Sie favorisieren eine tiefgründige Problemlösung, die natürlich mehr Zeit erfordert. Gibt die Lehrperson auf Dauer dieser Forderung nicht nach, gehen begabte Schüler/innen „aus dem Felde". Sie empfinden dann alles als sinnlos, zumal wenn die Lehrerin bzw. der Lehrer auf Fragen mit „Das ist halt so" oder „Das lernst du später" antwortet.

Permanente Unterforderung zeigt sich auch in der Motivation und der Emotionalität der begabten Schüler/innen. Bei entsprechend problemhaften Anforderungen tauchen allerdings lange verloren geglaubte Motivationen plötzlich wieder auf. Genauso ist es mit der Anstrengungsbereitschaft. Die Aufmerksamkeitsdefizite verschwinden bei komplizierten und komplexen Themen. Besonders dort, wo der Begabte selbst über den Lösungsweg und die einzusetzenden Lösungsmittel entscheiden kann, verschwindet die bis dato beobachtete Lethargie. Ja er ist nachgerade „süchtig" danach, neue und schwere Problemaufgaben gestellt zu bekommen.

Noch ein Wort zum Flow-Erleben. Hier hat der Underachiever erkennbare Defizite. Sie entstehen dadurch, dass hochbegabte Schüler/innen keine Passung von eigener Fähigkeit und (selbst)gestellter Anforderung mehr erleben. Erst dann kann sich ja ein sicheres Gefühl herausbilden, ein Geschehen im Griff zu haben und den Lösungsablauf flüssig und glatt zu erleben (Csikszentmihályi, 1992).

Lehrpersonen sollten deshalb den Wissensbestand ihrer hochbegabten Schüler/innen kennen und darauf aufbauend die Anforderungen so stellen, dass sie kurz über den ermittelten Kenntnissen liegen (Zone der nächsten Entwicklung nach Wygotski, vgl. hierzu nochmals Abbildung 1-6). Erst dann kann sich wieder eine optimale Lernmotivation entwickeln und als mächtiges Lernstimulans ein Flow-Erleben neu einstellen.

4. Den Selbstwert von Underachievern verbessern

Vermutlich spielt beim Entstehen des Underachievements das Gefühl, nicht anerkannt zu werden, sowie fehlende Förderung und Herausforderung eine entscheidende Rolle, weil das Selbstwertgefühl des hochbegabten Kindes darunter erheblich leidet. Es traut sich in der Konsequenz wenig zu, achtet sich selbst gering und kann sich nicht vorstellen, dass es von den anderen gemocht wird. So entsteht sowohl auf schulischer als auch auf sozialer Ebene eine Art Teufelskreis. Je länger sich das Kind bereits in diesem Teufelskreis befindet, desto schwieriger wird es, die verfestigten Einstellungs- und Verhaltensstrukturen wieder aufzubrechen. Deshalb haben Interventionen umso größere Chancen, je früher sie erfolgen (Mönks & Ypenburg, 2005). Im Kapitel 4 (Motivationsförderung) werden wir Trainingsmethoden darstellen, wie man den Selbstwert über zweckentsprechende Attributionen verbessern kann.

Lehrer/innen Checkliste bei Verdacht auf Underachievement (Krenner, 2007)

A2 = linke Aussage trifft voll zu   B2 = rechte Aussage trifft voll zu
A1 = linke Aussage trifft eher zu   B1 = rechte Aussage trifft eher zu
0 = kann nicht genau definiert, zugeordnet werden

	A	2	1	0	1	2	B
1	Ist unkonzentriert bei Routineaufgaben.						Ist meist sehr konzentriert bei Routineaufgaben.
2	Löst schwere Mathematikaufgaben eher zügig.						Löst Mathematikaufgaben eher langsam bzw. umständlich.
3	Stört Unterricht durch ständiges Zwischen- und Nachfragen.						Stört den Unterricht selten auf fachlicher Ebene.
4	Mag komplexere Aufgabenstellungen.						Mag einfache Aufgabenstellungen.
5	Meldet sich selten im Unterricht.						Meldet sich sofort, um Antworten zu geben.
6	Verrechnet sich oft, obwohl der Lehrstoff verstanden wurde.						Verrechnet sich kaum, wenn der Lehrstoff verstanden wurde.
7	Zeigt besondere Leistungen im außerschulischen Bereich.						Über außerschulische Leistungen ist wenig bekannt.
8	Ist auf einem Spezialgebiet ausgezeichnet (Experte).						Ist in mehreren Gegenständen ausgezeichnet.
9	Verliert die Motivation bei Routinearbeiten.						Die Motivation verstärkt sich bei Routinearbeiten.
10	Hat schnelle Auffassungsgabe bei Einführung neuer Themen.						Braucht Zeit und Übung, damit etwas „sitzt".
11	Trotz Aufmerksamkeitsdefizit gute Beiträge bei schwierigen Themen.						Bei schwierigen Themen bleibt Mitarbeit aus.
12	Deutlicher Leistungseinbruch nach früheren sehr guten Leistungen.						Leistungskontinuum ist konstant – gleichbleibende Leistungen.
13	Ergeht sich oft in Tagträumereien.						Ist im Unterricht bei der Sache.
14	Stört bei sich wiederholenden Übungsaufgaben.						Macht Übungsaufgaben ohne Protest.
15	Lehnt Hausaufgaben ab.						Bringt jede Hausübung.
16	Könnte mehr, als er/sie zeigt.						Leistung entspricht dem tatsächlichen Potential.
17	Kann sich bei wiederholenden Übungen nicht konzentrieren.						Arbeitet auch bei häufigeren Wiederholungen brav weiter.
18	Arbeitet ungern in Gruppen, arbeitet gern alleine.						Arbeitet gerne in Gruppen, arbeitet nicht gern alleine.

	A	2	1	0	1	2	B
19	Spielt öfters den Klassenkasper.						Verhält sich meist wie der Rest der Klasse.
20	Ist neugierig bei neuen und herausfordernden Aufgaben.						Zeigt wenig Neugierde bei neuen Aufgaben.
21	Beschäftigt sich beim Wiederholen aus Langeweile mit anderen Dingen.						Ist im Unterricht bei Wiederholungen präsent.
22	Hat Interesse an schweren Problemaufgaben im Unterricht.						Hat kein Interesse an Problemaufgaben im Unterricht.
23	Ist mit den Arbeitsergebnissen nicht (leicht) zufrieden.						Ist (meist) zufrieden mit den Ergebnissen.
24	Zeigt Interesse bei schwierigen Aufgaben/Problemen.						Schaltet bei schwierigen Aufgaben meistens ab.
25	Will von Dingen nichts wissen, die nicht eigene Interessen treffen.						Ist bei den meisten Dingen mit Interesse dabei.
26	Hat eine geringe Noten-Motivation.						Notenmotivation ist hoch.
27	Nimmt am Unterricht kaum teil, bei Befragen aber korrekte Antworten.						Arbeitet stets oder zumeist mit, die Antworten sind nicht immer richtig.
28	Hat wenig Lust auf Schule.						Geht gerne in die Schule.
29	Ist oft unzufrieden mit den erreichten Resultaten.						Ist meist zufrieden mit den erreichten Resultaten.
30	Hat geringes soziales Vertrauen anderen gegenüber.						Hat hohes soziales Vertrauen in andere.
31	Erledigt langweilige Aufgaben oft unvollständig.						Erledigt auch langweilige Aufgaben vollständig.
32	Hat eher fachliches Urteil über Lehrer und Schüler.						Hat eher emotionales Urteil über Lehrer und Schüler.
33	Macht oft Schlampigkeitsfehler bei Wiederholungen.						Macht selten Schlampigkeitsfehler bei Wiederholungen.
34	Bei schweren Aufgaben innere Anteilnahme vorhanden.						Arbeiten werden ohne innere Anteilnahme vollständig erledigt.
35	Ehemaliges „Flow"-Erlebnis ist verloren gegangen.						Kein „Flow"-Erleben vorhanden.

Auswertung:
A2 = 5 Punkte; A1 = 4 Punkte; 0 = 3 Punkte; B1 = 2 Punkte, B2 = 1 Punkt.
Je höher die Punkteanzahl ist, desto wahrscheinlicher wird es sich bei den Kindern um hochbegabte Underachiever handeln.

5. *Defizite im Lern- und Arbeitsverhalten beheben*
Viele Lehrer/innen mögen es kaum glauben: Jahrelang unterforderte begabte Schüler/innen haben häufig methodische Defizite. Es fällt ihnen schwer, Wissen zu strukturieren, Lernprozesse eigenständig zu planen und die Lernumgebung (Schreibtisch usw.) angemessen zu gestalten. Hochbegabte Kinder haben ursprünglich viel Freude am Lernen. Mühelos akkumulieren sie Wissen und verlassen sich dabei auf ihre exzellenten Merkfähigkeiten. Sie sind problemlos gute Schüler/innen. Sie hatten es in der Grundschulzeit nicht nötig, sich Lerntechniken anzueignen, weil der Stoff für sie einfach zu leicht war. Nach der Grundschulzeit wird das Lernmaterial komplexer; das Fachlehrersystem verhindert, dass jede Lehrkraft über die speziellen Fähigkeiten der Schüler/innen genau Bescheid weiß. Rasche Auffassungsgabe und ein hervorragendes Gedächtnis reichen nicht mehr aus. Jetzt macht sich schmerzlich das Fehlen von eingeübten Lern- und Arbeitstechniken bemerkbar.

6. *Ein gutes Lehrer-Schüler-Verhältnis herstellen*
Untersuchungsergebnisse, aber auch die praktischen Erfahrungen einer jeden Lehrkraft zeigen, dass von einem guten Verhältnis zum hochbegabten Schüler, zur hochbegabten Schülerin viel für die Entwicklung des Selbstbildes abhängt. In der Studie von Heilmann (1999), die deutsche Preisträger im Bundeswettbewerb Mathematik befragte, hat sich dies auch empirisch belegen lassen. Lehrer/innen werden dann hochgeschätzt, wenn sie auf äußere Machtbefugnisse verzichten und als Lernpartner/innen (Mentor/innen, *persons in the shadows*) zur Verfügung stehen. In der Sozialpsychologie bezeichnet man solche sozialen Verhältnisse als reversibel oder symmetrisch. So schadet es der Lehrperson überhaupt nicht, auf eindeutigen Spezialgebieten der Schülerin eigene Wissenslücken zuzugeben und sich von hochbegabten Schülern „belehren" zu lassen. Im Gegenteil, es hebt ihr Ansehen, wenn sie dieses Verhalten nicht nur modellhaft „vorspielt", sondern echt interessiert ist.

7. *Am außerschulischen Wissen des hochbegabten Kindes anknüpfen*
Die meisten hochbegabten Schüler/innen haben ein breites, intellektuell anspruchsvolles außerschulisches Interessenprofil, das nicht mit den Schulthemen in Zusammenhang stehen muss. Hier liegen oftmals die individuellen Quellen des Erkenntnisinteresses und der Leistungsmotivation. Die Lehrenden sind gut beraten, sich beim Schüler bzw. bei der Schülerin zu informieren und Anteil zu nehmen an seinen/ihren Vorlieben und Hobbys. Aus der Beratungspraxis sind Beispiele bekannt, in denen Kinder jahrelang aktiv an der Kindeuniversität ihrer Heimatstadt teilnahmen, ohne dass die Lehrer/innen davon wussten. Welch ein motivationales Potential wird mit diesem Desinteresse von Seiten der Lehrer/innen vertan! Lehrer/innen können viel vom Leben des begabten Kindes außerhalb der Schule erfahren, wenn sie guten Kontakt zu den Eltern pflegen. Mitunter sind die Beziehungen aber gestört, weil manche Eltern

Hochbegabter eine einseitige Betrachtungsweise an den Tag legen und bei Problemen nicht selten schnell zu Schuldzuweisungen neigen. Man sollte jedes Mobbing von Eltern hochbegabter Kinder unterlassen und stattdessen Tipps von Eltern ernst nehmen („Zu Hause ist er eigentlich ganz anders als in der Schule“). Kontraproduktiv sind ferner jegliche Durchschnittsdiskussionen („Im Vergleich zu anderen Kindern ...“). Wenn Eltern Hochbegabter außerschulischen Rat suchen, sollte man sie unterstützen. Gerade das Beispiel Underachievement kann zeigen, wie unterschiedliche Personen und Institutionen gewinnbringend zusammenarbeiten.

Zusammenfassung

Beim Übergang ins Gymnasium können bei begabten Schüler/innen durch besondere soziale Umstände Selbstwertprobleme auftreten, die zur Unterschätzung der eigenen Leistung führen (Fischteicheffekt). Ein weiteres Problem kann entstehen, wenn die wahre Leistungsfähigkeit der neu ins Gymnasium aufgenommenen Schüler/innen von den Lehrpersonen dauerhaft unterschätzt wird. Dann kann eine permanente Unterforderung entstehen. Die Schüler und Schülerinnen reduzieren ihre Wissbegier, Leistungsmotivation und Anstrengungsbereitschaft und offenbaren im Schulunterricht erhebliche Anpassungsprobleme; ihnen fehlt das Flow-Erleben. Die seelische Stabilität wird beeinträchtigt. Im schlimmsten Fall entstehen Ängstlichkeit und Leistungsbesorgnis.

Solche hochbegabten Problemkinder können ihre volle Leistungsfähigkeit zurückgewinnen, wenn die Ursachen dieser Störungen beseitigt sind. Etliche handhabbare Empfehlungen, wie das zu bewerkstelligen ist, haben wir in diesem Unterkapitel ausgesprochen. Setzt man sie in die Praxis um, so ermöglicht dies Hochbegabten, die zeitweilig Minderleister (Underachiever) wurden, im günstigen Fall, sich für ein hochwertiges Lernangebot freudig zu interessieren, diesem eigenständig zu folgen, es tiefgründig zu verarbeiten und vollständig auszuschöpfen. Die Aufgabe von Eltern und Pädagogen besteht darin, belastende Störungskomplexe im Leben des Hochbegabten zu bestimmen und ihnen durch zweckentsprechende Übungs- bzw. Trainingsverfahren dabei zu helfen, eventuelle Denk- und Lernblockaden abzubauen. Erst dann wird es dem begabten Kind wieder möglich, seine herausragenden geistigen Fähigkeiten bei der Lösung anspruchsvoller Probleme einzusetzen (vgl. Passus 4.3.3.2).

2.3 Entwicklungsfenster: Fallbeispiele für Underachievement

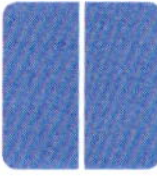

Wir geben hier zur Illustration des Underachievements die Fallgeschichte von Jasmin wieder, die Wittmann und Holling in ihrem Buch *Hochbegabtenberatung in der Praxis* dargestellt haben.

Jasmin äußerte bereits in der Grundschule Enttäuschung über das Lehrangebot, doch so richtig offensichtlich wurden ihre Schwierigkeiten mit der Schule erst im Gymnasium. Auch hier fand sie den Unterricht langweilig und außerdem kamen Probleme mit Klassenkameraden hinzu. Die Interessen ihrer Mitschüler waren nicht die ihren und umgekehrt. Wegen ihrer guten Noten, die ihr ohne Mühen zufielen, wurde sie schnell zum „Streber" ernannt und somit unbeliebt. Ihr starkes Mitteilungsbedürfnis und ihre Neugierde musste sie drosseln, denn der Unterricht stellt andere Anforderungen. Vor allem war sie enttäuscht vom Biologie- und Mathematikunterricht. Der Stoff wurde so langsam erarbeitet, dass sie sich langweilte. Vieles hatte sie sich schon längst selbst beigebracht oder angelesen. Besonders die Hausaufgaben empfand sie als unnötige Wiederholung und äußerst quälend. Sie wurde immer unglücklicher und einsamer. Nach Gesprächen mit der Schulleitung wurde es Jasmin als damaliger Sechstklässlerin erlaubt, den Informatikunterricht der 11. Klasse zu besuchen. Jasmin freute sich dann in jeder Woche auf die zwei Tage, an denen sie dort teilnehmen durfte. So richtig zufrieden ist sie jedoch erst, seitdem sie sich nach einem Schüleraustauschjahr in England dafür entschieden hat, dort auch ihr Abitur zu machen. Es scheint, als habe sie ihre Schule gefunden. Der Unterricht findet in kleinen Lerngruppen statt. Die Lehrer sind, auch über ihre Unterrichtszeit hinaus, sehr engagiert. Trotz eines umfangreichen Tagesablaufs [...] arbeitet Jasmin wieder mit großem Einsatz. Sie ist sehr froh, dass ihr diese Möglichkeit zuteil wurde.

(Wittmann & Holling, 2001, S. 109.)

Wir können also festhalten, dass Jasmin durch den Wechsel der Schule (England), durch die Individualisierung des Unterrichts (kleine Klassen) und das Engagement des Lehrkörpers aus dem Underachievement herausgefunden hat. Es spielt aber noch ein weiterer sozialer Vergleichsprozess hinein, den Cialdini beschrieben hat (Cialdini, 2003; siehe auch Goetz & Preckel, 2006). Jasmin wurde Teil einer leistungsstarken Klasse mit hohem Prestige an einer Eliteschule. Dadurch wirkte bei ihr der sogenannte *Basking-in-reflected-glory*-Effekt – das Sichsonnen im Ruhme anderer; er führte zur Aufwertung der eigenen Fähigkeiten und damit zu einem höheren akademischen Selbstkonzept („Wenn ich für diese Klasse ausgewählt worden bin, dann muss ich eine gute Schülerin sein"). Der Wechsel in eine leistungsstärkere Gruppe kann sich also auch positiv auf das Fähigkeitsselbstkonzept auswirken und zum Abbau des Underachievements führen.

Anders liegt der Fall bei Jonas. Er wurde unserer Beratungsstelle vorgestellt.

Die Eltern beklagen sein geringes Selbstvertrauen und häufige soziale Schwierigkeiten in der Schule. Aus den zum Beratungstermin mitgebrachten Untersuchungsbefunden wird deutlich, dass Jonas schon über Testerfahrungen verfügt. Unter anderem hatte man ihn ambulant mit dem HAWIK III geprüft und einen sehr hohen IQ festgestellt, vor allem im verbalen Bereich. Die Fragen der Eltern und die Fragen von Jonas gingen in die gleiche Richtung: Wie ist meine Leistungsfähigkeit? Bin ich wirklich hochbegabt? Was kann ich aufgrund meiner Kontaktstörung aus meinem Potential herausholen – reichen meine Fähigkeiten für die gesetzten Schulziele und darüber hinaus aus? Bin ich so, wie ich mich sehe?

Zur Untersuchung wurde die „Münchner Hochbegabungstestbatterie für die Sekundarstufe – MHBT-S" eingesetzt (Heller & Perleth, 2007b). Im Unterschied zu gängigen Intelligenztests differenziert die MHBT vor allem im oberen Leistungssegment. Im Kapitel 3 (Diagnostik von Tätigkeitsmotiven) wird die MHBT-S als Erhebungsinstrument für weitere Fragestellungen vorgestellt.

Kehren wir zu Jonas zurück. Für die Umsetzung seines Begabungspotentials in Leistungen spielen nichtkognitive Persönlichkeitsmerkmale eine entscheidende Rolle. Aus diesem Grund setzte die Beratungsstelle aus der MHBT-S den Untertest „Arbeitsverhaltens-Fragebogen – AVS" und den „Fragebogen des Erkenntnisstrebens – FES" ein. Diese Verfahren erfassen insgesamt gesehen Denkabläufe, Aufmerksamkeitssteuerung, Prüfungssorgen, Selbstkonzept, Kausalattribuierung und Erkenntnisstreben. Parallel zu den Testmethoden und Fragebogen explorierte der Untersuchungsleiter das Alltagsleben von Jonas und setzte dabei auch einen eigens entwickelten Satzergänzungstest ein. Es gelang ihm relativ leicht, eine vertraute und trotzdem leistungsorientierte Untersuchungssituation herzustellen. Jonas berichtete offen und frei über Vorzüge und Probleme seines Internatslebens.

Wie Tabelle 2-2 zeigt, erreicht Jonas bei der Intelligenzprüfung mit der MHBT-S in der Profilauswertung überdurchschnittliche bis hohe Punktwerte, die teilweise über den in den Testnormen angegebenen Bereichen liegen. Das kognitive Fähigkeitsniveau (Gesamtintelligenz) liegt bei 71 TPunkten, was einem IQ von 132 entspricht. Besonders günstig sind seine nonverbalen Fähigkeiten, die in der Profildarstellung bei 77 TPunkten liegen (das entspricht einem IQ von 141). Aber auch die mathematischen Fähigkeiten liegen mit einem IQ von 124 noch günstig. Man kann mit Fug und Recht sagen: Jonas ist ein hochbegabter Schüler.

Tabelle 2-2: MHBT-Profil-Auszug von Jonas

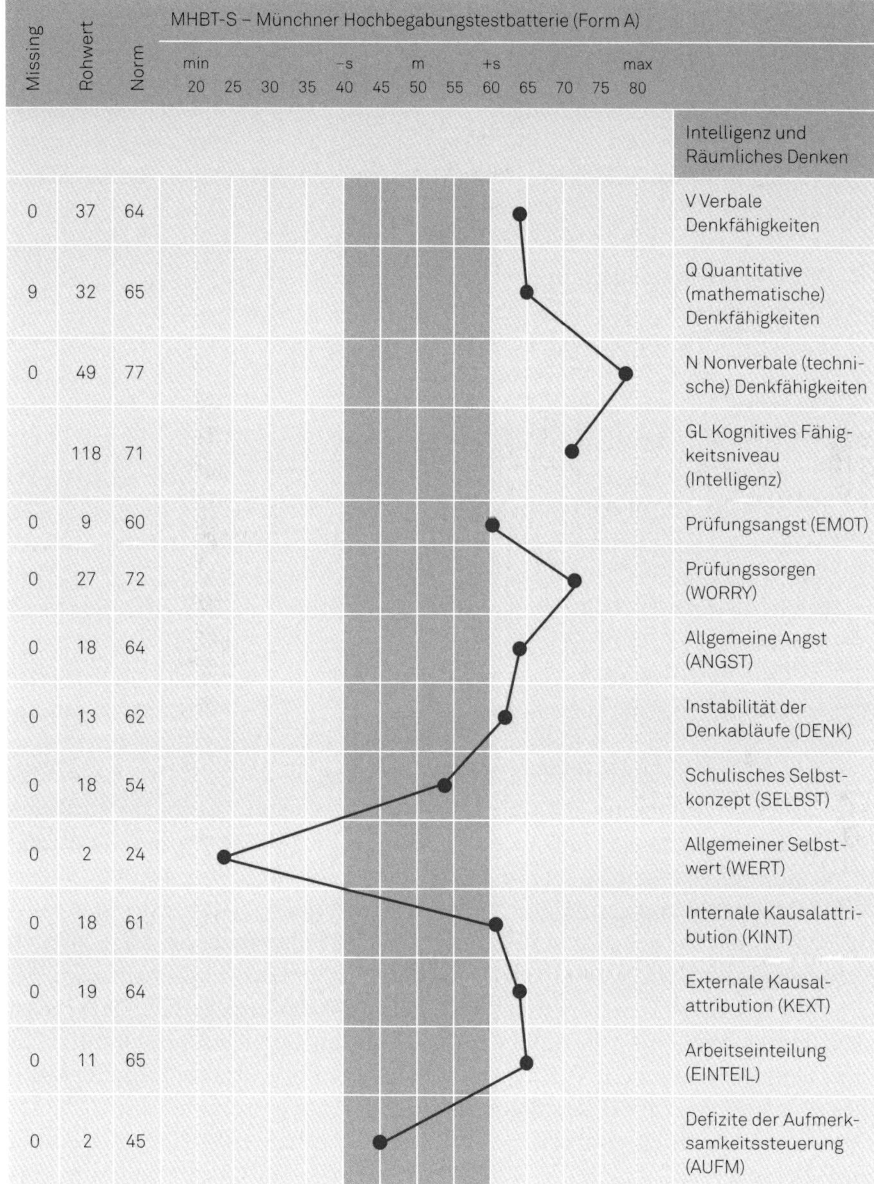

Missing	Rohwert	Norm	MHBT-S – Münchner Hochbegabungstestbatterie (Form A)
			Intelligenz und Räumliches Denken
0	37	64	V Verbale Denkfähigkeiten
9	32	65	Q Quantitative (mathematische) Denkfähigkeiten
0	49	77	N Nonverbale (technische) Denkfähigkeiten
	118	71	GL Kognitives Fähigkeitsniveau (Intelligenz)
0	9	60	Prüfungsangst (EMOT)
0	27	72	Prüfungssorgen (WORRY)
0	18	64	Allgemeine Angst (ANGST)
0	13	62	Instabilität der Denkabläufe (DENK)
0	18	54	Schulisches Selbstkonzept (SELBST)
0	2	24	Allgemeiner Selbstwert (WERT)
0	18	61	Internale Kausalattribution (KINT)
0	19	64	Externale Kausalattribution (KEXT)
0	11	65	Arbeitseinteilung (EINTEIL)
0	2	45	Defizite der Aufmerksamkeitssteuerung (AUFM)

Anmerkungen:
Missing: nicht bearbeitete Aufgaben bzw. Items.
Rohwert: erreichter Punktwert im Test bzw. Fragebogen.
Norm: umgerechneter Rohwert in Standardwert (TWert). Der Mittelwert bei der TWert-Skala liegt bei 50 +/– 10. (Der dunkel schraffierte Bereich entspricht dem normalen Streuungsbereich. Auffällige Werte befinden sich außerhalb der Streuung.)
Auffallend sind der extrem niedrige Selbstwert (WERT) und die stark ausgeprägten Prüfungssorgen (WORRY). Außerdem ist die externale Kausalattribuierung (KEXT) ungünstig.

Die anschließenden Untersuchungen erfolgten weitestgehend mit Fragebogen, um die Komponenten zu bestimmen, die dazu führen, dass Jonas sein zweifelsfrei hohes geistiges Potential nicht in entsprechende Schulleistungen umsetzen kann (Underachiever-Problematik). Auf den ersten Blick fallen die erheblichen Differenzen im Selbstwert und in der Angstkomponente *Worry* (Prüfungssorgen) auf.

Unter dem Aspekt des Selbstbildes bejaht Jonas beispielsweise mit hoher Intensität:

- „Ich schäme mich oft meinetwegen."
- „Ich wäre lieber jemand anderes."
- „Ich habe nicht viel Grund, auf mich stolz zu sein."
- „Ich bin eigentlich ein Versager."

Angst signalisiert Jonas durch folgende Aussagen:

- „Ich habe oft Angst, nicht das Richtige zu tun."
- „Manchmal verwirrt mich eine Frage des Lehrers, so dass mir die Antwort nicht sofort einfällt."
- „Während einer Klassenarbeit mache ich oft Fehler, weil ich aufgeregt bin."
- „Ich werde oft ganz nervös."

Aufschlussreich sind auch die Ergebnisse in der Kategorie Kausalattribuierung. Wegen seines niedrigen Selbstwertgefühls schätzt Jonas auch die eigene Begabung gering ein. Das Selbstbild der Begabung hängt oft davon ab, wie Leistungsinformationen verarbeitet und welche Schlussfolgerungen aus der Beobachtung des eigenen Verhaltens gezogen werden. Jonas führt Erfolge eher auf Zufall und zu leichte Aufgaben zurück und Misserfolge eher auf nicht ausreichende Fähigkeiten/Begabung und vermeintlich geringe Anstrengung. Dieses „inverse Muster" ist typisch für eher misserfolgsmotivierte Schüler/innen: Erfolge werden nicht den eigenen Fähigkeiten und Misserfolge nicht dem Zufall attribuiert.

Interessant sind die Ergebnisse einiger Items des ergänzend eingesetzten „Potsdamer Motivationsinventars – PMI" für den Bereich Mathematik. Hier zeigt sich auf erstaunliche Weise, dass Jonas sich trotz einiger schulischer Misserfolge weiterhin stark für mathematische und naturwissenschaftliche Phänomene interessiert. Das intrinsische Interesse ist erhalten geblieben. Gestützt wird dieser Befund durch die Resultate des Fragebogens zur Erfassung des Erkenntnisstrebens FES, in dem er eine vergleichsweise hohe Punktzahl erhält.

Ein besonderer Bereich des Gutachtens beleuchtet die erhöhte „Störbarkeit" der Persönlichkeit von Jonas. Zur Prüfung des Problems wurde das „Depressionsinventar für Kinder und Jugendliche – DIKJ" eingesetzt.

Wie kann Jonas geholfen werden?

Pädagogische Empfehlungen

Jonas gehört zu den hochbegabten Underachievern, die fächerbezogen nur (erwartungswidrig) durchschnittliche Schulleistungen zeigen. Das kognitive Potential für außergewöhnliche Lernleistungen ist bei ihm zweifelsfrei vorhanden; Jonas kann es aber noch nicht nutzen und gewinnbringend einsetzen. Die Ursachen liegen nicht, wie so häufig, in hemmenden Motivationsbesonderheiten, sondern in seinem geringen Selbstzutrauen und in einer gewissen Depressionsneigung. Angesichts der ermittelten hohen Intelligenzleistungen müsste er eigentlich alle Schulanforderungen spielend und freudig bewältigen; allerdings scheinen ihn die üblichen (gutgemeinten) Sozialformen des Unterrichts eher zu behindern.

Gemeinsam mit den Lehrkräften ist zu überlegen, wie sich die fachliche Unterforderung abbauen lässt. Zu erwägen ist, ob Jonas häufiger als bisher individuell und außerhalb der traditionellen schulischen Sozialform an herausfordernden Problemstellungen arbeiten kann. Das sogenannte *schulische Drehtürprinzip* basiert darauf, dass man partiell den Unterricht verlässt und nach der Problemlösung wieder betritt, um den Mitschüler/innen das gefundene Ergebnis mitzuteilen. Jonas sollte dabei immer klar werden, dass er sein großes Interesse an der Wissenschaft nur beibehalten kann, wenn er durch intensives Üben schulischer Anforderungen zu einem Experten auf seinem Gebiet wird.

Die ansatzweise beschriebene Schulunlust von Jonas ist nur ein Ausdruck seiner inneren Not: Es mangelt ihm an sozialer Anerkennung, und sein Selbstwertgefühl ist gering. Bei Schülern mit Selbstwertproblemen und sozialer Angst findet man oft folgende Anzeichen: Sie reden geringschätzig von sich; sie trauen sich Dinge nicht zu und meiden anstrengende Tätigkeiten; sie sind in Gegenwart anderer schüchtern; sie wären gern jemand anders; sie sagen oft, dass andere alles besser können und viel beliebter sind. Welche Strategien sind zu empfehlen, wenn man ein solches Verhalten beobachtet?

Die wichtigste Botschaft, die Eltern ihrem Kind vermitteln können, lautet: „Wir glauben an dich." Erst wenn die Eltern ihm etwas zutrauen und es ihm auch sagen – „Ich bin fest der Meinung, dass du das schaffen kannst" –, dann stellt sich bei viel Geduld der Erfolg ein. Es hilft also wenig, immer nur die Befürchtung auszustrahlen, dass Jonas versagen könnte.

Die Eltern sollten Jonas ermuntern, regelmäßig von sich zu sprechen. Sie sollten Interesse zeigen – daran, was er zu sagen hat, an seinen Gefühlen und an dem, was ihn beschäftigt. Anerkennende Gesten und lobende Worte sind der einfachste und schnellste Weg, das Selbstwertgefühl von Jonas zu stärken und ihm das beständige Angstgefühl zu nehmen, irgendwie zu versagen. Und nicht nur bei Erfolg ist Lob gut, sondern auch bei vermeintlichem Misserfolg, denn Jonas hat in diesem Fall ja den Versuch unternommen, etwas Neues auszuprobieren, was aber zunächst zufälligerweise nicht geglückt ist. Mit Kritik sollte man in der gegenwärtigen Phase bei ihm sehr vorsichtig sein und sich hinsichtlich der Bewertung eher neutral verhalten.

Die Eltern sollten Jonas beständig ermuntern, neue Dinge auszuprobieren. Dabei muss er aber immer sicher sein, dass die Eltern für ihn da sind, wenn er sie braucht. Jonas hat viele wissenschaftliche Interessen (Biochemie, Physik, Medizin, Biologie). Für seine Freizeit sollte er mit entsprechender Literatur versorgt werden bzw. die Möglichkeit erhalten, entsprechende Arbeiten auszuleihen. Vielleicht helfen auch Biografien bekannter Wissenschaftler und Künstler, die selbst in den Strudel sozialer Unregelmäßigkeiten hineingezogen wurden und sich mit eigener Kraft daraus befreien konnten.

2.4 Tätigkeitsmotivation, Flow-Erleben und Begabung

Zu Beginn dieses Buches haben wir Tim kennengelernt. Sein intrinsisches Lernverhalten war unter anderem dadurch charakterisiert, dass er viele seiner Kenntnisse direkt aus dem Lernprozess bezog. Dabei erlebte er affektiv-emotional positive Gefühle, die ihn vorantrieben. Später haben wir diese Emotion als Bestandteil des Tätigkeitsmotivs Erkenntnisstreben gekennzeichnet. In den bahnbrechenden Untersuchungen von Csikszentmihályi (1992) wurde die Bedeutung eines solchen emotionalen Zustandes erkannt und in ein Forschungsprogramm umgegossen.

Innerhalb der wissenschaftlichen Psychologie, die sich vorzugsweise auf objektiv registrierbare Daten beruft, wurde der phänomenologische Ansatz zunächst wenig beachtet. Die Begabungsforschung hat mit dazu beigetragen, dass sich dies änderte, denn hier interessierte man sich dafür, welche Verstärkermechanismen beim intrinsischen Lernen wirksam werden. Anders als bei der Leistungsmotivation, für die der extrinsische Anreiz bedeutsam ist, war dies bei der Tätigkeitsmotivation noch unbekannt. Allein aus der Gegenstandsbezogenheit den Antrieb herzuleiten, schien nicht ausreichend. Csikszentmihályi hatte bereits in seinen frühen Arbeiten (1985) darauf hingewiesen, dass erst die Qualität des subjektiven Erlebens eine Tätigkeit intrinsisch belohnend macht. Seine Überlegungen konzentrierten sich auf eine Erlebnisweise, die er als *Flow* bezeichnete. Dabei handelt es sich um das weitgehend reflexionsfreie gänzliche Aufgehen in einer glatt verlaufenden Tätigkeit, bei der man trotz voller Kapazitätsauslastung das Gefühl hat, den Tätigkeitsablauf noch gut unter Kontrolle zu haben. Die Tatsache, dass Menschen den Zustand des reflexionsfreien Aufgehens im flüssigen Tätigkeitablauf auch suchen, statt ständig abzuwägen, welche externen Folgen das haben könnte, bleibt ein eigenständiges Moment, auf das besonders Rheinberg (2008, S. 161) hinweist. Rheinberg fasste die sechs Komponenten des Flow-Erlebens wie folgt zusammen:

1. Man fühlt sich optimal beansprucht und hat trotz hoher Anforderung das sichere Gefühl, das Geschehen noch gut unter Kontrolle zu haben (Balance zwischen Anforderung und Fähigkeit auf hohem Niveau).

2. Handlungsanforderungen und Rückmeldungen werden als klar und interpretationsfrei erlebt, so dass man jederzeit und ohne nachzudenken weiß, was jetzt zu tun ist.
3. Der Handlungsablauf wird als glatt erlebt. Ein Schritt geht flüssig in den nächsten über, als laufe das Geschehen gleitend wie aus einer inneren Logik (das eigentliche Flow-Erleben).
4. Man muss sich nicht willentlich konzentrieren, vielmehr kommt die Konzentration wie von selbst, ganz so wie die Atmung. Alle Kognitionen, die nicht unmittelbar auf die jetzige Ausführungsregulation gerichtet sind, blenden sich aus.
5. Das Zeiterleben ist stark beeinträchtigt, man vergisst die Zeit und weiß nicht mehr, wie lange man schon dabei ist. Stunden vergehen wie Minuten.
6. Man erlebt sich selbst nicht mehr abgehoben von der Tätigkeit, man geht vielmehr gänzlich in der eigenen Tätigkeit auf (Verschmelzen von Selbst und Tätigkeit). Reflexivität und Selbstbewusstheit kommen abhanden.

Wir wollen einige Aussagen kommentieren. Im Zustand des Flow hat die Person die Situation im Griff. Sie hat den Eindruck, ihr könnte die Kontrolle nicht entgleiten. Dem ist aber nur dann so, wenn die Anforderung und die Fähigkeit der Person einander auf hohem Niveau entsprechen (Balance). In diesem Fall spricht Csikszentmihályi von „Herausforderung". Das ist die Situation, die ein Hochbegabter erlebt. Ist keine Balance vorhanden, weichen also Anforderung und Fähigkeit stark voneinander ab, dann stellt sich Flow nicht ein. Ebenso wenig, wenn Fähigkeit und Anforderung nur auf niedrigem Niveau übereinstimmen. Eine weitere Bedingung für das Flow-Erleben besteht darin, dass die Handlung klar und eindeutig strukturiert ist. Die Person braucht nicht quälend über Ziele und Anforderungen nachzudenken. Die Handlungsstruktur sollte ein widerspruchsfreies Feedback zulassen. Erst dann verläuft eine Handlung glatt und flüssig und kann mit Flow erlebt werden. Nebenerscheinungen sind das veränderte Zeiterleben und das völlige Aufgehen in der Tätigkeit (Verschmelzen von Selbst und Tätigkeit).

Hingewiesen sei auf das aktuelle Buch von Csikszentmihályi (2015), in dem er seinen phänomenologischen Ansatz auf Kreativität überträgt. Er entwirft ein Idealbild kreativer Individuen, die durch ihre anhaltende Neugier stets interessanten Problemen begegnen. Sie experimentieren, optimieren und suchen nach Alternativen. Stärker noch als die Begabung sei die Kreativität mit Neugier und Flow „gesättigt". Kreativität verbindet sich Csikszentmihályi zufolge mit intrinsischer Motivation zum „autotelischen Ereignis" (Handlung als Selbstzweck), das sich im „emotionalen Hochgefühl" beim Forschen und Entdecken ausdrückt. „Was die Aufgabe so lohnend macht, ist also nicht ein rätselhaftes und schwer fassbares äußeres Ziel, sondern die wissenschaftliche Tätigkeit als solche. Was zählt, ist das Streben, nicht das Erreichte." (Csikszentmihályi, 2015, S. 179.)

Kehren wir noch einmal zu Tim zurück. Sein Lieblingsfach ist Mathematik. Ihn interessiert der Lerngegenstand, hier erlebt er Flow. Tim hat beim Lösen mathematischer Aufgaben wiederholt positive Emotionen erlebt; deshalb wuchs sein Wunsch, sich weiter mit Mathematik zu beschäftigen. Natürlich ist das nur ein Aspekt der Lerntätigkeit. Einstellungen, Interessen, Leistungsmotive und andere Persönlichkeitsmerkmale wirken weiter und bestimmen mit, bei welchen Tätigkeiten eine Person Flow erleben kann und bei welchen nicht.

Wie stark das Flow-Erleben Schüler/innen hilft, ihren Begabungsschwerpunkt zu finden, zeigen die Untersuchungen von Mayers (1978; zit. in Csikszentmihályi & Schiefele, 1993, S. 215). Untersucht wurden 200 besonders begabte Neuntklässler einer amerikanischen Schule. Sie sollten zunächst zehn Gründe angeben, warum sie sich vor allem mit ihrem Begabungsfach beschäftigen. Zur Auswahl standen Mathematik, Naturwissenschaft, Musik und Kunst. Genannt wurden meist intrinsische Gründe. An erster Stelle stand „Spaß haben", an zweiter Stelle „Zufrieden sein, weil man kompetenter wird" und an dritter Stelle „Interesse". Über eine spezielle Kodierungsmethode (Experimental Sample Method – ESM – nach Csikszentmihályi & Larson, 1987) wurde zusätzlich ermittelt, wie häufig bei den Schüler/innen im gewählten Begabungsfach Flow-Erleben festzustellen war. Bei dieser Methode tragen die Schüler/innen einen Signalgeber bei sich, der sie bis zu acht Mal pro Tag und in unregelmäßigen Abständen dazu auffordert, ihre momentane Tätigkeit zu unterbrechen und schnellstmöglich ihren aktuellen emotionalen Zustand auf mitgeführten Skalen einzuschätzen. Die Skalen repräsentieren verschiedene Erlebensdimensionen, zum Beispiel Freude, Konzentration und intrinsische Motivation. Vier Jahre später wurde eine Nachuntersuchung gestartet. Als Prädiktoren galten die schulbezogene Fähigkeit (bestimmt mit einem Leistungstest), die Leistungsmotivation (erfasst mit einem standardisierten Fragebogen) und das Flow-Erleben (ermittelt mit der ESM). Als Indikatoren des Engagements im Begabungsbereich galten die Schulnoten über alle vier Jahre hinweg, ferner die subjektive Einschätzung, wie viel Zeit die Schüler/innen für ihr Begabungsfach aufwendeten, und als dritter Indikator, ob sie sich weiter für den schwierigsten Kurs im Begabungsbereich interessierten. Abbildung 2-6 zeigt die Ergebnisse.

Während sich die Durchschnittsnoten nicht unterscheiden, schneidet das Flow-Erleben als Begabungsindikator glänzend ab, sowohl in den subjektiven Einschätzungen (hier ist gemeint das Interesse am Fach, der investierte Zeitaufwand) als auch beim Teilnahmewunsch an den schwierigsten verfügbaren Kursen („Erreichtes Kursniveau"; vgl. Abbildung 2-6). Das überrascht, denn eigentlich hätte man erwartet, dass für die Begabungsentwicklung eher die schulbezogene Fähigkeit oder die Leistungsmotivation als Prädiktor gilt. Csikszentmihályi und Schiefele (1993, S. 212) schlussfolgern deshalb, dass Schüler/innen, die beim Aufgabenlösen häufig Flow-Zustände erleben, sich später vor allem mit diesen Lerngegenständen intensiv weiterbeschäftigen

Prädiktoren	Indikatoren des Engagements im Begabungsbereich		
	Durchschnittsnote (n = 183)	Subjektive Einschätzung (n = 210)	Erreichtes Kursniveau (n = 183)
Schulbez. Fähigkeit	5.0*	.2	1.6
Leistungsmotivation	6.7**	.1	.2
Flow-Erleben	5.7*	65.3***	22.7***

Anmerkungen. *p < .05; **p < .01; ***< .001.
Bei den angegebenen Werten handelt es sich um *F*-Werte.

Abbildung 2-6: Varianzanalyse des Einflusses von schulbezogener Fähigkeit, Leistungsmotivation und Flow-Erleben auf drei Indikatoren des Ausmaßes an Engagement im Begabungsbereich (Csikszentmihályi & Schiefele, 1993, S. 216, *Abdruck mit freundlicher Genehmigung des Beltz Verlages*).

wollen. So kann sich bei ihnen ein Begabungsschwerpunkt entwickeln, der über Jahre stabil erhalten bleibt (vgl. hierzu Unterkapitel 2.8).

Wir geben nun einen Einblick in eine eigene empirische Untersuchung, die wir mit 108 Gymnasialschüler/innen durchgeführt haben (Lehwald, 2006). Wir suchten mathematisch interessierte Schüler/innen aus, die im Fach Mathematik ein „Sehr gut" aufwiesen und schon einmal für einen regionalen oder überregionalen Mathematikwettbewerb nominiert waren, sehr leistungsfähige Schüler/innen mithin. Warum erforschten wir das Flow-Erleben gerade bei mathematisch interessierten Schüler/innen?

In Selbstaussagen mathematisch Hochbegabter kommen die sie antreibenden Merkmale klar zum Ausdruck; ihnen entnehmen wir Hinweise auf die Anstrengungsbereitschaft, die „wie von selbst" kommt und keiner Unterstützung bedarf. Einen großen Beitrag leistet das „Interesse", etwas genauer zu erkunden. Der Gegenstand fasziniert, er ist der Motor allen Geschehens. Neuere Untersuchungen haben gezeigt, dass sich Flow vor allem dann einstellt, wenn Handlungen vollzogen werden, die auf einem hohen Schwierigkeitsniveau liegen, so wie das bei komplizierten mathematischen Aufgaben der Fall sein dürfte. Hier hat der Flow auch deutliche positive Leistungseffekte. Besonders Schülerinnen und Schüler mit hohem Expertenwissen in Mathematik berichten häufig über Flow-Erlebnisse beim Aufgabenlösen. Bundessieger im Mathematikwettbewerb betonen, dass sie vor allem von der Schönheit, der Ästhetik der Mathematik fasziniert sind, was man als Ausdruck starker Bindung an den Lerngegenstand auffassen kann (Heilmann, 1999). Die Tatsache, dass mathematisch hochbegabte Kinder und Jugendliche nicht unentwegt vorrangig abwägen, welche Folgen ihr Lernen hat oder wie wertvoll ihr Resultat in Bezug auf die eigene Karriere ist, erklärt, warum sie relativ störungsfrei und unabhängig von schulischen Benotungen lernen. An der eigenen Kompetenzentwicklung zu arbeiten, erscheint ihnen verlockender, als externe Bewertungen (z.B. durch das Lehrpersonal) abzuwarten.

Zunächst aber Beispiel-Items aus den von uns verwendeten Verfahren:

Aus der Skala Generelle Tätigkeitssanreize des „Potsdamer Motivations-Inventars – PMI“ (Rheinberg, 2004a, S. 35):

- Mich mit mathematischen Aufgaben zu beschäftigen, macht mir großen Spaß.
- Besonders in Mathe kann ich gut sehen, wie ich dazulerne und immer mehr kann.
- Mich mit Mathe zu beschäftigen, ist für mich das Widerlichste, was es gibt (Umkehr-Item).

Aus der Kurzskala Flow-Erleben, Unterskala Flow-Erleben (vgl. Rheinberg, 2004a, S. 43):

- Meine Gedanken bzw. Aktivitäten liefen flüssig und glatt.
- Ich merke gar nicht, wie die Zeit vergeht.
- Ich hatte das Gefühl, den Ablauf unter Kontrolle zu haben.

Aus der Unterskala Leistungs-Besorgtheit:

- Ich machte mir Sorgen über einen Misserfolg.
- Ich darf keine Fehler machen.
- Es stand etwas für mich Wichtiges auf dem Spiel.

In Abbildung 2-7 sind die Ergebnisse der Studien zum Flow-Erleben dargestellt. Dabei wurde bei der Befragung mit der Flow-Skala zusätzlich darauf geachtet, dass vorher eine schwere Mathematikarbeit geschrieben und erst unmittelbar danach der Befragungsbogen ausgegeben wurde. Die Unterschiede sind mehr als deutlich. Mathematisch Interessierte (MaG+) berichten in der entsprechenden Kurzskala signifikant häufiger über einen Flow-Zustand als mathematisch Uninteressierte (MaG-). Das Flow-Erleben scheint außerdem geschlechtsspezifisch zu sein. Mathematisch hochinteressierte Jungen (MaJ+) streichen mehr Flow-Items in der Skala an als mathematisch hochinteressierte Mädchen (MaM+). Den niedrigsten Flow-Wert erreichten in unserer Stichprobe die mathematisch uninteressierten Mädchen (MaM–).

Genau spiegelverkehrt sind dagegen die Befunde über die Leistungs-Besorgtheit. Mathematisch interessierte Jungen und Mädchen erreichen geringere Sorge-Werte als mathematisch Uninteressierte. Die niedrigen Werte der mathematisch interessierten Jungen (MaJ+) sind gegenüber allen anderen Werten signifikant (Abbildung 2-8).

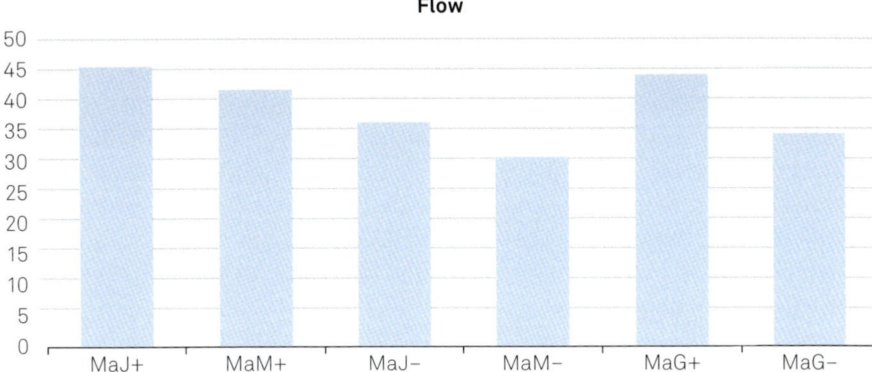

Abbildung 2-7: Flow-Erleben bei mathematisch interessierten Jungen (MaJ+) und Mädchen (MaM+) im Vergleich zu mathematisch uninteressierten Jungen (MaJ–) und Mädchen (MaM–). MaG+ und MaG– stellen den jeweiligen Gesamtpunktwert ohne Berücksichtigung geschlechtsspezifischer Unterschiede dar.

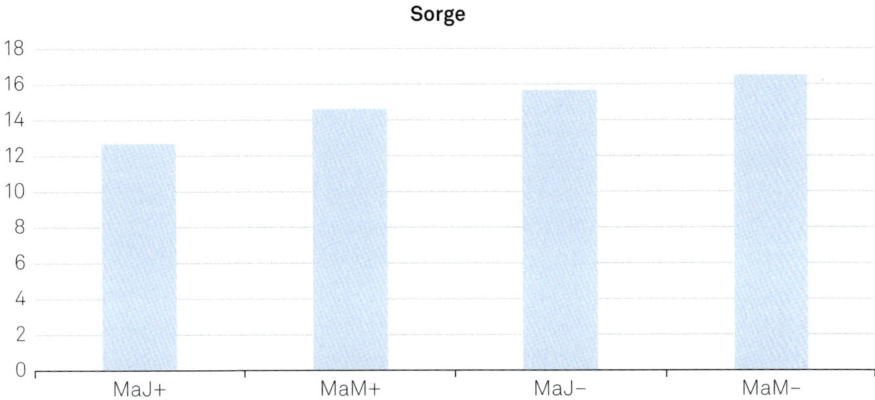

Abbildung 2-8: Leistungsbesorgtheit (Sorge) bei mathematisch interessierten Jungen (MaJ+) und Mädchen (MaM+) im Vergleich zu mathematisch uninteressierten Jungen (MaJ–) und Mädchen (MaM–).

In jedem Fall, und das haben die hier exemplarisch ausgewählten Ergebnisse gezeigt, entspringen viele Anregungen für mathematikinteressierte Schüler/innen klar dem Lerngegenstand und der Lernthematik. Das dabei auftretende Flow-Erleben fungiert offensichtlich als Stabilisator der Lerntätigkeit auf hohem Niveau. Interesse, Flow und fachgebundene Anstrengungsbereitschaft entstehen nicht durch externe (drohende) Disziplinierungsmittel, sondern eher durch sachgebundene (intrinsische) Tätigkeitsmotivierungen. Leistungsmotive sind dagegen erst dann für hochbegabte Kinder beim Lernen relevant, wenn die

Erwartungen mit dem Ergebnis gleichthematisch sind. Mit anderen Worten, erst wenn die Effekte des Wissenserwerbs Gewinne im Sinne des Kompetenzerwerbs nach sich ziehen und nicht ausschließlich zweckorientiert (extrinsisch) sind, werden sie als Motoren der Begabungsentwicklung wirksam.

Das macht verständlich, dass Störungsquellen der Motivation bei Hochbegabten vor allem im Aufgabenbereich und im Tätigkeitsvollzug liegen. Unzureichende Herausforderung und die damit eng verbundene permanente Unterforderung führen zu einem Motivationsverfall, der die intrinsische Anstrengungsbereitschaft lähmt und das Interesse am Lerngegenstand unterminiert (vgl. Unterkapitel 2.3).

Zusammenfassung

Die Verstärker für die Tätigkeitsmotivation liegen in der Gegenstandsbezogenheit und im Flow-Erleben. *Flow* bezeichnet ein positives emotionales Erleben bei einer Tätigkeit, das dadurch charakterisiert ist, dass eine Person ganz auf ihr Tun konzentriert ist und darin aufgeht. Begabte Schüler/innen erleben diesen Zustand bei erfolgreichen Tätigkeiten und wählen deshalb gerne Aufgaben, bei denen sie diese Emotion erneut erleben können. Die Belohnung liegt nicht in erwarteten Handlungskonsequenzen (extrinsisch), sondern im Ausführen der Handlung selbst (intrinsisch). Dauerhafte Beschäftigung mit selbstverstärkenden Aufgaben führt zur Ausprägung eines Begabungsschwerpunktes, der über viele Jahre stabil bleibt.

Eigene Untersuchungen mit mathematisch begabten Schüler/innen (Lehwald, 2006) haben unter anderem gezeigt, dass Flow-Erleben mit Interesse vergesellschaftet ist und geschlechtsspezifisch auftreten kann.

Insgesamt gesehen gelten Flow-Zustände als Stabilisator des Lernens auf hohem Niveau. Interesse, Flow und fachgebundene Anstrengungsbereitschaft werden pädagogisch unterstützt durch sachbezogene Tätigkeitsmotivierungen. (Zur Motivationsförderung bei begabten Kindern und Jugendlichen siehe Kapitel 4.)

2.5 Entwicklungsfenster: Domänenspezifisches Lernen mit Konfliktpotential

Richard (Gymnasium 9. Klasse) wurde der Beratungsstelle vorgestellt, weil die erzieherisch handelnden Personen (Eltern, Lehrkräfte) es sich einfach nicht erklären konnten, wie die riesigen Leistungsunterschiede zwischen Deutsch und Mathematik zustande kamen und wie sie zu interpretieren waren. Sie drückten sich in großen Zensurendifferenzen aus. Wie sollte man pädagogisch auf die domänenbezogenen Lern- und Leistungsunterschiede reagieren?

Um diese Frage zu beantworten, wurden Intelligenzprüfungen und Wissens-Checks durchgeführt (KFT 412+ aus der MHBT-S von Heller & Perleth, 2007b; DEMAT von Roick, Gölitz & Hasselhorn, 2004), um die Lern- und Leistungsfähigkeit mittels Tests zu bestimmen. Die Motive und Interessenlagen ließen sich mit Fragebogen (GIS von Brickenkamp, FES von Lehwald) und aus Interviewdaten ermitteln.

Die Auswertung der ermittelten Daten erbrachte, dass Richard über hervorragende Lernvoraussetzungen in Mathematik verfügt. Im Intelligenztest erreichte er besonders in den Untertests des KFT, die arithmetisches Denken und Rechenfähigkeiten messen, weit überdurchschnittliche Vergleichswerte (IQ 132). Ebenso gute Testergebnisse erreichte Richard hinsichtlich der anschauungsgebundenen Denkvorgänge, gemessen mit dem KFT (IQ 129). Brillant sind seine Leistungen im „Zahlen-Verbindungs-Test – ZVT", der strukturbezogenes Denken am Beispiel von Zahlen simuliert; hier erreicht er sogar einen IQ von 136. Die sprachlichen Leistungen sind dagegen durchschnittlich, teilweise unterdurchschnittlich (IQ 100). Die kreative Komponente der Intelligenz – Ideenflüssigkeit, Flexibilität im Denken, Originalität usw. – ist außerordentlich gut ausgeprägt. Fragt man nach den Antriebsqualitäten für Leistungen, so liegen sie bei Richard auf dem Gebiet der Mathematik vor allem „in der Sache selbst". Im „Fragebogen Erkenntnisstreben – FES" streicht er vor allem die Items an, die auf ein hohes Interesse am tiefgründigen Kenntniserwerb schließen lassen. Das bestätigt auch sein Interessenprofil (GIS): Er präferiert die Tätigkeiten, die hochrangiges Denken im figuralen und zahlenbezogenen Segment vermuten lassen.

Im Interview, dass sich entlang der Flow-Skala FKS von Rheinberg bewegte (Rheinberg, 2004a), erklärte er, dass er nur in Mathematik Flow erlebt. Er könnte sich stundenlang mit mathematischen und figuralen Problemen beschäftigen. Er sei dann sehr vertieft in das, was er tut. Im Unterschied zu Deutsch könne er sich hier konzentrieren. Außerdem zeigte er ein hohes Interesse an Musik, dabei könne er entspannen. Verbale Anforderungen dagegen, vor allem wenn sie mit dem Begriff „Deutsche Sprache" verbunden sind, lehnt er rigoros ab.
Was ist zu tun?

1. Die Schule muss Themen im Deutsch- und Literaturunterricht finden, die für Richard attraktiv sind. Dabei kann mitunter der schulferne Bereich unterstützen. So könnte eine Forschungsarbeit über einen berühmten Mathematiker oder Naturwissenschaftler geschrieben werden, um so das sprachliche und literarische Interesse zu wecken.
2. Richard sollte klargemacht werden, dass er bei weiterer Negierung sprachlich gebundener Themen seine guten Leistungen in Mathematik nicht halten wird, weil er Sachaufgaben bei unzureichender sprachlicher Durchdringung nicht optimal bewältigen kann.

3. Eventuell hilft im Unterricht der (Um)Weg über die Fremdsprachen. Denn bestimmte Themen in englischer Sprache ausdrücken können, das haben alle berühmten Naturwissenschaftler geschafft.
4. Richard braucht individualisierten und differenzierten Unterricht so wie der Fisch das Wasser. In seinen Spezialdisziplinen muss er deshalb nicht mehr am Unterricht teilnehmen und kann via Drehtürprinzip konkrete Forschungsaufgaben übernehmen (zur Begabtenförderung siehe Kapitel 4). Diese Forschungsarbeiten stellt er im Unterricht in Form kleiner Vorträge vor und diskutiert sie mit der ganzen Klasse. Wichtig in diesem Zusammenhang ist, dass Richard lernt, auch unabhängig von der gegenwärtigen Lehrkraft wissenschaftliche Arbeitsmethoden anzuwenden.
5. Außerschulisches Wissen ist für begabte Kinder manchmal wichtiger als schulische Kenntnisse. Das Elternhaus muss ein breites Feld kognitiver Anregungen bereithalten, die Richards Interessenspektrum fördern.
6. Attribuierungsmuster (Zuschreibungsmuster) für Erfolg und Misserfolg sind für befähigte Kinder unglaublich wichtig, weil sie den Selbstwert zum Ausdruck bringen und diesen gleichzeitig steuern. So fördert das Sich-selber-Zuschreiben von Erfolg die Stabilität der Persönlichkeit. Bei Misserfolg sollte man zulassen, dass Richard diesen zum Selbstwertschutz mit „Pech" erklärt. Hier ist ein Gleichklang der Fremdattribution durch Lehrpersonen und der Selbstattribution anzuzielen. Richard muss indes lernen, dass Anstrengung vonnöten ist, um im hochwertigen Wissenserwerb weiterzukommen und Expertise aufbauen zu können. Ohne tiefgründiges Wissen wird er nicht zum „Experten" auf seinem Spezialgebiet, sondern immer nur „Laie" bleiben.

Insgesamt gesehen ist Richard ein Schüler mit hohem intellektuellem Potential. Dieses ruft er allerdings nur bei Lernprozessen ab, die im mathematisch-naturwissenschaftlichen Bereich liegen. Sein Begabungsschwerpunkt Mathematik ist ernst zu nehmen und muss durch Zusatzaufgaben weiterentwickelt werden.

Im sprachlichen Bereich dagegen nutzt Richard seine vorhandenen Potentiale noch nicht ausreichend. Das mag an seinem mangelnden Interesse und seiner unzureichenden Erkenntnismotivation in diesem Sektor liegen. Dies äußert sich in mangelnder Anstrengungsbereitschaft bei sprachlichen Anforderungen. Sehr deutlich werden dieser Unterschiede in den Zuschreibungsgewohnheiten für Erfolg bzw. Misserfolg bei mathematischen und sprachlichen Anforderungen. Die pädagogischen Empfehlungen sind darauf gerichtet, das unzweifelhaft vorhandene Potential in den sprachlichen Fächern zur Geltung zu bringen.

2.6 Entwicklungslinien: Weitere Entwicklung des Leistungsmotivs im Sekundarschulalter

Die bisherigen Ausführungen haben deutlich gemacht, dass die Tätigkeitsmotivation mit ihren intrinsischen Komponenten Interesse am selbständigen Kenntniserwerb, gegenstandsbezogene Anstrengungsbereitschaft und Flow-Erleben ausschlaggebend für die Begabungsentwicklung ist. Parallel zum Tätigkeitsmotiv entwickelt sich auch das Leistungsmotiv und wird im Sekundarschulalter einflussreich. Im Unterkapitel 1.6 haben wir über die Entstehung des Leistungsmotivs berichtet. Zunächst entwickeln sich im Schoße des Tätigkeitssystems Wertmaßstäbe (Gütemaßstäbe) für eigene Leistungen, die Heckhausen (1980) als „Tüchtigkeit" bezeichnet. Später (ab etwa 5 Jahren) werden für das zunächst globale Tüchtigkeitserleben Grade der Aufgabenschwierigkeit erkannt. In der Grundschulzeit gliedern sich aus dem Tüchtigkeitskonzept allmählich die Anstrengung und die (perzipierte) Fähigkeit heraus. Unterschiede in der Aufgabenschwierigkeit werden klar erkannt und die individuellen Fähigkeiten dazu in Beziehung gesetzt.

Krapp und Hascher (2014, S. 265) berichten, dass es über die gesamte Schulzeit hinweg zu einer Stabilisierung der individuellen Fähigkeitskonzepte kommt. Die entsprechenden Korrelationen steigen diesen Autoren zufolge im Verlaufe der Schulzeit bis auf Maximalwerte von $r = .80$ an. Das bedeutet, wer seine Fähigkeit zu Beginn der Schulzeit hoch einschätzt und über ein positives Fähigkeitsselbstbild verfügt, wird dieses kaum verändern. Begabte Schülerinnen und Schüler verfügen über solch ein Selbstkonzept, es wird im Jugendalter Teil der Identität. Wissen, Fähigkeiten und Überzeugungen hinsichtlich der eigenen Leistungsfähigkeit haben also in ihrer Persönlichkeitsstruktur einen bedeutsamen Platz.

Zur Stabilität des Selbstkonzeptes tragen auch die Kausalattribuierungen (Zuschreibungsgewohnheiten) für erfolgreiches versus nicht erfolgreiches Handeln bei. Wir sind in Unterkapitel 2.3 unter dem Aspekt der Fehlattribuierung bei begabten Underachievern darauf eingegangen. Die grundsätzliche Idee zur Ursachenerklärung geht auf Weiner (1994) zurück. Er schlug ein Klassifizierungsschema vor, in dem die jeweils herangezogenen Kausalfaktoren in Zeitfaktoren (stabil, variabel) und Personfaktoren (Person, Umwelt) eingeteilt sind (Abbildung 2-9).

Das Schema war zur Erklärung leistungsmotivationaler Phänomene konzipiert worden. Weiner (1994) betont, dass es günstig ist, erfolgreiches Handeln eher auf zeitstabile Faktoren wie Fähigkeit und Aufgabenschwierigkeit zurückzuführen. Daraus leite sich eine optimistische Haltung im Hinblick auf zukünftiges Handeln ab. Die Attribution auf zeitvariable Faktoren (Anstrengung, Zufall) sei dagegen angebracht, wenn die Lernhandlung einen eher ungünstigen Verlauf genommen hat. Suche man die Ursachen für erfolgreiches

Erfolg vs. Misserfolg

	Lokation	
	Person	Umwelt
Zeitstabilität		
Stabil	**Fähigkeit**	A.schwierigkeit
Variabel	Anstrengung	**Zufall/Pech**

Abbildung 2-9: Modifiziertes Schema zur Klassifikation von Ursachen für Leistungen begabter Schülerinnen und Schüler.

Handeln bei sich selbst (Fähigkeit, Anstrengung), so führe dies zum Stolz auf die erreichte Leistung. Sehe man die Gründe für gescheiterte Handlungen in der Umwelt (Aufgabenschwierigkeit, Pech), so entlaste dies den Selbstwert und verhindere Schamgefühle.

Wir halten das Kausalattribuierungsschema zur Erklärung der Selbstbildstabilität bei hochbegabten Schüler/innen für brauchbar. Bei Lern- bzw. Handlungserfolgen attribuieren Begabte eindeutig auf stabile internale Fähigkeiten. Das bringt sie, was ihren Selbstwert betrifft, in eine günstige Position. Gleichsam in einer Spirale können sie den Fähigkeitsselbstwert nach oben schrauben. Bei missglückten Lernanstrengungen bzw. Handlungen suchen sie die Ursache in den variablen Umweltbedingungen – man habe eben Pech gehabt. Somit ist ein neuer Versuch möglich, den man ohne Selbstwerteinbußen beginnen kann.

Auf Attributionen Misserfolgsmotivierter gehen wir hier nur kurz ein. Misserfolgsmotiviert sind begabte Schüler/innen, wenn sie zu Underachievern geworden sind. Dann verläuft die Zuschreibung eigener Fähigkeiten spiegelverkehrt: Erfolgreiches Lernen wird mit Zufall erklärt („Da habe ich noch mal Glück gehabt“) und missglückte Lernhandlungen mit mangelnder Fähigkeit („Ich kann das nicht“; vgl. hierzu die Stufenfolge in Abbildung 2-5). Unter realen Schulbedingungen laufen die Zuschreibungen nicht nur internal als Eigenattribution ab, sondern auch als Fremdattribution. In Abbildung 2-10 haben wir die Situation dargestellt

Es treffen gleiche bzw. verschiedene Attributionsmuster aufeinander (Eigenattribution der Schülerin, des Schülers und Fremdattribution der Lehrperson). Gut ist es, wenn die Zuschreibungen in etwa gleich ausfallen. So bewerten begabte Schüler/innen eine Arbeit deshalb als gelungen, weil sie wissen, dass sie „es draufhaben“ (Eigenattribution: Lokation x Person x Fähigkeit). Die

Lehrperson erlebt die Kognition „Die können das" (Fremdattribution: Lokation x Person x Fähigkeit). Noch günstiger wäre aus der Sicht der Leistungsmotivationsforschung (Weiner & Kukla, 1970) die Kombination hohe Fähigkeiten (Eigenkognition Schüler/in) und hohe Anstrengung (Fremdkognition Lehrperson). Der Grund liegt darin, dass ein Lob dann besonders intensiv ausfällt, wenn die Lehrperson meint, der begabte Schüler hätte noch die Möglichkeit, seine Lernaktivität zu beinflussen und zu steigern (variable Zeitdimension).

Man kann sich anhand von Abbildung 2-10 auch ungünstige Zuschreibungsmuster für Begabte vorstellen. So könnte die Schülerin meinen, sie sei gerade zum Lösen schwieriger Aufgaben sehr gut befähigt; die Lehrkraft aber attribuiert auf geringe Aufgabenschwierigkeit: Die Aufgabe war viel zu leicht. Ähnlich ungünstig wäre die Kombination „Ich habe mir große Mühe gegeben" (Kognition des Schülers: Anstrengung) und „Glück hat er gehabt, weiter nichts" (Kognition des Lehrers: Zufall). Weitere Kombinationen können sich interessierte Lehrpersonen aus dem Schema selbst herstellen und das eigene Unterrichtsverhalten daran messen.

Solche Einschätzungen orientieren sich an Bezugsnormen. Hier hat die Leistungsmotivationsforschung originäre Beiträge erarbeitet. Unter einer Bezugsnorm versteht sie einen Standard, mit dem ein Resultat verglichen wird, wenn man es als Leistung wahrnehmen und bewerten will (Heckhausen, 1980). Die Vergleichsstandards können verschieden hoch oder niedrig sein. Der Begriff *Bezugsnorm-Orientierung* geht auf eine motivationspsychologische Analyse von Leistungsvergleichen zurück. Wenn Lehrer/innen die Leistung eines Schülers bewerten, müssen sie sich an Bezugsnormen orientieren. Sie können sich dabei unterschiedlicher Normen bedienen: der Gruppenleistung (dann bewerten sie die Schülerleistung im Hinblick auf das durchschnittliche Leistungsniveau der Klasse oder Altersstufe) oder der Individualleistung (dann bewerten sie die Leistung mit Rücksicht auf frühere Leistungen desselben Schülers bzw. derselben Schülerin). Im ersten Fall kommen sie zu Einschätzungen wie „durchschnittlich", „unterdurchschnittlich", „überdurchschnittlich"

	Eigenattribution (Schüler/-in)			Fremdattribution (Lehrer/-in)	
	Lokation			Lokation	
	Person	Umwelt		Person	Umwelt
Stabilität			Stabilität		
Stabil	Fä.	A.schw.	Stabil	Fä.	A.schw.
Variabel	An.	Z / P	Variabel	An.	Z / P

Abbildung 2-10: Eigenattribution und Fremdattribution unter schulischen Bedingungen. Fä: Fähigkeit, A.schw.: Aufgabenschwierigkeit, An.: Anstrengung, Z/P: Zufall/Pech.

usw., immer bezogen auf die gruppenspezifische (soziale) Norm. Im zweiten Fall gelangen sie zu Urteilen wie „besser als früher", „etwa gleich bleibend", „schlechter als gewöhnlich", bezogen auf das von dem Schüler (der Schülerin) bisher gezeigte prozessuale Leistungsverhalten. Im ersten Fall liegt der Leistungsbewertung eine soziale Bezugsnorm zugrunde, im zweiten Fall eine individuelle Bezugsnorm. Diese Wortmarken führte seinerzeit Rheinberg (1980) ein.

Randscharf trennen lassen sich diese beiden Normen nicht; man kann sie nur akzentuierend unterscheiden. Manche Lehrer/innen orientieren sich bei der Leistungsbewertung mehr an durchschnittlichen Gruppenleistungen (soziale Bezugsnorm-Orientierung – SBO), andere beachten die individuelle Leistungsdynamik des einzelnen Schülers stärker (individuelle Bezugsnorm-Orientierung – IBO). Nach diesem Merkmal lassen sich Lehrer/innen typisierend unterscheiden.

Natürlich gibt es gegen diese bipolare Typisierung Einwände. Das Lehrer/innenverhalten lässt sich nicht ohne Informationsverzerrung auf die eine Variable (Bezugsnorm-Orientierung) reduzieren. Aber da das Bewerten und reaktive Kommentieren von Schülerleistungen zu den wichtigen Aufgaben jeder Pädagogin und jedes Pädagogen gehören, ist sie vertretbar. Tabelle 2-3 nennt einige typische Verhaltensweisen.

DieEffekte beider Bezugsnormen hat Rheinberg (1998) beschrieben. Der SBO-Typ schafft bei seinen Schüler/innen mehr Misserfolgsmotivation, Prüfungsangst und manifeste Angst. Die Schüler/innen erleben weniger die eigenen Lernfortschritte, denn auschlaggebend ist die Stellung in der Rangreihe. Kurz gesagt: Für Begabtenförderung ist der SBO-Typ ungeeignet. Der IBO-Typ dagegen schafft eher Erfolgsmotivation, weniger Angst und Schulunlust; die Schüler/innen merken deutlich, dass sie im Lernen vorankommen, egal auf

Tabelle 2-3: Verhaltensweisen von Lehrpersonen mit sozialer Bezugsnorm (SBO) und mit individueller Bezugsnorm (IBO).

Lehrer/innen vom SBO-Typ	Lehrer/innen vom IBO-Typ
beurteilen vor allem das Leistungsniveau;	beurteilen vor allem die Leistungsentwicklung;
bewerten die Leistung aufgrund von interindividuellen Vergleichen;	bewerten die Leistung aufgrund von intraindividuellen Vergleichen;
loben eine überdurchschnittliche Schülerleistung, auch wenn sie weniger gut ist als das, was die Schülerin bzw. der Schüler bisher leistete;	missbilligen eine überdurchschnittliche Schülerleistung eines sehr guten Schülers, der bisher Besseres leistete;
loben selten;	loben häufiger, sogar wenn es nicht zu Erfolgen führt;
wollen allen Schüler/innen gleiche Anforderungen stellen (Angebotsgleichheit).	wollen jeder Schülerin, jedem Schüler angemessene Anforderungen stellen (Passung).

welchem Leistungsniveau sie sich gerade befinden. IBO-Lehrer/innen neigen zur variablen Anstrengungsattribuierung. Die Stellung in der Leistungsrangreihe der Schulklasse spielt für sie eine untergeordnete Rolle. Kurz gesagt: Für schulische Begabtenförderung ist der IBO-Typ gut geeignet (vgl. Kapitel 4 zur Motivationsförderung).

In übertreibender und karikierender Weise kann man vom SBO-Typ sagen, er betrachtet die Schule als „Wissensvermittlungsfabrik" und sieht seinen Hauptauftrag darin, die Schulleistung ganzer Schulklassen zu steigern. Im Unterschied dazu betrachten Lehrer/innen vom IBO-Typ die Schule als „Persönlichkeitsentfaltungsinstitution" und halten es für wichtig, jedes Kind unabhängig vom Notendurchschnitt auf eine ihm angemessene Weise zu fördern.

Für jeden Lehrer, jede Lehrerin ist es wichtig zu wissen, welcher Bezugsnorm-Orientierung er bzw. sie zuneigt. Zur Selbstprüfung haben Lehwald und Waka (2007) eine Checkliste zur Selbsterfassung von Bewertungstendenzen entwickelt. Wir haben diese Checkliste anwendungsbereit in den Anhang gestellt. Nach Bearbeitung kann jede Lehrperson individuell einschätzen, welcher Bezugsnorm-Orientierung sie zuneigt und welche Abhilfe zu erwägen ist.

Zusammenfassung

Im Sekundarschulalter kommt es bei der Leistungsmotivation zu einem Entwicklungsschub. Das Fähigkeitsselbstbild stabilisiert sich. Unter dem Fahigkeitsselbstbild verstehen wir die Gesamtheit der kognitiven Repräsentationen eigener Fähigkeiten – Wissen und Überzeugungen hinsichtlich der eigenen Leistungsfähigkeit. Diese haben in der Persönlichkeitsstruktur von Begabten einen festen Platz. Zur Stabilität des Selbstkonzeptes tragen die Zuschreibungsgewohnheiten (Kausalattribuierungen) für erfolgreiches versus erfolgloses Handeln bei.

Bei der Klassifikation erfolgsorientierten und misserfolgsorientierten Handelns hilft ein Schema von Weiner, das Fähigkeit, Aufgabenschwierigkeit, Anstrengung und Zufall als Ursachenkomplexe angibt. Dieses Klassifikationsschema lässt sich auch zur näheren Aufklärung der Tätigkeitsmotivation nutzen. Hinzuweisen ist darauf, dass in bedeutsamen Sozialisationsfeldern (z.B. Schule, Familie) die Kausalattribution nicht nur als Eigenzuschreibung, sondern immer auch als Fremdzuschreibung wirksam wird.

Unter „Bezugsnorm" versteht man einen Standard, mit dem ein Resultat verglichen wird, wenn man es als Leistung wahrnehmen und bewerten will. Man unterscheidet die soziale Bezugsnorm, in der die Leistung mit einer Gruppennorm verglichen wird, und die individuelle Bezugsnorm, bei der man die aktuelle Leistung auf bisher gezeigtes prozessuales Verhalten bezieht. Beide Bezugsnormen haben unterschiedliche Motivierungsqualität. Für begabte Schüler/innen ist besonders die individuelle Bezugnorm-Orientierung leistungsfördernd.

2.7 Entwicklungsfenster: Leistungswettbewerbe – Leistungsmotiv schlägt Tätigkeitsmotiv?

Mit Rückgriff auf Weinert beschreiben Wagner und Neber Leistungswettbewerbe als Kernelemente der Begabtenförderung, „die durch ihre Aufgabenstellungen anregen, sich mit einem fachlichen Bereich intensiv zu beschäftigen, sie stellen Angebote bereit, die Informationen liefern oder dazu anregen, sich selbst Informationen zu beschaffen, sie stellen mit ihren Aufgaben und Problemen Anforderungen, die in der Regel am Schulwissen ansetzen, aber in den Leistungen erlauben, deutlich über das Schulwissen hinauszugehen, sie bieten neben der inhaltlichen Attraktivität mit ihren Urkunden, Preisen und häufig anschließenden Förderprogrammen vielfältige Anreize und sie motivieren die Teilnehmer/innen durch öffentliche Anerkennungen in Form von Preisverleihungen und Presseberichten“ (Wagner & Neber, 2007, S. 211). Leistungswettbewerbe gibt es auf verschiedenen Ebenen, die sich in den Prinzipien kaum unterscheiden: Der Zugang ist offen, freiwillig und meist kostenlos. Grenzen werden eher durch das Alter und die besuchte Schulart gesetzt. Aus einer erfolglosen Teilnahme erwachsen keine negativen Konsequenzen für die schulische Leistungsbewertung.

Trotz dieser positiven Einschätzung gibt es bei einigen Bildungseinrichtungen Bedenken, sich an Leistungswettbewerben zu beteiligen. Sie lehnen die Teilnahme wegen des Aufbaus extrinsischer Motive und wegen Konkurrenzdenkens ab. Sie meinen sogar, dass die intrinsische Motivation bei Schüler/innen durch die extrinsische Ausrichtung der Wettbewerbe korrumpiert und deshalb zerstört wird (vgl. Lepper, Greene & Nisbett, 1973, die von *overjustification* sprechen). Dieser Behauptung wollen wir nachgehen und fragen, ob in Leistungswettbewerben das Leistungsmotiv gegenüber dem Tätigkeitsmotiv dominiert und welche Konsequenzen für die Gestaltung von Wettbewerben daraus erwachsen. Wir konzentrieren uns bei der Beantwortung der Frage auf zwei umfangreiche Studien zum Bundeswettbewerb Mathematik (Rahn, 1985; Heilmann, 1999).

Heilmann hat in ihrer Studie 252 Bundessieger/innen berücksichtigt. Als Vergleichsgruppen wurden Stipendiat/innen der Studienstiftung des deutschen Volkes, Endrundenteilnehmer/innen und eine Repräsentativstichprobe herangezogen. Wir gehen auf Einzelheiten (Design, Stichproben, Variablen) der umfangreichen Untersuchung nicht weiter ein und konzentrieren uns auf die oben gestellte Frage. Zur Überprüfung des Leistungsmotivs (extrinsische Motivation) entwickelte Heilmann einen Fragebogen, der typische Leistungsmotivations-Items zur Erfolgs- und Misserfolgsmotivation enthielt. Das Tätigkeitsmotiv (intrinsische Motivation) wurde auf Mathematik bezogen. Außerdem legte sie Items vor, die die intrinsisch-leistungsbezogene Motivation erfassten. (Beispiel: Ich wollte für mich testen, ob ich solche schwierigen Aufgaben lösen kann.) Darüber hinaus geben wir Auszüge aus Untersuchungsergebnissen der Studie wieder, die das Fähigkeitsselbstbild als Ausdruck der Leistungsmotivation darstellen.

Zuerst das überraschende Ergebnis: Für die Bundessieger/innen in Mathematik und für die Endrundenteilnehmer/innen gilt gleichermaßen, dass eher die intrinsischen als die extrinsischen Motive für die Beschäftigung mit den Wettbewerbsaufgaben entscheidend waren. Wichtig waren ihnen insbesondere die konkret auf Mathematik bezogenen Ziele, wie „Spaß an den Aufgaben", „gefesselt sein" und „neue Gebiete der Mathematik kennenlernen" (Heilmann, 1999, S. 112). Sofern extrinsische Motive genannt wurden, waren es eher immatrielle, wie „sich mit anderen messen" oder „die Ehre, genannt zu werden". Das ließ sich bei der Angabe von Berufszielen nochmals bestätigen. Die Gruppe der Bundessieger/innen nennt „herausfordernde Aufgaben finden", „fachliche Kompetenz erwerben", „dem Interesse am eigenen Fachgebiet nachgehen" und „Freiraum für eigene Ideen haben" (S. 163 ff.). Das sind alles intrinsisch gefärbte Berufswünsche. Damit unterscheiden sich die Bundessieger/innen klar von der in der Studie gezogenen Repräsentativgruppe.

Beim Selbstkonzept zeigte sich eine ähnliche Tendenz. Heilmann hatte ursprünglich vermutet, dass die Bundessieger/innen durch den Sieg im Wettbewerb ihr Selbstkonzept verändern. Das war aber nicht der Fall. Zwischen den Bundessieger/innen und den Endrundenteilnehmer/innen gab keine Unterschiede im mathematischen und akademischen Selbstkonzept. Allenfalls marginale Unterschiede zeigten sich zwischen den Bundessieger/innen und den Stipendiat/innen, vor allem im sprachlichen und sozialen Selbstkonzept.

Interessant sind in diesem Zusammenhang auch die Ergebnisse, die bei der Österreichischen Mathematik-Olympiade (MOL) gewonnen wurden (Piazzi, 2008). Dort hat man das Aussteigen von Schüler/innen (sogenanntes Dropout) aus dem Wettbewerb näher beleuchtet. Vier Gründe wurden hierfür genannt:

1. *Falsche Erwartungen:* Viele Schüler/innen meinen, die Wettbewerbe bestünden nur aus Denksport- und Rätselaufgaben, und kommen mit Vorstellungen in den MOL-Kurs, denen die dort behandelten Themen nicht gerecht werden. Auch der unmittelbare Nutzen (Noteneffekt) für den Regelunterricht blieb kurzfristig aus.
2. *Gleichgesinnte:* Das Sicheinfügen in eine Gruppe von Mathe-Experten, die zudem männlich dominiert ist, behagt nicht jeder Schülerin.
3. *Fachliche Überforderung:* Dies scheint der ausschlaggebende Grund für den Ausstieg zu sein. In Gesprächen geben die Betroffenen diesen Faktor aber oft nicht zu, sondern verheimlichen ihn eher.
4. *Zeitmangel:* In den Gesprächen wird Zeitmangel als vorgeschobener Hauptgrund angegeben. Tätsächlich gibt es viele mathematisch begabte Schüler/innen, die auch in Musik oder Sport überdurchschnittliche Leistungen erzielen und sich deshalb auf diese Bereiche konzentrieren (wollen). Die gesell-

schaftliche Anerkennung in diesen Domänen erscheint einigen Schüler/innen höher als in Mathematik.

Wir können aufgrund der Ergebnisse die oben geäußerte Vermutung abweisen, dass Leistungswettbewerbe nur extrinsische Motive und Konkurrenzdenken fördern. Sie bieten im Gegenteil eine hervorragende Möglichkeit, das Tätigkeitsmotiv begabter Schüler/innen zu unterstützen. Befürchtungen, dass übertriebener Egoismus und inakzeptabler Wettbewerbsgedanke dominieren, ist zurückzuweisen. Zur Illustration der vorgestellten Untersuchungsergebnisse folgen Auszüge aus zwei Berichten von Rahn (1985).

> *Schon im Vorschulalter interessierte ich mich für Zahlen und bevorzugte im Grundschulalter naturwissenschaftliche Kindersachbücher, ich war mir bis zum 15. Lebensjahr keiner besonderen Begabung bewusst. Erst durch den Bundeswettbewerb Mathematik sah ich, dass ich aus eigener Kraft Aufgaben lösen konnte, die über das Schulniveau hinausgehen. Die Problemstellungen fesselten mich schon an sich ungemein, aber die negative Haltung eines Lehrers veranlasste mich, meine Fähigkeiten um jeden Preis unter Beweis zu stellen. Meine Eltern hielten meine Bemühungen für aussichtslos, ließen mich aber gewähren. Nach meinem ersten Erfolg unterstützten sie mich, die Schule half mir nicht. Stundenlang konnte ich Mathematikbücher lesen [...] Es war kein Fleiß, der mich zum Lernen trieb, vielmehr war es die Faszination durch das Problem. Oft ging ich bis in die Nacht einer Sache nach, hatte aber keineswegs den Eindruck, hart zu arbeiten; es war eher ein fesselndes Spiel.*
>
> *(Rahn, 1985, S. 74.)*

> *Dies geschah alles aus eigenem Antrieb. Die dabei entstehenden Fragen konnte ich mir zum größten Teil selbst beantworten [...] Neben einem guten Lehrer, wie ich ihn hatte, halte ich persönlichen Antrieb, Fleiß und Selbständigkeit für die wichtigsten Bedingungen. Bei schwierigen Fragen sollte man nicht aufgeben, sondern durchhalten, denn je schwieriger das Problem ist, das man gelöst hat, desto größer ist die Freude, es gelöst zu haben, und die Ermutigung, weitere Probleme dieser Art anzupacken. Ja, es kann sogar dazu kommen, dass diesem Problem eine Schlüsselfunktion für die weitere Entwicklung zukommt.*
>
> *(Rahn, 1985, S. 76.)*

2.8 Entwicklungslinien: Von den Motiven zu den Interessen

In Tabelle 1-2 (Seite 35) haben wir die Entwicklung der Tätigkeitsmotivation nachgezeichnet. Als höchste Stufe nannten wir die *Interessen.* Ebenso wie das Erkenntnisstreben sind sie auf Gegenstände gerichtet, allerdings nicht nur auf deren Anreizqualität, sondern auf solche mit begründbarer Wertqualität. Interessen sind dauerhaft; sie bevorzugen bestimmte Inhaltsklassen und haben eine starke emotionale Note. Die Gegenstandsspezifik ist so gesehen ein besonderes Spezifikum; deshalb sprechen Interessenforscher auch vom Person-Gegenstands-Bezug. Der Gegenstand schafft nicht nur kognitive und emotionale Bedeutungen (vgl. unsere Ausführungen zum Flow-Erleben in Unterkapitel 2.4), sondern enthält auch wertbezogene Merkmalskomponenten. Sie machen deutlich, dass der Interessengegenstand für die jeweilige Person eine herausgehobene subjektive Bedeutung hat. Eine positive Wertkomponente impliziert eine höhere Bereitschaft zur aktiven Auseinandersetzung mit dem betreffenden Gegenstand (Krapp, 1999). Damit Interessen als Handlungsregulativ wirken können, müssen sie allerdings vom Individuum zunächst anerkannt (internalisiert) und dann in das bereits bestehende Wertesystem aufgenommen (integriert) werden.

Krapp und Hascher (2014) sehen im Interesse einen Teil des individuellen Selbst. Ziel einer jeden Interessenhandlung sei die Erfüllung der Bedürfnisse Selbstbestimmung, Kompetenz und soziale Eingebundenheit (nach Deci & Ryan, 1985, zit. in Krapp, 1999, S. 398).

Konkretisieren wir die genannten Grundgedanken am Beispiel der Studienwahl-Entscheidung. Sie steht am Ende der Gymnasialausbildung und ist ebenso wie die anderen schon behandelten Bildungsübergänge (Kindergarten → Grundschule, Grundschule → Gymnasium) eine Entwicklungsaufgabe (Havighurst,1948, zit. in Oerter & Montada, 1995). Diese verbindet Individuum und Umwelt, indem sie die kulturellen Anforderungen (Entwicklungsnorm) mit der individuellen Leistungsfähigkeit in Verbindung setzt. Entwicklung wird nicht nur als Vergangenes gewertet, sondern zusätzlich als Vorweggenommenes. Die Vorwegnahme zukünftiger Ereignisse wirkt wie ein Motor der Entwicklung. Der Übergang ins Studium und die damit verbundene Vorbereitung einer beruflichen Karriere zieht weitere Anforderungen nach sich: die Ablösung von den Eltern, den weiteren Aufbau eines Wertesystems, die Verantwortungsübernahme für (Studien)Handlungen, den Aufbau reifer Beziehungen zu Studienkolleg/innen usw. (Oerter & Montada, 1995, S. 66ff.).

Eigentlich müsste man erwarten, dass das Interesse an der Aufnahme des Studiums auch für die Studienzufriedenheit verantwortlich ist. Leider erfüllt sich diese Hoffnung nicht deutlich. Zwar gibt die überwältigende Mehrheit der Studienanfänger das Interesse am Fach als primäres Motiv für die Studienentscheidung an, aber bei vielen Studierenden verflüchtigt sich dieses Tätigkeitsmotiv im Verlaufe des Studiums. Zu viele fachfremde Bedingungen wirken auf die Kommilitoninnen und Kommilitonen ein. Allenfalls wirkt das Ausgangsinteresse trotz Widrigkeiten darauf hin, am Erststudium festzuhalten (Müller, 2001).

Welche förderlichen Bedingungen im Gymnasium tragen zum Interesse am Studienfach bei? Huber (2013, S. 154 ff.) nennt einige Faktoren: Viele Interessen nehmen ihren Ausgang in einem „glücklichen Moment", in dem plötzlich der Lerngegenstand interessant wird. Im Unterkapitel 2.4 haben wir solche Situationen beschrieben und mit Csikszentmihályi als Flow bezeichnet. Wir stellten heraus, dass Aufgaben, die man häufig mit Flow verbinden kann, an der Ausprägung eines Begabungsschwerpunktes mitwirken. Solche „glücklichen Momente" sind nicht nur auf Freizeitaktivitäten begrenzt, sondern können auch in Pflichtschulfächern urplötzlich auftauchen. Es entsteht zunächst ein situatives Interesse (Zustand), das als Entwicklungsresultat zu einem dauerhaften Interesse werden kann. Dazu muss der begabte Schüler, die begabte Schülerin einen Handlungszusammenhang herstellen, indem er bzw. sie erkennt, dass die Bearbeitung des Gegenstandes für die Entwicklung der eigenen Kompetenzen subjektiv bedeutsam ist.

Prenzel formuliert dazu drei Hinweise für den Gymnasialunterricht:

> *Durch Anbieten von Spielräumen und durch Hinweise auf Wahlmöglichkeiten den Lernenden die Möglichkeiten geben, sich selbstbestimmt handelnd zu erleben; durch informierende Rückmeldungen und durch individuelle Bezugsnormen den Lernenden die Möglichkeit geben, die eigene Kompetenz zu erfahren; durch partnerschaftlichen und durch kooperativen Umgang den Lernenden die Möglichkeit geben, sich persönlich als angenommen und sozial einbezogen zu empfinden.*
>
> *(Prenzel, 1994, zit. in Huber, 2013, S. 155.)*

Eine interessenbezogene Wahl von Lernorten, Kursen und Themenschwerpunkten hat auch eine soziale Funktion: Sie führt interessenbetont Schüler/innen zusammen und kann so durch soziale Einbindung neue Kompetenzerfahrungen generieren. Man kann sich keine bessere Studienvorbereitung denken. Das zeigt das folgende Interview mit einem Studenten im ersten Studienjahr.

Zusammenfassung

Die Interessen stellen die höchste Stufe der Tätigkeitsmotiv-Entwicklung dar. Im Vergleich zum Erkenntnisstreben (vgl. nochmals Tabelle 1-2, S. 35) ist der Gegenstandsbezug dauerhaft, und die Wertorientierung steht im Zentrum der Profilbildung. Am Beispiel der Studieninteressen wird deutlich, dass das hohe

Interesse Begabter mit geringer Studienabbruchneigung, tiefgründigem Lernen im gewählten Studienfach, höherer kognitiver Neigung und fachlicher Identität zusammenhängt. Die Studieninteressen wirken nicht generell, sondern sind hochgradig individuumsspezifisch. Wie wir im folgenden Unterkapitel an einem Fallbeispiel zeigen, sind einige Bedingungen im Gymnasium für die spätere Entwicklung dauerhafter Studieninteressen maßgebend.

2.9 Entwicklungsfenster: Ich habe meist das Gefühl, ich kann alles schaffen. Ein Interview

Interviewer: Eric, Sie sind nun Student der Wirtschaftsmathematik an der Universität. Haben sich Ihre Vorstellungen erfüllt?
Eric: Studium ist natürlich etwas anderes als Schule. Es gibt positive und negative Seiten. Aber im Großen und Ganzen hat sich erfüllt, was ich mir vorgestellt hatte.

Interviewer: Warum haben Sie diesen Studiengang gewählt?
Eric: Es gab für mich mehrere Fachgebiete zur Auswahl: Medizin, Medizintechnik, Verfahrenstechnik. Ich habe mir erst einmal alles so „durchgeschaut". Dabei war immer klar, dass es Naturwissenschaften oder Mathematik sein sollte. Entscheidend war dann ein Tipp meines Vater. Er kennt mich ja am besten und hat auch auf die guten Perspektiven nach dem Studium hingewiesen.

Interviewer: Wie ist Ihr Interesse an Mathematik entstanden?
Eric: In der Schule war das Interesse an Mathematik eigentlich schon immer da. Bei der Wahl der Leistungskurse gab es für mich kein Problem: Das waren Mathematik, Chemie und Biologie. Die Fächer gingen mir gut von der Hand, obwohl ich auch andere Interessen hatte. Ich liebe komplexe Aufgaben, auch da, wo man die versteckte Lösung erst suchen muss. Es ist nicht die Kreativität, die mich direkt anspricht, sondern die strenge Logik, die hinter den Aufgaben steckt.

Interviewer: Wer hat Ihr Interesse unterstützt?
Eric: Es ist ja halbwegs klar, dass die Unterstützung vor allem von der Schule aus geschieht. Natürlich hat auch mein Elternhaus geholfen. Allerdings habe ich die Entscheidung für das Studienfach ganz alleine gefällt. Ein Großteil der Familie war dann doch überrascht, dass ich mit aller Konsequenz diesen Weg gehen will.

Interviewer: Können Sie rückblickend sagen, welche Bedingungen im Gymnasium Ihnen beim Studium helfen oder geholfen haben?
Eric: Mein Gymnasium war durch eine starke mathematische und naturwissenschaftliche Orientierung etwas Besonderes. Das hat man schon beim Auswahl des Lehrstoffes gemerkt. Die drei Leistungskurse haben mit ihren Lehrformen geholfen, den Ernst der Lage zu erkennen. Wir wurden von Beginn an auf „Schlüssigkeit" getrimmt. Ich merke das tagtäglich im Studium.

Interviewer: Welche Lehrer und Lehrerinnen im Gymnasium haben Sie besonders beeindruckt und geformt?
Eric: Viele Lehrer hatten auf unterschiedliche Weise auf mich Einfluss, am stärksten mein Mathelehrer, den ich über sieben Jahre hatte. Es gab da nicht nur Fachliches, sondern auch viel Persönliches. Mit dem konnte man sich auf dem Gang außerhalb des Unterrichts wirklich toll unterhalten. Die Chemielehrerin hat mir deshalb gefallen, weil sie klar auf Leistung gesetzt hatte. Eine Schule steht und fällt natürlich mit der Direktorin. Unsere Direktorin strahlte als Person eine hohe Autorität aus. Von Beginn der Gymnasialschulzeit an war allen Schülern klar, wohin die Reise geht.

Interviewer: Jetzt noch ein paar Fragen zu Ihrem Lernverhalten. Können Sie das Gefühl beschreiben, wenn Sie eine schwere Aufgabe erfolgreich gelöst haben?
Eric: Natürlich freut man sich sehr. Für mich ist aber wichtig, die Aufgabe mit hundert Prozent zu lösen und nicht nur die einfachste Lösung zu finden.

Interviewer: Weshalb suchen Sie den Erfolg?
Eric: Ich will mir schon selbst beweisen, was ich draufhabe. Ich habe meist das Gefühl, ich kann alles schaffen. Ich will natürlich auch im Beruf gut starten. Die gute Note im Studium fällt im Augenblick noch flach. Man will uns eher zeigen, wie viel wir noch lernen müssen *(lacht)*.

Interviewer: Wie reagieren Sie auf Fehler?
Eric: Zugegebenermaßen mache ich nicht gerne Fehler. Da bin ich schon ehrgeizig. Das ist eigentlich ein genereller Persönlichkeitszug von mir.

Interviewer: Sind Sie beim Aufgabenlösen störanfällig?
Eric: Zeitdruck stört mich gar nicht. Ich finde den sogar positiv. Als einen Vorteil empfinde ich, dass ich mich beim Aufgabenlösen tief konzentrieren kann, egal, ob ich in der Straßenbahn oder in der Mensa bin. Das war schon immer so, dass mich die äußeren Einflüsse nicht gestört haben. Stören tut es mich nur, wenn ich die Voraussetzungen zum Lösen einer speziellen Aufgabe noch nicht beherrsche und deshalb zunächst hilflos bin.

Interviewer: Wenn Sie an die Zukunft denken: Wie sollte Ihr Traumberuf aussehen?
Eric: Er sollte viele intellektuelle Freiheiten zulassen. Das ist für mich extrem wichtig. Sozial sollte auch alles stimmen. Natürlich hoffe ich auf Karrierechancen. Dafür bin ich bereit, in den ersten Jahren hart zu arbeiten. Aber bis dahin ist noch viel Zeit.

2.10 Fragen zum Nach-Denken

- Warum spielt die Motivation auf dem Wege zum Experten eine bedeutsame Rolle?
- Was sind Wunderkinder?
- Welche Merkmale zeichnen das Flow-Erleben aus, und wie wird es handlungswirksam?
- Wie kann die Schule gezielt den Übergang ins (erfolgreiche) Studium vorbereiten?

2.11 Tipps zum Nach-Lesen

Falko Rheinberg (2008). *Motivation* (7., aktualisierte Auflage). Stuttgart: Kohlhammer.

Kurt A. Heller & Albert Ziegler (2007). *Begabt sein in Deutschland.* Berlin: LIT-Verlag.

Margrit Stamm (2014). *Handbuch der Talententwicklung.* Bern: Hans Huber.

Kurt A. Heller und Franz J. Mönks (2014). *Begabungsforschung und Begabtenförderung: der lange Weg zur Anerkennung. Schlüsseltexte 1916–2013.* Berlin: LIT-Verlag.

3 Diagnostik von Tätigkeitsmotiven als Motoren der Begabungsentwicklung

3.1 Allgemeine Möglichkeiten zur Erfassung von Tätigkeitsmotiven

In diesem Kapitel werden sowohl Prototypen und als auch bereits ausgereifte Verfahren zur Tätigkeitsmotivanalyse bei begabten Kindern und Jugendlichen vorgestellt. Über Intelligenzmessverfahren und andere traditionelle Verfahren der Begabungsdiagnostik (z. B. Kreativitätstests, Schulleistungstests) wird hier nicht berichtet; für diese Themen kann auf das Lehrbuch *Hochbegabung* von Francis Preckel und Miriam Vock (Hogrefe, 2013) zurückgegriffen werden.

Im Wesentlichen gibt es drei Möglichkeiten, um Tätigkeitsmotive zu erfassen:

1. Die erste Möglichkeit besteht darin, Tätigkeitsmotive traditionell als Persönlichkeitsmerkmale zu erfassen, die hinter dem konkreten Handlungsablauf stehen. Meist geschieht dies durch Fragebogen, die eine gewisse Situationspezifik aufweisen. So entwickelten wir einen „Fragebogen Erkenntnisstreben – FES" und ein „Bilderverfahren Erkenntnisstreben – BVE" für das Sekundarschulalter mit den beiden Dimensionen Interesse am selbständigen Kenntniserwerb und kognitive Anstrengungsbereitschaft (Lehwald, 1985). Beide Verfahren werden in Unterkapitel 3.5 dargestellt.
2. Als zweite Möglichkeit stehen Auswahlverfahren zur Verfügung, in denen die Tätigkeitsmotivwerte durch Bevorzugung verschiedener Aufgabentypen erhoben werden. Rheinberg (2004a) gibt generelle Hinweise, wie man Tätigkeitsanreize diagnostisch erfassen kann. Er schlägt vor, zunächst einzelne Tätigkeiten in einer „persönlichen Hitliste" zu bewerten. Die Aufgabe besteht darin, aktuelle Tätigkeiten anhand einer vorher erarbeiteten „Hitliste" einzuschätzen. Erst wenn man für alle klassifizierten Tätigkeiten einen Kennwert hat, kann man in der Verfahrenskonstruktion fortfahren. Anbei ein Auszug aus der Instruktion zu dieser Bewertungsmethode:

> Denke bitte an die Tätigkeit, die Du zurzeit am liebsten von allen machst und von der Du nicht genug bekommen kannst. Diese Tätigkeit schreibe bitte in das oberste Kästchen Deiner persönlichen Hitliste. Jetzt denke an die Tätigkeit, die am widerlichsten von allen ist, die Du machen musst, wo Du lieber alles andere tätest als ausgerechnet das. Diese

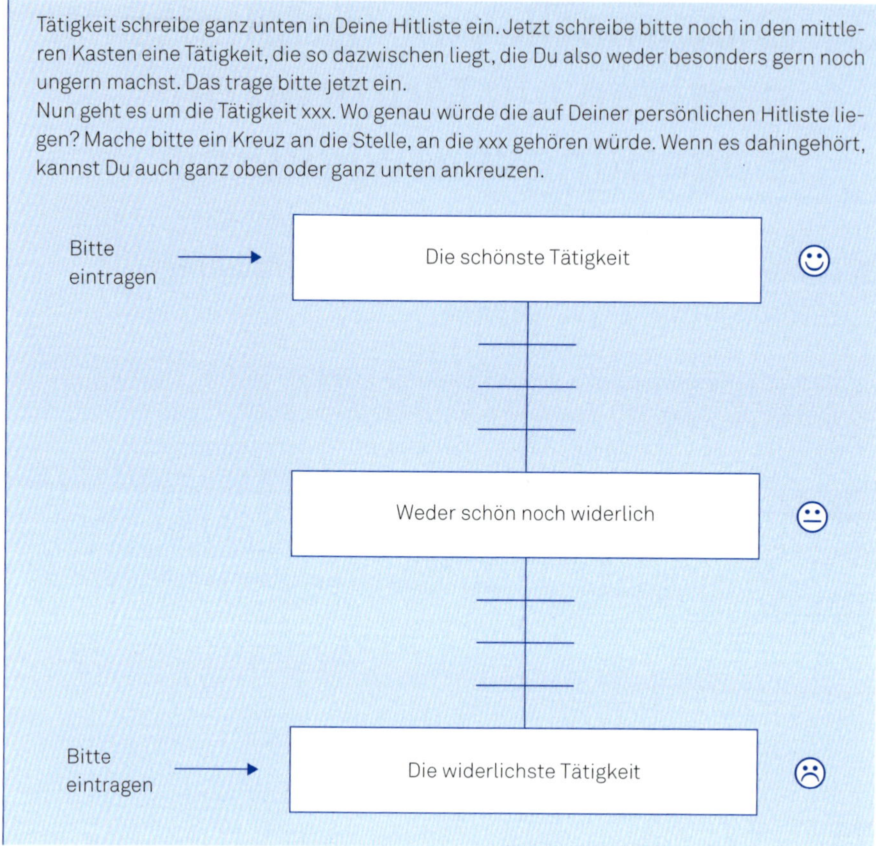
Tätigkeit schreibe ganz unten in Deine Hitliste ein. Jetzt schreibe bitte noch in den mittleren Kasten eine Tätigkeit, die so dazwischen liegt, die Du also weder besonders gern noch ungern machst. Das trage bitte jetzt ein.
Nun geht es um die Tätigkeit xxx. Wo genau würde die auf Deiner persönlichen Hitliste liegen? Mache bitte ein Kreuz an die Stelle, an die xxx gehören würde. Wenn es dahingehört, kannst Du auch ganz oben oder ganz unten ankreuzen.

- Aus den so erhobenen Tätigkeitsbewertungen kann man einfache Verfahren entwickeln, bei denen jedem Item eine Intensitätsskala nachgestellt ist. Über die individuellen Bewertungen wird es dann möglich, Affinitäten zu den dargestellten Tätigkeiten festzuhalten. Als Beispiel veröffentlichen wir in Abschnitt 3.4.1 die „Skala Schöpferische Tätigkeiten für das Primarschulalter - SST-P".

3. Eine dritte Möglichkeit bieten Handlungsverfahren, in denen Tätigkeiten nicht nur anhand einer Skala bewertet, sondern auch selbst ausgeführt werden. Für das Primarschulalter stellen wir in Abschnitt 3.4.2 das „Handlungsverfahren Schöpferische Tätigkeiten - HST-P" vor. Um handlungsbezogene Methoden anzuwenden, ist es oftmals notwendig, die zu erfassenden Persönlichkeitsmerkmale hinsichtlich ihrer Handlungsrelevanz zu erweitern. In den folgenden Unterkapiteln stellen wir von uns entwickelte und geprüfte Methoden vor. Dabei gehen wir altersbezogen vor.

3.2 Zur Erfassung der Neugier und des Explorationsverhaltens im Säuglingsalter

Die diagnostischen Möglichkeiten zur Motivdiagnose im Säuglingsalter sind begrenzt. Im Unterkapitel 1.4 sind wir auf Habituierungsstudien eingegangen. Dabei wird ein Reiz so lange gezeigt, bis keine Zuwendung mehr erfolgt. Habituation darf man jedoch nicht mit Ermüdung verwechseln. Wenn der Körper müde ist, treten Reaktionen in verminderter Stärke auf. Bei einer Habituation aber tritt die Reaktion nur in Gegenwart eines applizierten spezifischen Reizes auf. In der Literatur diskutiert man über die diagnostische Valenz dieser Phänomene. Allenfalls kann man in der schnellen Habituierung einen Zusammenhang mit der späteren Intelligenz sehen; ein Indikator für frühes Auftreten der Tätigkeitsmotivation (Neugier) ist sie sicher nicht.

Ein weiterer Indikator kann frühes Kategorisierungslernen sein. Bis vor einigen Jahren war man der Ansicht, dass sehr jungen Kindern dazu noch die Fähigkeiten fehlen. Neue Studien zeigen aber, dass bei Kindern schon vom vierten Monat an mit Kategorisierungslernen zu rechnen ist. Aus der Zuwendungsdauer schließt man, dass das Kind eine schematische Repräsentation erworben hat. Es gibt zwar Verfahren zur Diagnostik bei Kleinkindern (z. B. die „Bayley Scale of Infant Development"), aus denen man eventuell Untertests einsetzen könnte, doch die eignen sich eher bei Kindern mit Entwicklungsdefiziten (Keller & Meyer, 1982).

In eigenen Untersuchungen an sehr jungen Kindern haben wir die Berlyne-Figuren eingesetzt (Berlyne, 1974). Die tachistoskopisch dargebotenen Reizmusterkombinationen unterscheiden sich in der Regelmäßigkeit der Anordnung, in der Anzahl der Elemente, in der Heterogenität und in der Widersprüchlichkeit der Kombinationen. Die Reizgegebenheiten führen beim Kind zu einem Erregungsmuster, das zur epistemischen Neugier führt. Das Neugierverhalten hat nach Berlyne die Funktion, ein Aktivierungsoptimum herzustellen.

In Unterkapitel 1.4 sind wir ausführlich auf die Bedingungen eingegangen, die Neugier und Explorationsverhalten in der frühen Phase der Ontogenese fördern. Es empfiehlt sich, hier noch einmal nachzulesen (vgl. auch Lehwald, 1991, S. 137 ff.).

3.3 Zur Messung der Wissbegier und des Erkundungsverhaltens im Kleinkind- und Vorschulalter

3.3.1 Vorbemerkungen zur Verfahrenskonstruktion

Wissbegier äußert sich im Kleinkind- und Vorschulalter als Erkundungsverhalten. Deshalb lassen sich dessen Äußerungsformen als Frühindikator nutzen.

Die Entwicklung einer Checkliste für diese Alterstufe geht auf eine frühe Studie von Lehwald (1990) zurück. Er hatte damals mit einer 23 Items umfassenden Fremdeinschätzungsskala versucht, Wissbegier bei Mädchen und Jungen im Kindergarten und in der Vorschule zu messen. Diese Methode erfasste die kindliche Wissbegier über die Ausprägung des Erkundungsverhaltens. Bei der Gültigkeitsprüfung des Verfahrens in unterschiedlichen Zusammenhängen zeigte sich, dass Wissbegier offensichtlich ein Basismotiv der Hochbegabung darstellt.

3.3.2 Die Vorschul-Erzieher/innen-Checkliste – VEC

Das Ziel der „Vorschul-Erzieher/innen-Checkliste – VEC“ besteht darin, Kindergärtner/innen und Vorschulpädagog/innen eine wissenschaftlich geprüfte diagnostische Methode zur Verfügung zu stellen, die leicht handhabbar ist. Schon bei der Erstuntersuchung gab es Vorbehalte gegen Checklisten. Auf dem Methodenmarkt fand und findet man noch heute willkürlich zusammengestellte Item-Listen, besonders für Eltern und Vorschulerzieher/innen, die weder statistisch geprüft noch auf Zusammenhänge mit anderen Variablen untersucht wurden. Uns gelten dagegen Checklisten als Analysehilfen; indem man eine entsprechende Untersuchungsmethodik anwendet, werden diese Checklisten nach international gültigen Vorschriften ausgearbeitet. Würde man sie an einer repräsentativen Stichprobe validieren, ließen sie sich ohne weiteres zu standardisierten Fragebogen oder Persönlichkeitstests mit differenzierten Testnormen weiterentwickeln. Für die Anwender/innen der Checkliste sind die Auswertungen und die vorläufigen Punktwerte bewusst nutzerfreundlich dargestellt. Es empfiehlt sich aber, auch ein wenig hinter die „Kulissen“ zu schauen, die theoretischen Voraussetzungen zu studieren und die Gültigkeitsprüfung des Verfahrens mit den eigenen Erfahrungen zu vergleichen (vgl. Lehwald & Ofner, 2007; Ofner, 2006).

Es folgt die Endform der „Vorschul-Erzieher/innen-Checkliste – VEC“. Zum Material gehören eine Instruktion, die eigentliche Item-Liste und die Auswertungsvorschrift.

Zur Instruktion

Eingeschätzt werden sollten nur solche Kinder, die das Erziehungspersonal ausreichend kennt (mindestens drei Monate). Die Kinder werden einzeln anhand je einer Checkliste bewertet. Dabei geht es nicht darum, eine generelle Aussage über das Verhaltensmerkmal zu machen, sondern darum, wie oft die Erzieherin (der Erzieher) das erfragte Verhalten in den letzten drei Monaten gesehen und festgestellt hat.

Zur Item-Liste (Checkliste)
Die Erzieher/innen sollten möglichst vorurteilsfrei einschätzen. Es gibt bereits im Vorschulalter bestimmte „Ruf-Bilder", denen man nicht trauen kann („der Ängstliche", „der Aggressive", „der Langsame"). Die Einschätzenden müssen sich voll auf die jeweilige Aussage konzentrieren und diese so exakt wie möglich ankreuzen.

Zur Auswertung
Die Aussage wird mit 3, 2 oder 1 Punkt bewertet. Hier sind unbedingt die Umkehr-Items zu beachten. Zwar ist die Wissbegier mehrdimensional, aber nur ein Gesamtpunktwert wird berechnet. Die erreichten Punktwerte zeigen bereits große Unterschiede, auch wenn verbindliche Testnormen noch nicht vorliegen. Die angegebene Klassifikation „unterdurchschnittliche Wissbegier", „durchschnittliche Wissbegier", „überdurchschnittliche Wissbegier" ist vorläufig und basiert nur auf einem kleinen Stichprobenumfang.

Instruktion und Item-Liste der Vorschul-Erzieher/innen-Checkliste VEC
Diese Checkliste nennt Situationen, die das Verhalten von Kindern im Vorschulalter beschreiben. Bitte geben Sie für jede dargestellte Verhaltensweise an, wie häufig Sie diese bei dem betreffenden Kind in letzter Zeit (in den letzten drei Monaten) beobachtet haben (oft, manchmal, selten). Dabei kommt es vor allem darauf an, was das Kind *von sich aus versucht, und nicht so sehr, ob es alles wirklich schon alleine kann.* Beantworten Sie bitte alle Fragen, auch dann, wenn Sie sich nicht hundertprozentig sicher sind.

		oft	manchmal	selten
1.	... nimmt Spielzeug auseinander, um es besser kennenzulernen.			
2.	... fragt bei Problemen nach.			
3.	... untersucht unbekannte Pflanzen oder Kleintiere im Garten.			
4.	... bietet bei Problemen überraschende Lösungen an.			
5.	... fragt nach, wie Dinge funktionieren.			
6.	... probiert unbekanntes Spielzeug sofort aus.			
7.	... versucht selbst herauszufinden, woran es liegt, wenn ihm etwas nicht so gut gelingt.			
8.	... stellt Fragen über Personen, die das Kind noch nicht im Kindergarten gesehen hat.			
9.	... hat unterschiedliche Spielideen.			
10.	... möchte wissen, wie Naturereignisse zustande kommen.			
11.	... beschäftigt sich alleine über einen längeren Zeitraum mit einem bestimmten Gegenstand.			

		oft	manchmal	selten
12.	... beachtet unbekannte Personen nicht weiter und führt die begonnene Tätigkeit fort.			
13.	... fragt beim Spaziergang, wohin die verschiedenen Wege führen.			
14.	... will Geheimnisse sofort wissen.			
15.	... untersucht neue Dinge systematisch und zielstrebig.			
16.	... fragt nach der Bedeutung von Wörtern, die er/sie noch nicht gehört hat.			
17.	... fragt oft nach den Gründen des Handelns anderer Kinder.			
18.	... hört bei Gesprächen mit anderen Personen genau zu.			
19.	... geht auf neue Kinder in der Gruppe zu und möchte alles über diese Kinder herausfinden.			
20.	... sucht sich selbst neue und interessante Beschäftigungen.			
21.	... stellt häufig Warum-Fragen.			
22.	... schaut Dinge, die neu im Gruppenraum sind, genau an.			
23.	... fragt häufig nach den Gründen für bestimmte Regeln oder Gebräuche.			
24.	... spielt lieber mit bekannten Spielsachen, neue Spiele werden kaum beachtet.			
25.	... stöbert gerne in Kisten und Schubladen.			
26.	... fragt oft nach der Bezeichnung für ihm/ihr unbekannte Dinge.			
27.	... schaut anderen Kindern gerne bei ihrem Spiel zu.			
28.	... benützt neue Spielsachen nur so, wie sie erklärt wurden.			
29.	... braucht die Hilfe eines Erwachsenen, um ein neues Spiel/eine neue Tätigkeit zu beginnen.			
30.	... sucht außergewöhnliche Wörter, die es gehört oder selbst gebildet hat.			
31.	... findet gerne verschiedene Ergebnisse einer Spielaufgabe.			
32.	... nimmt gerne Dinge auseinander und setzt sie wieder zusammen.			
33.	... achtet auf ungewöhnliche Dinge.			
34.	... fragt häufig: „Was machst du da?“			
35.	... gibt sich mit einer einzigen Frage nicht zufrieden, möchte mehr wissen.			

		oft	manchmal	selten
36.	... hört bei Erklärungen gut zu.			
37.	... hat ein Lieblingsthema, über das er/sie immer mehr wissen möchte.			
38.	... mag Logikspiele oder knifflige Spiele.			
39.	... befolgt Anweisungen, ohne nach dem Grund zu fragen.			
40.	... probiert gerne Ursache→Wirkung aus.			
41.	... möchte die Funktion von Dingen verstehen.			
42.	... konzentriert sich sehr lange auf ein Thema bzw. einen Gegenstand.			
43.	... kommt auf ein interessantes Thema immer wieder zurück.			
44.	... beschäftigt sich nur mit Spielen, die für diese Altersstufe passen.			
45.	... fasst unbekannte Gegenstände gerne an.			

Auswertungsvorschrift der VEC (bitte anstreichen und dann addieren)

Item Nr.	Die zu vergebenden Punkte		
	oft	manchmal	selten
1	3	2	1
2	3	2	1
3	3	2	1
4	3	2	1
5	3	2	1
6	3	2	1
7	3	2	1
8	3	2	1
9	3	2	1
10	3	2	1
11	3	2	1
12	1	2	3
13	3	2	1
14	3	2	1
15	3	2	1
16	3	2	1
17	3	2	1

Item Nr.	Die zu vergebenden Punkte		
	oft	manchmal	selten
24	1	2	3
25	3	2	1
26	3	2	1
27	3	2	1
28	1	2	3
29	1	2	3
30	3	2	1
31	3	2	1
32	3	2	1
33	3	2	1
34	3	2	1
35	3	2	1
36	3	2	1
37	3	2	1
38	3	2	1
39	1	2	3
40	3	2	1

Item Nr.	Die zu vergebenden Punkte		
	oft	manchmal	selten
18	3	2	1
19	3	2	1
20	3	2	1
21	3	2	1
22	3	2	1
23	3	2	1

Item Nr.	Die zu vergebenden Punkte		
	oft	manchmal	selten
41	3	2	1
42	3	2	1
43	3	2	1
44	1	2	3
45	3	2	1

Kinder, die einen Punktwert zwischen 45 und 72 erreichen, gelten vorläufig als unterdurchschnittlich wissbegierig. Kinder, die einen Punktwert zwischen 73 und 109 erreichen, gelten vorläufig als durchschnittlich wissbegierig. Kinder, die einen Punktwert zwischen 110 und 135 erreichen, gelten vorläufig als überdurchschnittlich wissbegierig.

Zusammenfassung

Je jünger ein Kind ist, desto schwieriger ist es, ausgereifte Verfahren zur Neugieridentifikation einzusetzen. Im Säuglings- und Kleinkindalter ist man oft darauf angewiesen, gut das Verhalten zu beobachten. Als ertragreich erweist sich die Beobachtung des visuellen Wahrnehmungssystems. Je mehr ein neuer applizierter Reiz vom vertrauten Reiz abweicht, desto eher wird darauf reagiert. Sehr früh reagieren Kinder auf Gesichtsschemata (etwa mit fünf Monaten). Später lassen sich auch die Muster von Berlyne zur Neugieridentifikation einsetzen.

Ein weiterer Indikator kann frühes Kategorisierungslernen sein. Studien zeigen, dass bei Kindern schon vom vierten Monat an mit Kategorisierungslernen zu rechnen ist. Aus der Zuwendungsdauer erschließt man, ob das Kind eine schematische Repräsentation erworben hat.

Für das Kleinkind- und Vorschulalter haben wir eine Fremdeinschätzungsliste (Checkliste) für Kindergarten-Erzieher/innen vorgestellt. Hier werden typisches Neugierverhalten und explorative Handlungen von Kindergartenkindern von den Erzieher/innen erfragt. Das Ziel der Checkliste besteht darin, Kindergärtner/innen und Vorschulpädagog/innen eine wissenschaftlich geprüfte diagnostische Methode zur Verfügung zu stellen, die leicht handhabbar ist. Eine einfache Grobklassifikation ermöglicht es, die Neugier als hoch, mittel oder niedrig einzustufen. Die Ergebnisse lassen sich zur pädagogischen Förderung von Klein- bzw. Vorschulkindern verwenden.

3.4 Zur Messung der Wissbegier und des Erkundungsverhaltens im Grundschulalter

Zur Bestimmung der Wissbegier im Grundschulalter (3. bis 4. Schulstufe) legten Lehwald und Paternostro (2010) zwei Analysehilfen vor: die „Skala Schöpferische Tätigkeiten für das Primarschulalter – SST-P" und das „Handlungsverfahren Schöpferische Tätigkeiten für das Primarschulalter – HST-P". Die Methoden haben sich bewährt. Es ist darauf hinzuweisen, dass beide Verfahren für den österreichischen Sprachraum entwickelt wurden, das heißt, es gibt einige, wenn auch nur geringfügige sprachliche Besonderheiten. Dies sollte man berücksichtigen, wenn man die Verfahren in Deutschland anwendet. Nähere Angaben zu den statistischen Koeffizienten und den Überprüfungen der vorgestellten Methoden findet man in Lehwald und Paternostro (2010), Zlabinger (2007), Holzer (2006) und Paternostro (2006).

3.4.1 Die Skala Schöpferische Tätigkeiten für das Primarschulalter – SST-P

Wir brauchen für eine Untersuchung Deine Hilfe. Diese Arbeit ist sehr wichtig, daher bitten wir Dich, Deine Antworten ehrlich und sorgfältig zu geben.

Es gibt innerhalb und außerhalb der Schule Aufgaben, die man gerne erledigen würde, aber es gibt auch Dinge, die man nur ungern und zögernd ausführen mag.

Wir möchten nun von Dir wissen, welche Tätigkeiten Du gern – ☺ – und welche Du weniger gern – ☹ – machst.

Hier findest Du Beispiele, wo sich Kinder bereits entschieden haben:

	☺	😐	☹
eigene Sätze schreiben			X

Dieses Kind möchte nur sehr ungern eigene Sätze schreiben. Es kann dafür viele Gründe geben. Vielleicht hat es keine Ideen, was es schreiben könnte. Vielleicht fühlt es sich nicht sicher genug in der Rechtschreibung und hat Angst, einen Fehler zu machen.

	☺	😐	☹
eigene Sätze schreiben	X		

Dieses Kind würde sehr gern eigene Sätze schreiben. Es kann viele Gründe dafür geben. Vielleicht macht es ihm Freude, weil man sich da selbst etwas ausdenken kann.

	☺	😐	☹
eigene Sätze schreiben		X	

Dieses Kind ist sich nicht sicher, ob es gern etwas Eigenes schreiben oder lieber einen Text abschreiben würde. Auch dafür kann es verschiedene Gründe geben. Vielleicht schreibt es zwar gern eigene Sätze, hat aber Angst davor, beim selbständigen Schreiben Fehler zu machen.

Schätze bitte bei jeder Frage ehrlich ein, ob Du die Tätigkeit sehr gern oder sehr ungern ausführen würdest oder auch ob Du unentschlossen bist!

Mach bitte immer nur ein Kreuz!

Du brauchst Dich auch nicht zu sorgen, wie andere Kinder, Deine Freunde und Klassenkameraden entscheiden, denn jedes Kind denkt ja anders, und es gibt hier keine richtigen oder falschen Antworten.

Bevor Du loslegst, noch ein paar Fragen zu Dir:

Vorname: ______________________________

Alter: _____ Jahre _____ Monate

Klasse: _______ Schule: ______________________

Meine Lieblingsfächer sind ______________________

____

(bitte gib mindestens zwei an)

Und jetzt kommt der Fragebogen. Bitte kreuze das zutreffende Feld an:

		☺	😐	☹
1.	unbekannte Wege im Wald erkunden			
2.	neue Lieder dichten			
3.	sich ein Wettspiel ausdenken			
4.	sich selbst Ansagen gestalten			
5.	sich frei zu Musik bewegen			
6.	Ländernamen lernen			
7.	eigene Rechenwege finden			
8.	zu einem Lesetext zusätzliche Informationen suchen			
9.	Fantasiebilder zeichnen			
10.	Modelle zum Basteln entwickeln			
11.	in einem Text Wörter unterstreichen			
12.	ein eigenes Büchlein gestalten			

		☺	😐	☹
13.	anhand von Bildern herausfinden, wie Dinge in einer anderen Sprache heißen			
14.	selbst ausgedachte Sätze schreiben			
15.	im Computerlexikon nach lehrreichen Dingen suchen			
16.	aus einem Bilderbuch Bilder abpausen			
17.	mit Farben experimentieren			
18.	eigene Knobelfragen erfinden			
19.	Gegenstände genau abmessen			
20.	ein neues Musikstück ohne Hilfe einüben			
21.	für den Sachunterricht selbst Material sammeln			
22.	eine Fantasiegeschichte schreiben			
23.	Spielregeln neu aufstellen			
24.	bei einem Versuch zuschauen			
25.	unbekannte Länder auf der Landkarte suchen			
26.	einen Versuch alleine planen			
27.	Fragen zu einem Buch von der Tafel abschreiben			
28.	mit geometrischen Figuren Bilder entwerfen			
29.	Maße von Gegenständen schätzen			
30.	sich neue Rechenaufgaben ausdenken			
31.	eine Geheimschrift entwickeln			
32.	ein Spielzeug erfinden			
33.	ein eigenes Bild wie ein Künstler malen			

Danke für Deine Mithilfe!

Hinweise zur Interpretation
Die ermittelte Grobklassifikation (siehe weiter unten) basiert auf einer kleinen Normierungsstichprobe und muss mit methodischer Vorsicht gehandhabt werden. Das Verfahren ist schnell durchführbar, bedarf keiner zeitaufwendigen Vorbereitungen und lässt sich gut im Klassenverband oder in Gruppen durchführen. Für die Durchführung werden etwa 20 bis 30 Minuten benötigt; ein Zeitlimit zu setzen, ist jedoch nicht sinnvoll, da ja alle Fragen bearbeitet werden sollen und die Schüler/innen ausreichend Zeit zum sinnerfassenden Lesen der jeweiligen Frage haben sollten. Wichtig ist vor Beginn der Durchführung der Hinweis, dass es hier nicht darum geht, ob man die jeweiligen Aufgaben auch bewältigen kann, sondern nur darum, ob man sie gerne versuchen würde. ☺ steht für „diese Aufgabe möchte ich gerne machen“, 😐 für „diese Aufgabe ist

mir gleichgültig“, ☹ für „diese Aufgabe mag ich gar nicht“. Es ist darauf zu achten, dass alle Aufgaben bearbeitet werden. Anschließend wird anhand der Auswertungsvorschrift der Punktwert jeder Schülerin und jedes Schülers errechnet (siehe unten). Für die Wahl schöpferischer Tätigkeiten werden 3 Punkte vergeben, für die Wahl unschöpferischer Tätigkeiten 1 Punkt und für die Wahl „ist mir gleich“ 2 Punkte.

Auswertungsvorschrift für die SSTP			
Item Nr.	die zu vergebenden Punkte		
	☺	😐	☹
1	3	2	1
2	3	2	1
3	3	2	1
4	3	2	1
5	3	2	1
6	1	2	3
7	3	2	1
8	3	2	1
9	3	2	1
10	3	2	1
11	1	2	3
12	3	2	1
13	3	2	1
14	3	2	1
15	3	2	1
16	3	2	1
17	3	2	1
18	3	2	1
19	1	2	3
20	3	2	1
21	3	2	1
22	3	2	1
23	3	2	1
24	1	2	3
25	3	2	1
26	3	2	1
27	1	2	3

28	3	2	1
29	3	2	1
30	3	2	1
31	3	2	1
32	3	2	1
33	3	2	1

Grobklassifikation:
83 bis 89 Punkte: Selbständigkeitsstreben und Wissbegier hoch.
66 bis 82 Punkte: Selbständigkeitsstreben und Wissbegier durchschnittlich.
33 bis 65 Punkte: Selbständigkeitsstreben und Wissbegier niedrig.

3.4.2 Das Handlungsverfahren Schöpferische Tätigkeiten für das Primarschulalter – HST-P

Zur Prüfung der Wissbegier und des Erkundungsverhaltens mit einem Handlungsverfahren entwickelten Lehwald und Paternostro (2010) eine Methode für die dritte und vierte Schulstufe. Insgesamt sind es 13 paarige Items, wobei parallel ein Item angeboten wird, das geringe selbständige (unschöpferische) Tätigkeiten, und eines, das selbständige (schöpferische) Tätigkeiten abfordert. Dabei ist es nötig, dass die Schüler/innen die Aufgaben wirklich bearbeiten und nicht nur ankreuzen. Es geht beim HST also nicht nur um die Wahl, sondern auch um das Ausführen von Tätigkeiten. Bei der Punktvergabe allerdings ist es allein ausschlaggebend, welche Aufgabe das Kind aus dem angebotenen Aufgabenpaar ausgewählt hat. Die Ausführung kann mit berücksichtigt werden, beeinflusst aber die Punktvergabe nicht. Somit unterscheidet sich das HST als Motivationstest klar von Fähigkeitstests.

Das komplette Verfahren ist anwendungsbereit dargestellt in Lehwald und Paternostro, 2010, S. 22–35. Widmen wir uns nun der Frage, ob das HST-P wirklich gültig das misst, was es zu messen vorgibt, nämlich Tätigkeitsmotive und nicht etwa Intelligenz.

Bei unserem Vorgehen setzen wir auf Korrelationsberechnungen und Mittelwertsunterschiede. Die Testlehre hält noch weitere Statistiken bereit, auf die wir hier aber nicht weiter eingehen. Unsere Absicht bestand darin, das zu messende Merkmal „einzukreisen“ und aus den Ergebnissen heraus zu bestimmen, ob wir mit dem Verfahren wirklich Tätigkeitsmotive erfassen. Das Vorgehen wird in der Fachliteratur als *Konstruktvalidierung* bezeichnet. Dabei hofften wir, das Konstrukt immer besser zu beschreiben und schlussendlich Förderinformationen ableiten zu können.

Zur Gültigkeitsprüfung des „Handlungsverfahrens Schöpferische Tätigkeiten für das Primarschulalter - HST-P“ wendeten wir ein erweitertes Überprü-

Löse bitte immer nur eine Aufgabe! Kreuze zuerst an! ☒	
Diese Aufgabe finde ich besser ☐ oder:	Diese Aufgabe finde ich besser ☐.
Schreib 3 lustige Sätze über einen Pinguin.	Schreib folgenden Satz 3 Mal ab: *Pinguine leben nur auf der südlichen Erdhalbkugel.*
Meine Lösung:	Meine Lösung:

Löse bitte immer nur eine Aufgabe! Kreuze zuerst an! ☒	
Diese Aufgabe finde ich besser ☐ oder:	Diese Aufgabe finde ich besser ☐.
Denk Dir eine kleine Rechengeschichte aus und erkläre, wie sie gerechnet wird:	Schreib mindestens 10 Rechensätze auf, die Du kennst, zum Beispiel 1 x 1 = 1 oder 18 – 3 = 15:
Meine Lösung:	Meine Lösung:

Abbildung 3-1: Zwei Aufgaben aus dem Handlungsverfahren HST-P.

fungsmodell an (s. Abbildung 3-2). Voraussetzung für eine theoriegeleitete Validitätsprüfung ist ein Variablennetz, das aus Fragestellungen und Hypothesen zum Gegenstand aufgefächert wird. In diesem Variablenpool sind Vermutungen enthalten, wie die Überprüfungen ausfallen könnten. So gibt es *konstruktnahe* (+++) und *konstruktferne* (–––) Variablen. Bei den konstruktnahen Variablen erwarten wir eine eher stabile Korrelation, bei den konstruktfernen eine labile Korrelation. Darüber hinaus ist auch eine Nullkorrelation denkbar (+–).

Eine Betrachtung des evaluierten Variablennetzes zeigt statistisch vernünftige Beziehungen, die den Erwartungen entsprechen. So steht das HST-P erwartungsgemäß in enger Beziehung zur SST-P. Die divergenten Beziehungen zum Intelligenztest BBT einerseits und zum Kreativitätstest KVS-P andererseits sind verständlich, ist doch die Kreativitätsleistung höher mit intrinsischer Motivation „gesättigt" als die Intelligenz. Für die Kreativitätsleistung sind Tätigkeitsmotive unverzichtbar. Zum Leistungsmotivationstest gibt es negative Kor-

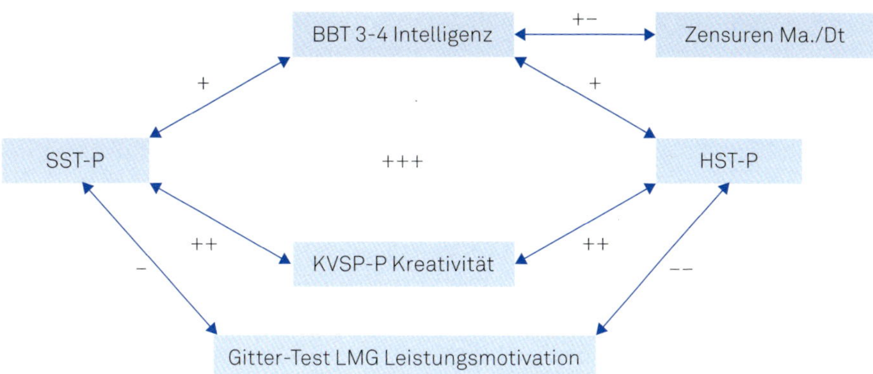

Abbildung 3-2: Variablennetz (Auszug) zur Überprüfung des HST-P. Positive Beziehungen unterschiedlicher Stärke sind mit +++ und negative Beziehungen mit −−− gekennzeichnet. Nichtvorliegen von Beziehungen wird durch +− wiedergegeben. (Lehwald, 2012a, S. 333.)
BBT 3-4: Bildungs-Beratungs-Test (Ingenkamp, 1999),
SST-P: Skala Schöpferische Tätigkeit für das Primarschulalter,
HST-P: Handlungsverfahren Schöpferische Tätigkeiten für das Primarschulalter,
KVS-P: Kreativitätstest für Vorschul- und Schulkinder (Krampen, 1996),
LMG: Leistungsmotiv-Gitter-Test (Schmalt, 1976).

relationen. Das entspricht der Faktenlage, so wie wir das in Kapitel 1 an mehreren Stellen erörtert haben. Warum sich in den Zensuren nicht die Intelligenz widerspiegelt, ist noch nicht ausreichend erklärbar. Offenbar spielen in der Grundschulzeit andere, nichtkognitive Faktoren bei der Zensierung eine stärkere Rolle (z. B. soziale Kompetenz).

Alles in allem kann man die Validierung als gelungen bezeichnen. Das „Handlungsverfahren Schöpferische Tätigkeiten für das Primarschulalter HST-P" erfasst wirklich Tätigkeitsmotive und kann deshalb für die Praxis empfohlen werden.

Abschließend noch einige Anwendungshinweise: Beim Handlungsverfahren HST-P müssen die Kinder entscheiden, welche Aufgabe sie lösen: entweder die schöpferische (kreative) oder die unschöpferische (unkreative). Aus der Wahl der entsprechenden Aufgabe und deren Lösungsversuch werden diagnostische Schlussfolgerungen gezogen, indem man entsprechende Punktwerte vergibt (vgl. Lehwald, 2012a, S. 334 ff.). Dabei können Probleme auftauchen:

- Das Kind muss im HST-P entscheiden, ob es die eine oder die andere Aufgabe als attraktiver empfindet. Manche Kinder entscheiden sich nur sehr schwer; gerade viele hochbegabte Kinder würden gern beide Aufgaben lösen.
- Das Kind muss frühzeitig bei der Aufgabenwahl abwägen, ob es die gewählte Aufgabe überhaupt lösen kann.

- Es braucht vielfach wesentlich mehr Mut, die schöpferische (kreative) Aufgabe zu wählen. Wer ein großes Sicherheitsbedürfnis hat bzw. ein großes Bedürfnis nach Anerkennung oder große Angst vor „Versagen", wird sich wesentlich schwerer für eine Aufgabe entscheiden, deren Ergebnis in den Augen des Pädagogen vielleicht nicht richtig ist. „Zum Wagnis, kreative Einfälle zu äußern (sie sind manchmal so ungewöhnlich, dass sie nicht gleich verstanden werden), bedarf es der kreativen Potentiale: Selbstsicherheit, Selbstvertrauen, Freiheit im Bewusstsein, Freiheit von Angst, Geduld, Toleranz, Dialogbereitschaft, Fähigkeit zum Erklären des (eruptiv geborenen) Gedankens" (Oswald, 2002, S. 53). Manche Schüler/innen lösen, um „richtige" Ergebnisse zu erzielen, nur die unschöpferischen Aufgaben. Hier wirkt eventuell der Schulalltag mit der aufgebauten Leistungsmotivation bereits negativ („Bloß keine Fehler machen").
- Bei vielen Aufgaben ist gutes Leseverständnis erforderlich, um die schöpferische (kreative) Aufgabe zu lösen. Das ist, zum Beispiel für nicht deutschsprachige Kinder, oft ein Hindernis.
- Oft braucht es auch mehr Zeit, die schöpferische (kreative) Aufgabe befriedigend zu lösen, als eine reine Abschreibübung oder Rechenoperation auszuführen.
- Und schließlich relativiert der letzte Sachverhalt das gesamte Ergebnis: Nicht die Wahl der Aufgabe ist unbedingt ausschlaggebend für kreatives Denken und Handeln, sondern die Art der Ausführung. Manche Kinder mit hoher Tätigkeitsmotivation lösen die unschöpferischen (unkreativen) Aufgaben auf außergewöhnlich kreative Art und Weise und/oder ergänzen sie, und andere lösen die schöpferischen Aufgaben sehr einfach und schlicht.

Nach Auswertung der vorliegenden Daten können wir feststellen, dass die vorgestellten Verfahren beim Erfassen von Wissbegier als Basismotiv für kreatives Denken und Handeln von Grundschulkindern wertvolle Hilfen darstellen und somit zur Früherkennung von Motiven begabter Kindern beitragen können. Engagierte Lehrer/innen sind aufgerufen, rechtzeitig differenzierte Fördermaßnahmen für solche Kinder festzulegen, damit deren wertvolles kognitives Potential nicht verkümmert und beständig die Motivation erhalten bleibt, individuelle Neuleistungen auf hohem Niveau zu vollbringen (siehe auch Kapitel 4).

Zusammenfassung

Für das Grundschulalter haben wir zwei Verfahren vorgestellt, die gemeinsam mit Mitarbeiter/innen neu entwickelt wurden: die „Skala Schöpferische Tätigkeit – SST" und ein „Handlungsverfahren Schöpferische Tätigkeiten – HST". Bei der Skala SST werden schöpferische (kreative) Tätigkeiten und unschöpferische (nicht kreative) Tätigkeiten angeboten. Hier kommt es für die Schüler/innen darauf an, die Lieblingstätigkeiten herauszusuchen und auf einer Intensitätsskala zu bewerten. Beim Handlungsverfahren dagegen müssen die ausgesuchten Tätigkeiten auch ausgeführt werden. Bewertet wird dabei nur die Auswahl, nicht die Güte der Aufgabenlösung. Für beide Verfahren liegt eine vorläufige Grobklassifikation vor. Exemplarisch wird gezeigt, wie eine Konstruktvalidierung durchzuführen ist und welche neuen Forschungsfragestellungen daraus erwachsen.

3.5 Diagnostik des Erkenntnisstrebens und der Informationssuche im Sekundarschulalter

3.5.1 Der Fragebogen Erkenntnisstreben – FES

Der „Fragebogen des Erkenntnisstrebens" hat eine lange Forschungsgeschichte. Den Entwurf haben wir bereits 1985 vorgelegt, dann immer wieder aktualisiert und 2007 als Untertest in die „Münchner Hochbegabungstestbatterie für die Sekundarstufe" (Heller & Perleth, 2007b) aufgenommen. Er existiert als Langform mit 40 Items und seit 2009 auch als Kurzform mit 23 Items. Wir stellen hier nur die Langform dar, denn die Kurzform liegt anwendungsbereit vor (Lehwald, 2009).

Erkenntnisstreben spielt in der Entwicklung eines Menschen eine zentrale Rolle und gilt als wichtige Antriebskraft für die Eigentätigkeit des Kindes in seiner Auseinandersetzung mit der Umwelt (vgl. Unterkapitel 1.2 und 1.4). Es handelt sich um einen motivationalen Zustand, ausgelöst von einem interessierenden Gegenstand, der Kinder veranlasst, durch gezielte Informationssuche neue Informationen aufzunehmen. Äußeres Kennzeichen der Motiviertheit sind hohe Anstrengungsbereitschaft und umfassendes Interesse am tiefgründigen Kenntniserwerb.

Im Unterkapitel 1.2 sind wir bereits auf Prozessmerkmale des Erkenntnisstrebens eingegangen: Schüler/innen, die nach Erkenntnis streben, haben Interesse am Lernziel, aber auch Interesse an den Verfahrensmöglichkeiten, das Ziel zu erreichen. Damit wird das Erkenntnisstreben ein Basismotiv produktiver Lerntätigkeiten, das besonders bei begabten Kindern und Jugendlichen imponiert. Im engen Zusammenspiel mit kognitiven Leistungsvoraussetzungen kann das Erkenntnismotiv zu individuellen Höchstleistungen führen. Versucht man, Anzeichen des Erkenntnisstrebens auf Mikroebene zu bestimmen, ergibt sich folgendes Bild (s. Abbildung 3-3).

Die in der Grafik dargestellten Merkmale des Erkenntnisstrebens stellten für die Konstruktion unseres Fragebogens FES zentrale Ankerreize dar. Der bereits vorhandene Itempool wurde durch offene Befragungsergebnisse erweitert, die wir bei begabten Schülerinnen und Schülern erhoben. Anschließend wurde die Rohform des Fragebogens Experten vorgelegt, die die verfügbaren Items vorgegebenen Kategorien zuordneten. So war es möglich, bereits auf die-

Abbildung 3-3: Schüler mit hohem Erkenntnisstreben (Lehwald, 2009, S. 22; Bildgrafik von http://extraweg.com/clothing/shop/blauer-streber/, abgerufen am 23.01.2016).

ser Stufe der Verfahrensentwicklung Vorinformationen über die Abgrenzbarkeit der hypothetischen Kategorien zu gewinnen. Wie bei Fragebogen allgemein üblich, unterzogen wir die Rohform anschließend einer differenzierten Aufgabenanalyse und sonderten anhand von Kennwerten die nicht geeigneten Items aus. Abschließend wurden verschiedene Faktoranalysen gerechnet, um Zusatzinformationen über die Güte der Items und die dimensionale Struktur des Verfahrens zu erhalten. Weitere Informationen über die statistischen Kennwerte kann der interessierte Leser, die interessierte Leserin dem Handbuch der „Münchner Hochbegabungstestbatterie für die Sekundarstufe“ entnehmen (Heller & Perleth, 2007b).

Das Erkenntnisstreben, und das sei betont, ist Bestandteil einer Motivationsstruktur und erreicht seine aktivierende Kraft in Wechselwirkung mit extrinsischen und leistungsorientierten Motiven. Die Unterdrückung des kognitiven Interesses (Erkenntnisinteresses) kann zu weitreichenden Folgen wie Minderleistung und Motivationsschwund führen. Aus diesem Grund wird im Kapitel Motivationsförderung (Kapitel 4) auf die Verhinderung von Underachievement bei hochbegabten Schüler/innen nochmals eingegangen (siehe auch das Entwicklungsfenster Unterkapitel 2.3)

FES-S

Auf den Seiten findest Du eine Reihe von Aussagen. Du sollst entscheiden, ob sie für Dich stimmen oder nicht stimmen. Dabei ist es nicht so wichtig, ob Du die beschriebene Aufgabe (Tätigkeit) beherrschst; sondern es geht darum, ob Du sie *gern ausführen* möchtest.

Nachfolgend findest Du Beispiele, bei denen sich Schüler/innen bereits entschieden haben:

Aussage	stimmt	stimmt nicht
Es macht mir keinen Spaß, ein Kreuzworträtsel zu lösen.	X	

Dieser Schüler oder diese Schülerin löst nicht gern Kreuzworträtsel. Es mag viele Gründe geben. Vielleicht strengt es sie zu sehr an, oder sie sind nicht interessiert.

Nachfolgend ein anderes Beispiel:

Aussage	stimmt	stimmt nicht
Bücher über fremde Länder interessieren mich.		X

Der Schüler oder die Schülerin interessiert sich nicht für fremde Länder. Vielleicht lesen sie lieber Bücher über andere Themen.

Die nun folgenden Aussagen sollst Du also jedes Mal danach einschätzen:

Ich würde es gern tun – dann musst Du *stimmt* ankreuzen.

Ich würde es nicht gern tun – dann musst Du *stimmt nicht* ankreuzen.

Bitte setze für jede Aussage nur *ein* Kreuz.

Es ist unnötig, zum Nachbarn zu sehen. Jeder denkt über die Aussage anders. Es gibt ja hier keine richtigen und falschen Antworten, nur ehrliche und unehrliche. Deine Aussagen sind für uns nur wertvoll, wenn Du die Wahrheit sagst.

Bevor Du loslegst, noch ein paar kleine Fragen zu Dir:

Mein Vorname ist ____________________

Ich bin __________ Jahre alt.

Meine Schule heißt ____________________

und ist in ____________________

Meine Lieblingsfächer sind ____________________

(mindestens 2 angeben)

Die besten Zensuren habe ich in ____________________

____

Und jetzt kommt der Fragebogen. Zutreffendes bitte ankreuzen!

Aussage	stimmt	stimmt nicht
1. Mein Ehrgeiz lässt es nicht zu, weniger zu wissen als andere.		
2. Mit Spannung verfolge ich die Leistungen in der Weltraumforschung.		
3. Es bereitet mir Vergnügen, einen Lehrsatz zu beweisen.		
4. Ich suche in der Bücherei nach Büchern, die den Unterrichtsstoff erweitern.		
5. Wenn mir Aufgaben nicht zusagen, verliere ich schnell die Lust.		
6. Mir ist es ein Bedürfnis, mich mit lehrreichen Dingen zu beschäftigen.		
7. Wenn ich sehe, was andere leisten, dann meine ich, dass ich alles daransetzen muss, um besser zu sein als sie.		
8. Wenn ich einen mir unbekannten Werkstoff sehe, bastle ich gerne damit, um dessen Eigenschaften zu erkennen.		
9. Wenn mir eine schwierige Aufgabe gestellt wird, verschiebe ich die Lösung auf später.		
10. Weil das Lernen mich langweilt, fühle ich mich nur am Wochenende wohl.		
11. Ich will stets den Zusammenhang zwischen verschiedenen Geschehnissen begreifen.		
12. Denksportaufgaben strengen mich an, deshalb mag ich sie nicht.		
13. Ich habe schon gelernt, um die Lösung einer Aufgabe zu kämpfen.		
14. Es fällt mir schwer, eine Arbeitsgemeinschaft zu leiten.		
15. Technische oder wissenschaftliche Zeitschriften kenne ich gut.		
16. Es würde mich begeistern, ein neues Gerät zu entwerfen.		
17. Mich stört es, wenn mich meine Freunde zu einem Problem um Rat fragen.		
18. Es drängt mich immer wieder, mehr zu können als andere.		
19. Es strengt mich sehr an, einen Schülervortrag auszuarbeiten.		
20. Ich fürchte von vornherein Schwierigkeiten, die sich bei der Lösung eines Problems ergeben.		
21. Von den Menschen meiner Umgebung möchte ich gern alles wissen.		

Aussage	stimmt	stimmt nicht
22. Mich könnte ein Abenteuerfilm von der Erledigung einer wichtigen Hausaufgabe abhalten.		
23. Oft versuche ich mich an experimentellen Aufgaben, die ich selbständig durchführen kann.		
24. Ich habe kein Interesse daran, ein Radio oder eine Uhr auseinanderzunehmen und zu untersuchen.		
25. Fleiß ist nie meine Stärke gewesen.		
26. Ich gebe nicht eher Ruhe, bis ich eine Aufgabe erfolgreich beendet habe.		
27. Mir fehlt oft die Geduld, eine komplizierte Aufgabe zu Ende zu führen.		
28. Wenn ich eine neue Erfindung sehe, versuche ich herauszufinden, wie sie funktioniert.		
29. Im Fernsehen interessieren mich Berichte über ferne unbekannte Länder.		
30. Ein Quiz auszudenken wird nie meine starke Seite werden.		
31. Selbständig zu erledigende Aufgaben übernehme ich ungern.		
32. Wenn ich im Unterricht etwas nicht verstanden habe, informiere ich mich in Nachschlagewerken.		
33. Problemen, die meine ganze Kraft erfordern, gehe ich aus dem Weg.		
34. Ich könnte bestimmt bessere Leistungen erreichen, aber ich bin ein bisschen willensschwach.		
35. Ich habe mir schon häufig wissenschaftliche Taschenbücher besorgt.		
36. Ich möchte gern einmal als Forscher arbeiten.		
37. Probleme, die ich noch nicht gelöst habe, versuche ich zu ergründen.		
38. Ich würde gerne zum Mond fliegen, auch wenn es sehr anstrengt.		
39. Ich habe mich schon als kleines Kind nicht gern angestrengt.		
40. Wenn ich ein paar Tage gefaulenzt habe, drängt es mich, Versäumtes nachzuholen.		

Falls man den FES innerhalb der „Münchner Hochbegabungstestbatterie“ einsetzt, benutzt man die dazugehörige Auswertungssoftware. Die Richtig/Falsch-Antworten der Schüler/innen werden direkt in das computergestützte Auswertungsprogramm eingegeben und dort verrechnet. Gemäß der Altersstufe wählt man dann die entsprechenden Testnormen aus. Das FES-Resultat erscheint auf einem Profilblatt, gemeinsam mit anderen eingesetzten Testverfahren und Fragebogen.

Wir haben in Tabelle 3-1 einen Auszug dargestellt. Unser Beispielschüler erreicht im FES 26 Rohpunkte, das sind nach Transformation in die TNorm der 9. Klassenstufe 58 Standardpunkte. Der Normalbereich reicht von 40 bis zu 60 Punkten. Der Schüler ist demnach durchschnittlich erkenntnisstrebig.

Tabelle 3-1: Beispiel aus der MHBT-S

Missing	Rohwert	Norm	MHBT-S – Münchner Hochbegabungstestbatterie – Sekundarstufe – (KFT-HB 9 Form A)													
			Klasse 9 – T-Werte (50 + 10z)													
			min				-s		m		+s				max	
			20	25	30	35	40	45	50	55	60	65	70	75	80	
																Fragebogen des Erkenntnisstreben
0	26	58								O						

Falls man den „Fragebogen Erkenntnisstreben“ außerhalb der MHBT-S einsetzt, muss man nachfolgende Auswertungsvorschrift anwenden:

Auswertungsvorschrift FES-S (Lehwald, 1999)

Der Fragebogen hat zwei getrennte Dimensionen: „Kognitive Anstrengungsbereitschaft – KAB“ und „Interesse Selbständiger Kenntniserwerb – ISK“. Für jede kann man einen Punktwert bestimmen. Ein Punkt wird immer dann gegeben, wenn die Anstreichung mit der nachfolgenden Vorschrift übereinstimmt.

KAB (Höchstpunktzahl 14)

1 (stimmt), 5 (stimmt nicht), 7 (stimmt), 9 (stimmt nicht), 12 (stimmt nicht), 13 (stimmt), 18 (stimmt),19 (stimmt nicht), 25 (stimmt nicht), 26 (stimmt), 27 (stimmt nicht), 34 (stimmt nicht), 39 (stimmt nicht), 40 (stimmt)

ISK (Höchstpunktzahl 26)

2 (stimmt), 3 (stimmt), 4 (stimmt), 6 (stimmt), 8 (stimmt), 10 (stimmt nicht), 11 (stimmt), 14 (stimmt nicht), 15 (stimmt), 16 (stimmt), 17 (stimmt nicht), 20 (stimmt nicht), 21 (stimmt), 22 (stimmt nicht). 23 (stimmt), 24 (stimmt nicht), 28 (stimmt), 29 (stimmt), 30 (stimmt nicht), 31 (stimmt nicht), 32 (stimmt), 33 (stimmt nicht), 35 (stimmt), 36 (stimmt), 37 (stimmt), 38 (stimmt)

Das Erkenntnisstreben ist als Einheit von kognitiver Anstrengungsbereitschaft (KAB) und Interesse am selbständigen Kenntniserwerb (ISK) definiert. Man kann einen Gesamtpunktwert „Erkenntnisstreben“ berechnen, indem man beide Teilpunktwerte addiert (KAB + ISK). Die Normtabellen der MHBT-S bieten unterschiedliche Standardwerte für die Umrechnung der Rohwerte an. Ein Transponieren in CWerte, TWerte oder auch IQ-Werte ist jederzeit möglich. So lässt sich der Einzelfall mit der Gesamtheit von Schüler/innen der Klassenstufen 5 bis 13 vergleichen und bei Bedarf ein individuelles Profil erstellen.

Gütekriterien und Validität des FES

Im Manual der „Münchner Hochbegabungstestbatterie – MHBT-S" findet man auf den Seiten 57 bis 61 die Güte-Kennwerte des Verfahrens dargestellt. Wir entnehmen, dass Objektivität und Reliabilität gut bis befriedigend ausfallen. Zur Berechnung der Kriteriumsvalidität wurde der FES mit Schulleistungen und außerschulischen Aktivitäten in Beziehung gebracht. Am höchsten korrelierte der FES mit den naturwissenschaftlichen Fächern bzw. der Mathematiknote. Mit den außerschulischen Aktivitäten bestehen erwartungsgemäß hohe Zusammenhänge, da die Freizeitaktivitäten in erster Linie vom Interesse bestimmt sind. Am engsten sind die Zusammenhänge mit den naturwissenschaftlichen Aktivitäten (zwischen $r = 0.45$ und $r = 0.71$) und zu Technik-Aktivitäten ($r = 0.37$ bis $r = 0.45$).

Zur Abschätzung der Konstruktvalidität wurde der FES zu konstruktnahen und konstruktfernen Variablen in Beziehung gesetzt. Die Konstruktvalidierung bezieht viele methodische Wege mit ein, etwa die logische Analyse, empirisch-korrelationsstatische und experimentelle Ansätze. Ziel ist es, das Motiv Erkenntnisstreben über die Validierung näher zu beschreiben und seine Merkmalsweite zu bestimmen (Lehwald, 2000).

Als ein Beispiel beschreiben wir eine Validierung, die auf Handlungsindikatoren fußt. Dazu greifen wir nochmals den weiter oben ausgeführten Gedanken der Handlungsindikatoren auf und beziehen ihn auf das Erkenntnisstreben (vgl. hierzu auch Unterkapitel 1.2 und 1.4): Erkenntnisstrebige versuchen über eine gezielte Aneignung theoretischer Informationen, selbständig die für den Aufgabentyp geltenden Gesetzmäßigkeiten zu finden. Sie haben Interesse am Ziel, aber auch Interesse an den Verfahrensmöglichkeiten, das Ziel zu erreichen.

Es war demnach wichtig, ein experimentelles Paradigma zu finden, bei dem wir die eben genannten Handlungsindikatoren des Erkenntnisstrebens (Suchen und Aneignen von Gesetzesinformationen) erfassen konnten. Wir entschieden uns, die Waagebalken-Aufgaben von Piaget und Inhelder heranzuziehen (vgl. Siegler, 1991), und stellten die Anforderungen so, dass den Versuchspersonen (Schülerinnen und Schülern der sechsten Klassenstufe) ständig Möglichkeiten zur freizügigen Informationssuche offenstanden. Je nach gestelltem Problem konnten sie globale Gesetzesinformationen und/oder spezielle Aufgabeninformationen suchen. Dafür ein Beispiel aus dem „Diagnostischen Programm Waagebalken" (vgl. hierzu die schematisierte Darstellung in Abbildung 3-4).

In einer Aufgabe wird das Waagebalkenproblem so dargestellt, dass es durch Veränderung der Hebelarmlänge lösbar wird. Wählt die Versuchsperson zur Lösung globale Gesetzesinformationen aus, so wird ihr in einem speziellen Lernprogramm (Informationssuchstrecke) erläutert, dass durch die Veränderung der Angriffspunkte an einem beliebigen Hebel die Kräfteverhältnisse generell an jedem Waagebalken veränderbar sind. Bevorzugt die Versuchsperson dagegen spezielle Aufgabeninformationen, so wird ihr dargelegt, dass die Kraft beim Nach-außen-Hängen der Gewichte größer, beim Nach-innen-Hängen geringer wird. Es werden also keine Gesetze erläutert, sondern nur Empfehlungen gegeben (sogenannte Tipps), wie die konkrete Aufgabe am schnellsten zu lösen ist. Bei der Konstruktion der Waagebalkenaufgaben erschien es uns wichtig, die gegebene Information inhaltlich vergleichbar zu gestalten und nur das Konkretheitsniveau (global bis speziell) zu variieren.

Ausgewertet wurden die Anzahl der gewählten globalen Items (Gesetzesinformationen) und die Anzahl der gewählten speziellen Items (Aufgabeninformationen). Es zeigte sich, dass erkenntnisstrebige Schüler/innen häufiger globale Gesetzesinformationen suchten als spezielle Aufgabeninformationen (Tipps). Um Lerneffekte zu kontrollieren, führten wir zusätzlich zum Programm einen Prätest und einen Posttest durch. Die Posttestwerte der mit dem FES diagnostizierten Schüler/innen liegen durchweg höher als die Prätestwerte. Die Ergebnisse sind ein interessanter zusätzlicher handlungsbezogener Validitätsnachweis für den FES.

Insgesamt scheint der FES insbesondere im Bereich der Naturwissenschaften, der Freizeitaktivitäten und der schulischen „Nebenfächer" Hinweise auf spätere Leistungen zu geben, wobei der Zusammenhang nicht altersabhängig, sondern eher abhängig vom Vertrautheitsgrad zum Fachgebiet zu sein scheint. Erkenntnisstreben fällt also mit hoher Leistungsmotivation und Leis-

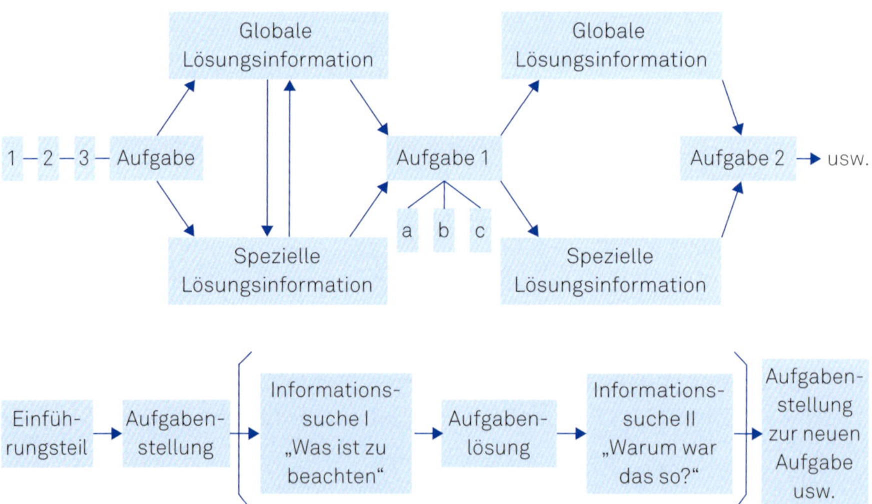

Abbildung 3-4: Darstellung einer von fünf möglichen Sequenzen im „Diagnostischen Programm Waagebalken" (Lehwald, 2000, S. 220).

tungsbereitschaft zusammen, und die Beziehung von Leistungsbereitschaft und Erkenntnisstreben wird mit zunehmendem Alter immer enger. (Heller & Perleth, 2007b, MHBT-Handbuch, S. 61).

3.5.2 Das Bilderverfahren Erkenntnisstreben – BVE

In diesem Abschnitt stellen wir den Prototyp eines situationsbezogenen Bilderverfahrens vor, der vielleicht zur gestalterischen Nachahmung animiert. Das ursprüngliche Ziel der Verfahrensentwicklung bestand erstens darin, durch eine Kombination von Bildmaterial und Fragebogen (hier Items des „Fragebogens Erkenntnisstreben - FES") die bei Selbsteinschätzungsmethoden häufigen unerwünschten Nebenwirkungen zu mildern (z.B. Normanpassung, Antwortstile). Zweitens erzielt eine bildliche Darstellung die Thematisierung und Konkretisierung einzelner Items des Fragebogens. Drittens erzeugt das „Bilderverfahren" beim Betrachter eine hohe Identifikation, weil die im Bild dargestellten Sachverhalte kompatibel mit der Realität von Schulkindern sind. Das Bildmaterial sollte wie folgt gestaltet sein:

- Jedes Bild sollte dem Betrachter einen hohen Interpretationsspielraum lassen, aber dennoch einen deutlichen Bezug zum Motiv Erkenntnisstreben aufweisen.
- Jedem Bild sollten nach Möglichkeit Handlungsabläufe zu entnehmen sein, bzw. der Betrachter sollte aufgrund seiner Erfahrung solche vermuten.
- Die Betrachter selbst sollten sich mit dem Bildmaterial identifizieren. Das geschieht am besten, indem man sie dazu anhält, mitzudenken, die Situation mitzuerleben und für sich persönlich Entscheidungen zu treffen (vgl. Petermann & Petermann, 1997).
- Der oder die Handelnde sollte im jeweiligen Bild deutlich erkennbar sein. Wenn das aufgrund der Bildkomposition nicht möglich ist, weisen wir im Itempool entsprechend darauf hin.

Abbildung 3-5 zeigt ein Beispiel aus dem 10 Bilder umfassenden „Bilderverfahren" (Lehwald, 1985).

Wie wertet man das „Bilderverfahren Erkenntnisstreben" aus? Die eigenschaftsbezogene Auswertung ist leicht. Alle Items des Verfahrens werden nach einem Antwortschlüssel bewertet und über alle 10 Bilder hinweg in einem Gesamtpunktwert addiert. Faktoranalytisch wurden wie im „Fragebogen Erkenntnisstreben - FES" zwei Dimensionen ermittelt: Skala 1: Interesse am selbständigen Kenntniserwerb; Skala 2: Kognitive Anstrengungsbereitschaft. Um das Verfahren situationsbezogen auswerten zu können, waren Voranalysen nötig. Eine Bilddimensionierung war zu versuchen, die sich an typischen Situationsmerkmalen orientiert. Dazu setzten wir das Verfahren bei 321 Schüler/innen der 7. und 8. Klassenstufe ein und ermittelten für jedes der 10 Bilder einen Einzelge-

Der Schüler denkt:	Zutreffendes ankreuzen	
Es bereitet mir Vergnügen, einen Lehrsatz zu beweisen.	R	F
Wenn mir die Aufgaben nicht zusagen, verliere ich schnell die Lust.	R	F
Das Knobeln strengt mich an, deshalb lasse ich es lieber sein.	R	F
Ich habe schon gelernt, um die Lösung einer Aufgabe zu kämpfen.	R	F
Ich fürchte von vornherein Schwierigkeiten, die sich bei der Lösung eines Problems ergeben.	R	F
Ich denke mir gern Fragen zu einer Aufgabe aus.	R	F
Wenn es darum geht, ein Problem zu lösen, bin ich meistens der Letzte, der es aufgibt, daran herumzuknobeln.	R	F
Ich bin leicht verärgert, wenn mir eine Aufgabe nicht hundertprozentig gelingt.	R	F
Ich finde am liebsten die Lösung eines Sachverhalts allein.	R	F

Abbildung 3-5: Ein Beispiel aus dem „Bilderverfahren Erkenntnisstreben – BVE“ (Lehwald, 1985).

samtpunktwert. Darauf aufbauend wurden Faktoranalysen über Situationen hinweg berechnet. Das Ziel bestand darin, die Bilddimensionen nochmals zu überprüfen und gleichzeitig Hinweise für eine situationsspezifische Auswertung zu erhalten. Wir fanden drei relativ gut interpretierbare Faktoren:

1. Faktor: Experimentieren (Bildsituationen in den Bildern 1, 4, 7 und 10),
2. Faktor: Knobeln (Bildsituationen in den Bildern 3, 5 und 8),
3. Faktor: Weiterbilden (Bildsituationen in den Bildern 2, 6 und 9).

Möglich wurden die empirischen Bildanalysen erst, und das sei betont, indem wir die Antwortmuster der Fragebogen einbezogen. Aufgrund der Voranalysen ist nun eine situationsbezogene Auswertung des Verfahrens möglich. Sie erfolgt bildbezogen, dimensionsbezogen und Item-bezogen. Zur bildbezogenen Auswertung berechnet man für jedes Bild getrennt einen Gesamtpunktwert (1 bis 10) dafür, was man als „bereichsspezifisches Erkenntnisstreben" bezeichnen könnte. Trotz eingeschränkter Reliabilität (geringem Testumfang) eignet sich diese Auswertung besonders dann, wenn man intraindividuelle Schwankungen bei der Testbearbeitung sichtbar machen will. Zur dimensionsbezogenen Auswertung des „Bilderverfahrens" berechnet man die Gesamtpunktwerte für die oben ermittelten Anforderungsbereiche Experimentieren, Knobeln und Weiterbilden. Ein Beispiel verdeutlicht die Nützlichkeit eines solchen Vorgehens (s. Abbildung 3-6).

Verglichen werden zwei Versuchspersonen, die im Summenscore gleiche Punktzahlen erhalten. Die Versuchsperson 1 (Vp 1) erhält im Anforderungsbereich Experimentieren 22 Punkte (Vp 2 dagegen 21), im Anforderungsbereich Knobeln 13 Punkte (Vp 2: 18) und im Anforderungsbereich Weiterbilden 16 Punkte (Vp 2: 12). Der Vergleich macht auf Unterschiede in den angezielten Situationsbereichen des „Bilderverfahrens" aufmerksam. Bei jeder Untersuchung muss geprüft werden, welche diagnostische Aussagekraft diesen Diffe-

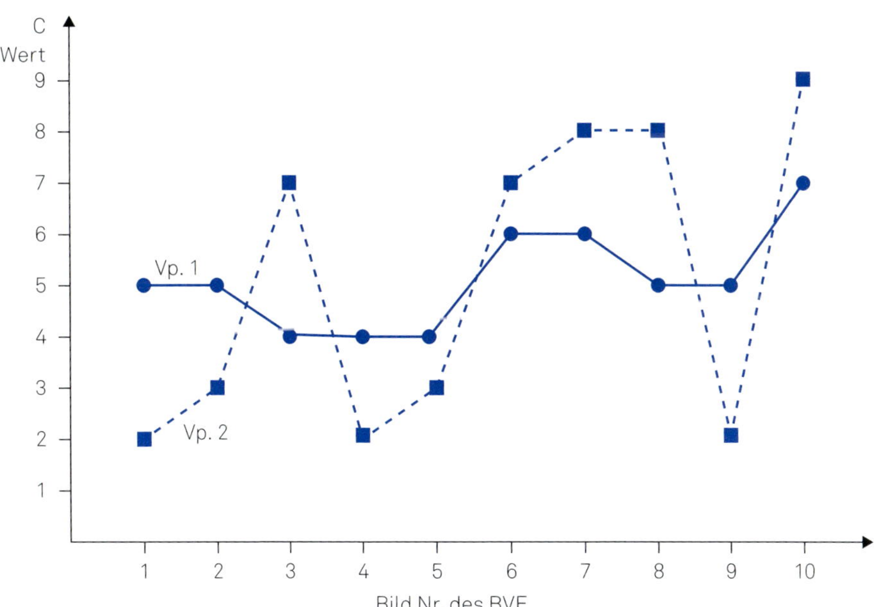

Abbildung 3-6: Bildbezogene Auswertung des „Bilderverfahrens Erkenntnisstreben – BVE" bei zwei Schülern mit gleichem Summenpunktwert. Zur besseren Vergleichbarkeit sind die Rohpunkte in die C Skala transformiert.

renzen wirklich zukommt. Die Item-bezogene Auswertung fußt dagegen auf dem Vergleich identischer Items unter verschiedenen Bildern. Der Grad der Übereinstimmung kann für die Einzelfallanalyse hochinteressant sein. Wenn eine Schülerin oder ein Schüler nur eine geringe Anzahl identischer Items gleichsinnig beantwortet, so ist zu vermuten, dass das untersuchte Persönlichkeitsmerkmal wenig habitualisiert ist. Sie bzw. er reagiert situationsspezifisch. Eine hohe Anzahl übereinstimmender Antworten kann ein Fingerzeig für eine hohe personale Situationsinvarianz sein.

In unseren weiteren Arbeiten am „Bilderverfahren" haben wir die intrinsische Anstrengungskomponente herausgehoben und stärker betont. Die Anstrengungsbereitschaft gehört gemäß unserer Konzeption zu den Antrieben, die direkt aus dem Tätigkeitsgegenstand erwachsen. Die Items eines neu entwickelten „Bilderverfahrens Anstrengungsbereitschaft – BVA" erfassen folgende Bereiche: Neigung, Schwierigkeiten zu überwinden; an einer Aufgabe dranbleiben; geringe Belastung beim Problemlösen verspüren; aufgabenbezogener Fleiß; hohe Willensstärke im Spezialgebiet; hoher an sich selbst gestellter Anspruch. Das Verfahren wurde als Heft 2 der Handreichungen zur Differenzierung von Lern, Trainings- und Motivierungsprozessen des ÖZBF anwendungsbereit veröffentlicht (Lehwald 2009) und kann direkt aus dem Internet heruntergeladen werden (http://www.oezbf.at/cms/tl_files/Publikationen/Veroeffentlichungen/lehwald_2small.pdf).

Zusammenfassung

In diesem Unterkapitel wurden zwei Verfahren präsentiert: der „Fragebogen Erkenntnisstreben – FES" und das „Bilderverfahren Erkenntnisstreben – BVE".

Der „Fragebogen Erkenntnisstreben" hat eine lange Forschungsgeschichte. Er besteht aus 40 Items, die in ihrer Gesamtheit das Interesse am selbständigen Kenntniserwerb und die intrinsische Anstrengungsbereitschaft erfassen. Einige Items des FES sind mit dem Merkmal „Affektiv-emotionales Beteiligtsein (Flow)" verbunden. Das zu diagnostizierende Erkenntnisstreben ist ein Basismotiv produktiver Lerntätigkeiten. Im engen Zusammenspiel mit kognitiven Leistungsvoraussetzungen (z.B. Intelligenz, Gedächtnis, Aufmerksamkeitsspanne) kann das Erkenntnisstreben zu individuellen Höchstleistungen führen. Aus diesem Grund wurde das Verfahren in die „Münchner Hochbegabungstestbatterie für die Sekundarstufe" (Heller & Perleth, 2007b) aufgenommen. Untersuchungsergebnisse in großer Zahl liegen vor, die über die Jahre hinweg die Brauchbarkeit des FES eindrucksvoll belegen. Wir stellten eine Untersuchung dar, die man als experimentelle Validierung bezeichnen könnte.

Das „Bilderverfahren Erkenntnisstreben – BVE" ist eine bildhafte Konkretisierung des Fragebogens FES. Das Ziel der Verfahrensentwicklung bestand darin, durch eine Kombination von Bildmaterial und Fragebogen die bei Selbsteinschätzungsmethoden häufigen unerwünschten Nebenwirkungen (z.B. Normanpassung, Antwortstile) zu mildern. Anhand von Beispielen demonstrierten wir die Vorteilhaftigkeit einer bildbezogenen Auswertung. Eine Weiterentwicklung von Bilderverfahren zur Erfassung von Anstrengungsbereitschaft (BVA) wurde kurz erwähnt.

3.6 Interessendiagnostik und Hochbegabung

Es überrascht, wie wenig die Diagnostik bislang auf Interessen Bezug nimmt, obwohl deren Bedeutung für die Begabungsentwicklung bekannt ist (Heilmann, 1999). Die meisten diagnostischen Verfahren zur Erfassung des Interesses sind im weiteren Sinne auf die Eignungsdiagnostik und im engeren Sinne auf die Berufsfindung ausgerichtet. Dabei böten doch die je unterschiedlichen Begabungsformen gute Ansatzpunkte für die Interessenerfassung. Es gilt leider immer noch die Einschätzung von Heller und Perleth (1991), dass viele der Interessentests in Zusammenhang mit Hochbegabung wenig aussagekräftig sind.

Will man Interessen von hochbegabten Schüler/innen bestimmen, so ist man auf eine Kombination von Intelligenztest und Fragebogen angewiesen. Eine elegante Möglichkeit bietet die bereits genannte „Münchner Hochbegabungstestbatterie für die Sekundarstufe – MHBT-S“ (Heller & Perleth, 2007b). Dort wird als Eigenentwicklung der „Interessenfragebogen – IFB“ vorgestellt, der 10 Interessenrichtungen erfasst. Eine Faktorenanalyse des Gesamtdatensatzes erbrachte eine Vier-Faktoren-Lösung:

- musikalisch-künstlerische Interessen,
- technisch-naturwissenschaftliche Interessen,
- sportliche Interessen,
- entspannende Tätigkeiten.

Die Profildarstellung in Abbildung 3-7 zeigt die Möglichkeiten der Auswertung (Fallbeispiel Micha bei Heller & Perleth, 2007b, S. 161). Der beschriebene Schüler erreicht hohe Intelligenzmaße (vor allem in den mathematischen und nonverbalen Denkfähigkeiten). Die Kurzinterpretation weist den Schüler damit als hochbegabt aus. „Natürlich wisse er um seine guten Lernfähigkeiten, aber er sei kein Streber und gut in die schulische Lerngruppe integriert.“. (Heller & Perleth, 2007b, S. 162). Das Interessenprofil ist nicht so eindeutig wie die Intelligenzmaße. Erkennbar werden, abgesehen von schwachen musikalischen Interessen (MUSH, MUSA) sowie geringen Präferenzen für nicht sportliche Spiele (SPIE) und handwerklich-künstlerische Aktivitäten (HAND), überdurchschnittliche Präferenzen bzw. hohe Kompetenzen nur für naturwissenschaftlich-technische Themen (TECH) sowie in Aufgaben aus Physik und Technik

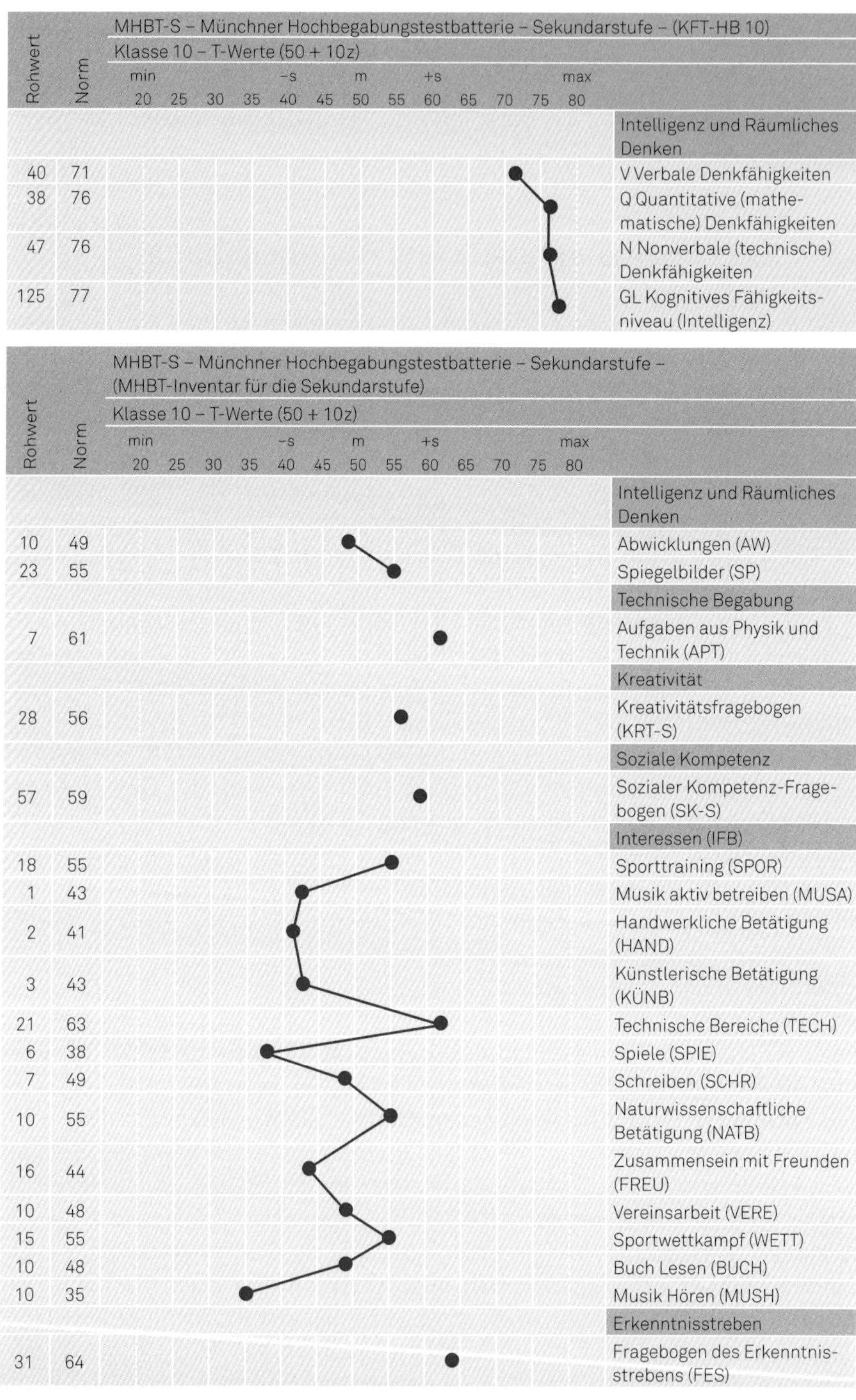

Abbildung 3-7: Auszug aus der Profildarstellung Micha, Gymnasium Klasse 10 (Heller & Perleth, 2007b, S. 161).

(APT). In die gleiche Richtung geht der hohe Erkenntnisstreben-Wert (FES). Alle anderen Interessen liegen im Durchschnittbereich (40 bis 60 Punkte).

Vergleicht man dieses Einzelergebnis mit den im Handbuch angegebenen Profilanalysen verschiedener Hochbegabtengruppen (den sogenannten HB-Standards), kann man weitere Schlüsse für die Interessendiagnostik bei Begabten ableiten. Besonders ertragreich scheint die Interessenanalyse bei mathematisch-naturwissenschaftlich, bei naturwissenschaftlich-technisch und bei kreativ Hochbegabten zu sein.

Zusammenfassung

Die Interessendiagnostik könnte man als Stiefkind der Begabungsdiagnostik bezeichnen. Das ist es wohl, was die Autoren der „Münchner Hochbegabungstestbatterie – MHBT-S“ dazu veranlasste, eine Eigenentwicklung vorzunehmen: den „Interessenfragebogen – IFB“. An einem Fallbeispiel (Micha) erläuterten wir, wie eine Profilinterpretation des IFB anhand der MHBT-S zu erfolgen hat. Die Interessenanalyse kann im Abgleich mit Intelligenzmerkmalen, technischer Begabung, Kreativität, sozialer Kompetenz und anderen Persönlichkeitseigenschaften erfolgen und wird auf diese Weise inhaltsreich. Die Ergebnisse der Interessenanalyse lassen sich direkt zur Begabtenförderung nutzen.

3.7 Zur Diagnostik der Bezugsnorm-Orientierung

In vielfältigen Studien (Rheinberg & Krug, 2005) hat man Wirkungen der Bezugsnorm-Orientierungen in der Schule nachgewiesen. So erwies es sich als ungünstig, wenn Lehrkräfte dauernd die soziale Bezugsnorm-Orientierung anwenden, weil Schüler/innen die eigenen Fortschritte dann weniger deutlich erleben und deshalb öfter misserfolgsmotiviert auf Empfehlungen der Lehrer/innen reagieren. Nicht selten zeigen sie mehr Schul- und Prüfungsangst und attribuieren gute Schulleistungen oft dem Zufall (Glück) und nicht der eigenen Begabung. Während das sogenannte „Mittelfeld“ gefördert wird, sind die Leistungsbesten und die Leistungsschwachen bei krasser Anwendung der sozialen Bezugnorm-Orientierung besonders schlecht dran (vgl. unsere Ausführungen in Unterkapitel 2.2).

Im Vergleich dazu kann der überwiegende Einsatz der individuellen Bezugsnorm-Orientierung durch Lehrpersonen günstige Wirkungen bei Schüler/innen hinterlassen. Sie bauen eventuelle Misserfolgsbefürchtungen ab, empfinden weniger Schulunlust und auch weniger manifeste Angst. Sie spüren deutlich, dass sie vorankommen und an Kompetenz gewinnen. Aus diesem Grund taucht fehlende Anstrengungsbereitschaft im Persönlichkeitsprofil der Kinder ganz selten auf. Die Stellung des einzelnen Schülers, der einzelnen Schülerin in der Leistungsrangreihe seiner bzw. ihrer Klasse spielt für die indi-

Tabelle 3-2: Vergleich von Aussagen zur Sozialen und zur Individuellen Bezugsnorm. BNO: Bezugsnorm-Orientierung.

Soziale BNO	Individuelle BNO
Er ist ja nicht schlecht, guter Durchschnitt.	Er ist ja nicht schlecht. Er hat sich in der letzten Woche verbessert.
Das Leistungsniveau meiner Klasse ist hoch. Da muss er sich anstrengen.	Das Leistungsniveau kann er verbessern, wenn er sich anstrengt und nicht so schnell aufgibt.
Bei der letzten Klassenarbeit war sie überdurchschnittlich gut. Da hatte sie Glück.	Bei der letzten Klassenarbeit war sie gut. Man sieht, welche Fähigkeiten in ihr stecken.

viduelle Leistungsdynamik eine eher untergeordnete Rolle. Die Leistungsbesten werden ebenso wie die Leistungsschwachen optimal gefördert, und das Mittelfeld hat davon keinen Nachteil. Tabelle 3-2 stellt Aussagen von Lehrpersonen zur Sozialen Bezugsnorm und zur Individuellen Bezugsnorm gegenüber.

Die im Anhang zu findende „Checkliste zur Selbsterfassung von Bewertungstendenzen – CSBT“ von Lehwald und Waka (2007) bietet Lehrpersonen die Möglichkeit, etwas mehr über ihre im Unterricht praktizierte Bezugsnorm-Orientierung zu erfahren. Sie soll ein Handwerkszeug für die Selbstevaluation darstellen und Anregungen zur Selbstreflexion geben.

Das als Vorlage dienende Bezugsnorminventar von Rheinberg (1980) umfasste ursprünglich Primärvariablen (wie die Leistungsvergleiche), aber auch Sekundärvariablen (Kausalattribution, Erwartungen, Sanktionierungsstrategie, Individualisierung). Für eine reduzierte Fassung haben wir mit Zustimmung des Autors die Bereiche Leistungsvergleiche, Individualisierungstendenz und Sanktionierungsstrategie ausgewählt, denn wir sind der Meinung, dass bei Lehrer/innen am ehesten hier mit unserem Trainingsansatz Veränderungen der Bezugsnorm-Orientierung zu erreichen sind.

So entstand ein 20 Items umfassendes Verfahren. Gegenüber dem Original, dem „Fragebogen zur Erfassung der Bezugsnorm-Orientierung – FEBO“, haben wir zwei Neuerungen eingeführt: Die Lehrpersonen überprüfen sich selbst, und sie können ihr Testergebnis anhand von Erläuterungen eigenständig einschätzen. Diese Lernform, die auf Selbstbewertung setzt, ist unseres Erachtens wirksamer als jene, die ausschließlich Fremdbeurteilung fordert. Die in dieser Berufsgruppe häufig vorkommende Bewertungsbefürchtung durch außenstehende „Amtsträger“ ist damit gegenstandslos.

Zusammenfassung

Lehrer/innen mit sozialer Bezugsnorm-Orientierung sind im Unterricht um Angebotsgleichheit bemüht, weil sich die sozialen Leistungsvergleiche am besten dann durchführen lassen, wenn alle Schüler die gleichen Aufgaben bzw. die gleichen Aufgabenschwierigkeiten bearbeiten. Lehrer/innen mit individueller

Bezugsnorm-Orientierung versuchen dagegen das Prinzip der Passung anzuwenden, weil sie die individuelle Leistungsentwicklung eines einzelnen Schülers, einer einzelnen Schülerin als wichtig ansehen. Die soziale Vergleichbarkeit von Schülerleistungen tritt dabei in den Hintergrund. Aus den Erläuterungen geht eindeutig hervor, dass Lehrpersonen mit individueller Bezugsnorm-Orientierung eher ihren Unterricht individualisieren als Lehrer/innen mit sozialer Bezugsnorm-Orientierung. Insgesamt ist im Hinblick auf die Förderung von Hochbegabten der individualisierte Unterricht höher zu bewerten als die Angebotsgleichheit unter sozialer Bezugsnorm-Orientierung.

3.8 Fragen zum Nach-Denken

- Welche grundsätzlichen Möglichkeiten gibt es, Tätigkeitsmotive zu erfassen?
- Wodurch zeichnet sich das Erkenntnisstreben aus, und wie kann man es im Gymnasialschulalter bestimmen?
- Welche Bedeutung haben Checklisten bei der Diagnostik von Begabungen?
- Wie äußern sich soziale und individuelle Bezugsnorm-Orientierung im Unterricht?

3.9 Tipps zum Nach-Lesen

Falko Rheinberg (2004). *Motivationsdiagnostik.* Göttingen, Bern, Toronto: Hogrefe.

Karlheinz Ingenkamp & Urban Lissmann (2008). *Lehrbuch der Pädagogischen Diagnostik* (6., neu ausgestattete Auflage). Weinheim und Basel: Beltz.

Joelle Huser (2001). *Lichtblick für helle Köpfe.* Zürich: Lehrmittelverlag des Kantons Zürich.

Gerhard Lehwald (2009). Beiträge zur Motivationsdiagnostik und Motivförderung in der Schule unter Beachtung von Underachievement. özbf – Handreichungen zur Differenzierung von Lern, *Trainings- und Motivierungsprozessen* (Heft 2). Salzburg: ÖZBF.

4 Motivationsförderung bei Kindern und Jugendlichen

4.1 Vorbemerkungen

Die bisherigen Ausführungen haben deutlich gemacht, dass Neugier, Wissbegier oder Erkenntnisstreben in den entsprechenden Altersstufen als Motoren der Begabungsentwicklung wirken. Wenn wir in diesem Kapitel über Begabtenförderung sprechen, so tun wir dies getreu unserer Konzeption gleichsam über die Tätigkeitsmotivation. In der Förderung der Tätigkeitsmotivation sehen wir den Schlüssel zur Begabtenförderung. Das Leistungsmotiv dagegen setzt die Rahmenbedingungen für Förderung, denn es erlaubt dem Schüler und der Schülerin spätestens im Vorschulalter, das erzielte Förderergebnis mit einem Gütemaßstab zu verbinden. Wir fragen: Wie lässt sich bei begabten Kindern auf den jeweiligen Altersstufen Motivförderung praktizieren, und wie können Bildungsinstitutionen (Kindergarten, Grundschule, Sekundarschule) daran mitwirken? Beginnen wollen wir unsere Ausführungen jedoch mit der Familie. Hier werden die Grundlagen für wertvolle Tätigkeitsmotive gelegt.

4.2 Zur Förderung der Neugier und des Explorationsverhaltens in Familie und Kindergarten

4.2.1 Interaktionsstudien

Wir sind in Unterkapitel 1.2 auf die Definition und in Unterkapitel 1.4 auf die Entwicklung der Neugier eingegangen. Jetzt fragen wir danach, wie man die Neugier gezielt fördern und das eng damit verbundene Explorationsverhalten in der Familie unterstützen kann. Dazu wiederholen wir nochmals unsere These der wechselseitigen Interaktion: Eltern und Kind beeinflussen sich in ihren Reaktionen gegenseitig.

Kinder haben bestimmte Bedürfnisse, die wiederum spezifische Verhaltensweisen der Eltern hervorlocken. Neugierige Kinder zeigen ein reichhaltiges Explorationsverhalten, an dem sich Väter und Mütter gut orientieren können. So sind sie imstande, zweckdienliche Unterstützung zu geben und die Interaktion reichhaltig zu gestalten. Das kann man bereits im Kleinkindalter beobachten (Abbildung 4-1). Mütter oder Väter hochexplorativer Kinder verfolgen die Handlungen ihres Kindes interessiert und gestalten diese weiter aus. So entstehen Interaktionsketten (komplexe Interaktionsfolgen). Zum Beispiel bietet ein Erwachsener ein Spielzeug an, das Kind erkundet dessen dingliche Eigenschaf-

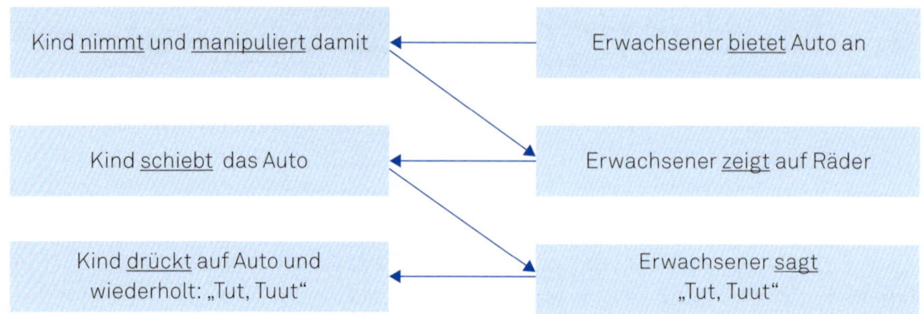

Abbildung 4-1: Ausgestaltende, angereicherte Interaktionsfolge zwischen Eltern und Kind.

ten, daraufhin weist die Mutter oder der Vater auf neue Funktionen hin, das Kind probiert diese aus und so weiter. Wir haben eine solche Interaktionsfolge in Abbildung 4-1 am Beispiel eines Spielzeugautos dargestellt.

Damit Eltern solch ein stimulierendes Interaktionsverhalten zeigen können, braucht es folgende Verhaltensweisen (vgl. auch Arnold & Preckel, 2011):

- Eltern müssen kindliches Verhalten adäquat wahrnehmen und richtig bewerten. Dazu bedarf es eines hohen Interesses am Kind und dessen Lernverhalten.
- Eltern sollten angemessen auf das gezeigte Verhalten reagieren. Hierzu bedarf es einer guten Beobachtungsfähigkeit und der Muße, stimulierende Handlungsalternativen auszuwählen.
- Eltern sollten die Wirkung des eigenen Verhaltens auf das Verhalten des Kindes abschätzen können. Die Erwachsenen dürfen das Kind nicht überfordern, sondern sollten danach trachten, die gerade notwendige Förderung auszuwählen. Da junge Kinder ja vor allem handlungsorientiert agieren, sind Eltern aufgefordert, entsprechende Angebote auszuwählen und anzubieten.
- Eltern sollten in der Lage sein, eigenes Verhalten zu ändern. Zwischen dem kindlichen Agieren und dem elterlichen Bewerten können Missverständnisse bestehen. Die Erwachsenen sollten in Abhängigkeit von Antwortreaktionen des Kindes das angebotene Verhalten dem Tätigkeitsstrom anpassen.

Interaktionsfolgen analog zur dargestellten Abbildung 4-1 entfalten sich natürlich nicht nur in der Familie, sondern auch bei familienergänzenden Angeboten. So wird das Konzept auch in der „Frühkindlichen Bildung, Betreuung und Erziehung – FBBE" angewendet. Stamm bezeichnet diese Vorgehensweise als metakognitiven Ansatz, der sich in Kindergärten verwenden lässt. Solche Ansätze zielen darauf ab, „beim Kind ein Bewusstsein für Lernprozesse zu erzeugen und ihm Kompetenzen der Selbststeuerung zu vermitteln" (Stamm, 2010, S. 136). In Anwendung der Theorie von Wygotski (die Theorie ist auf S. 34 als Schema in Abbildung 1-6 dargestellt) sucht die Betreuungsperson solche Aufgaben heraus, die für das Kind in der Zone der nächsten Entwicklung liegen. Das ist der Bereich, in dem das Kind mit Hilfe von Erwachsenen eine schwere Aufgabe meistern und so sein Potential ausnutzen kann. Solche Aufgaben fordern das Kind heraus und führen es zu höchsten Denkleistungen. Bruner (1973) bezeichnete dieses Vorgehen als *Scaffolding* (Gerüst geben). Sobald die Hilfe durch den Erwachsenen nicht mehr nötig ist, sobald er also die Selbstregulation des Kindes als ausreichend erachtet, zieht er sich langsam zurück *(Fading)*.

Wir halten fest, dass die Motivförderung in frühen Phasen der kindlichen Entwicklung eng mit der Interaktion zusammenhängt. Das Kind erlebt das Vertrauen der Erwachsenen und ist dadurch zur frühen Kompetenzentwicklung bereit.

Viel hängt von den Erwartungen der Eltern an ihr Kind ab. In einer Studie setzten wir einen selbstentwickelten Elternfragebogen bei Eltern 2- bis 3jähriger Kinder ein und erfragten die vermuteten Alterszeiträume, in denen ihre Kinder bestimmte kognitive Leistungen, Spiele und Selbstversorgung erbringen werden. Unsere Hypothese war, dass Eltern von neugierigen, wissbegierigen Kindern zeitlich etwas eher Selbständigkeitsforderungen stellen werden. Die Ergebnisse belegen, dass Eltern neugieriger, wissbegieriger Kinder in allen drei Fragebogendimensionen eher Leistungen erwarten als die Vergleichsgruppe. Besonders augenfällig war der Unterschied im Spielverhalten. Hier wird Selbständigkeit in Abhängigkeit von Neugier bzw. Wissbegier des Kindes etwa 5 Monate eher erwartet.

All dies untermauert unsere These, dass die Neugier und das Explorationsverhalten der Kinder die Erwartungen ihrer Eltern im hohen Maße mitbestimmen. Inwieweit Eltern aktive Persönlichkeitsmerkmale ihrer Kinder aber bemerken und in Erziehungspraktiken umsetzen, hängt ab von ihrer Sensibilität (für Signale des Kindes) und von den übergreifenden Erziehungszielen.

In der oben beschriebenen Untersuchungsstichprobe setzten wir einen aktualisierten Fragebogen zu Erziehungszielen von Grüneisen und Hoff (1977) ein. Ausgewählt haben wir „Aufgeschlossenheit und Kreativität" (z.B. Ideen haben, aufgeschlossen sein, Interesse und Neugier zeigen, kritisch sein) und „Normgerechtes Verhalten" (z.B. still sein, gehorchen, sich vertragen, bei Erwachsenen beliebt sein). Beim „Normgerechten Verhalten" fanden sich keine statistisch verwertbaren Unterschiede; dagegen ist der Unterschied in der Erziehungsleitlinie „Aufgeschlossenheit und Kreativität" zwischen Eltern niedrig und hoch wissbegieriger Kinder signifikant. Selbstverständlich stellen die von uns ausgewählten Erziehungsziele nur einen Ausschnitt aus dem Wertgefüge von Eltern dar, aber sie wirken weit über das Kleinkind- und Vorschulalter hinaus und zeigen sich in konkreten Erziehungspraktiken.

Man kann zusammenfassend sagen, dass jene Kinder, die in interaktionsreichen Lernprozessen aufwachsen, gute Startchancen für die frühe Begabungsentwicklung aufweisen. Wir zitieren: „Die Umwelt, in der sich ein Lebewesen befindet, kann mehr oder weniger gut zu seiner genetischen Ausstattung passen. Oder anders gesagt: Nur wenn bestimmte Umweltbedingungen gegeben sind, können sich die genetischen Anlagen eines Menschen entwickeln" (Stern & Neubauer, 2013, S. 107).

4.2.2 Spiel

Ein Spiel ist eine Handlung, die das Kind um der Handlung willen ausführt. Wir beobachten ein völliges Aufgehen im Spiel durch das Wirken der Tätigkeitsmotivation und des sogenannten Flusserlebens, was wir nach Csikszentmihályi als „Flow" bezeichnet haben. Im Spiel konstruiert das Kind eine neue Realität, die den wahren Gegebenheiten nicht immer entsprechen muss. Im Spiel bildet es einen neuen Handlungsrahmen, den es bei sozialen Spielen mit den Spielpartnern verabreden muss (Oerter & Montada, 1995, S. 251). Alle Spielformen weisen bestimmte Rituale auf. Durch Handlungswiederholungen prägt sich der Ablauf eines Spiels fest im Gedächtnis ein.

Von den Spielformen sind für die Motiventwicklung besonders die Informationsspiele, die Konstruktionsspiele und die Als-ob-Spiele zu nennen. In den Informationsspielen wird besonders das Explorationsverhalten (Erkundungsverhalten) geschult. Das Kind will unbedingt herausbekommen, was man mit Gegenständen alles machen kann. Bei den Konstruktionsspielen werden Bauwerke, Zeichnungen, Figuren usw. geformt. Dabei spielt nicht nur die kindliche Wissbegier eine Rolle, sondern ganz entscheidend auch die intrinsisch gefärbte Anstrengungsbereitschaft (Durchhaltevermögen).

In seinem jüngsten Buch hat Ansari (2014) auf eine Spielform hingewiesen, die man als „entdeckendes Spiel" bezeichnen könnte. Um das Entdecken bereits bei Vorschulkindern anzuregen, führte der Autor sogenannte Forscherdialoge zwischen Kindern und Erwachsenen durch. Hier ein Ausschnitt aus einem solchen Dialog bei Kindergartenkindern:

> *Der Ausgangspunkt ist die Aufgabe, Wasser, das sich in einer Wanne befindet, mit Hilfe von diversen Gegenständen wie Esslöffel, Suppenkelle, Teelöffel, Sieb, Trichter, Schwamm, Plastikschalen in Gefäße wie enghalsige Flaschen, Einmachgläser und Becher unterschiedlicher Größe zu füllen. [...] Nachdem ich sichergestellt habe, dass die Kinder die Aufgabe verstanden haben, trete ich zurück und greife nicht mehr ein. [...] Es gibt Kinder, die die Kelle sehr schnell weglassen und stattdessen mit dem Teelöffel hantieren und dabei entdecken, dass mit dem kleinen Löffel der Transport zwar langsam, jedoch effektiv vorangeht. Die anderen Kinder bleiben recht lange beim Sieb oder dem Trichter, bevor sie klar erkennen, dass damit das Wasserschöpfen nicht gut funktioniert, und nach dem Löffel oder sogar nach dem Schwamm greifen. Dann gibt es Kinder, die recht schnell die Bedeutung des Trichters erkennen, ihn auf die Flasche set-*

zen, die Suppenkelle in die Hand nehmen und in kurzer Zeit große Mengen Wasser in die Flasche füllen. All das braucht Zeit, und die haben die Kinder. Selbst nach neunzig Minuten wollten sie nicht aufhören. Zeitweise sind sie so in die Arbeit versunken, dass vollkommene Stille herrscht.

(Ansari, 2014, S. 99 ff.)

Der Autor meint, dass es für die frühe Bildung eines spielerischen Lernkonzepts bedarf. Ein solches Lernkonzept beschäftigt die Kinder, ausgehend von vertrauten Bildern, mit Forschungsaufgaben, die geeignet sind, sie zum Berichten über ihr bereits vorhandenes Wissen anzuregen, und sie mit Fragestellungen konfrontiert, die sie eigenständig lösen können und wollen.

In unseren eigenen Arbeiten nimmt die Analyse der kindlichen Spieltätigkeit einen hohen Stellenwert ein. Dabei gehen wir von verschiedenen Fragestellungen aus. Uns interessieren zum Beispiel Phasen im Konstruktionsspiel, in denen neue Objekteigenschaften erkundet werden und aktiv gelernt wird. Wir definierten ferner verschiedene Spielniveaus, die sich im Anregungsgehalt unterscheiden. Je höher das erreichte Spielniveau ist, auf dem sich ein Kind bewegt, desto umfangreicher werden seine Erfahrungen, die es selbst gewinnt. Das Spiel dient also dazu, eigenständig Handlungsräume zu gestalten.

In einer Studie (Lehwald, 1993) untersuchten wir Kindergartenkinder, die im Beisein der Mutter spielerisch ein in fünf Teile zerschnittenes Puzzle (ein Segelboot) zusammensetzen sollten. Registriert wurden die Art und die Anzahl der gewährten Hilfen. Im Sinne der wechselseitigen Betrachtung erfassten wir aber auch die Art und die Häufigkeit der Hilfen, die sich das Kind erbat. Die Befunde bestätigen, dass Mütter wissbegieriger Kinder weniger eingreifen, also ihren Kindern beim Lösen der Aufgabe mehr Eigenständigkeit zubilligen als Eltern einer Vergleichsgruppe mit Kindern niedriger Wissbegier. Wissbegierige Kinder fordern aber auch weniger Hilfen an. Über einen Erzieherfragebogen (Gutjahr, 1986) ließen wir die an der Untersuchung beteiligten Kinder einschätzen. Grundsätzlich werden wissbegierige Kinder als intelligenter, stabiler und sozial anpassungsfähiger bewertet als niedrig wissbegierige, was als Ausdruck einer optimistischen Grundeinstellung zu den Lernmöglichkeiten der wissbegierigen Kinder anzusehen ist und im weiteren Entwicklungsvollzug fortlaufend als Stimulus wirken kann.

Noch ein Wort zu den Als-ob-Spielen. Dies sind im landläufigen Sinne die eigentlichen Spiele von Kindern. Das Kind deutet einen Gegenstand um und formt ihn nach den eigenen Zielvorstellungen. Dabei stellt es oftmals soziale Bezüge aus seiner Erlebniswelt her, wobei die Realität und das Imaginäre verschwimmen. Stamm schreibt: „Was man sieht, ist nicht alles, was man anbietet, beabsichtigt oder interpretiert. Obwohl die Doppelbedeutungen meistens kaum spezifiziert sind, können bereits junge Kinder Folgerungen interpretieren." (Stamm, 2010, S. 142.) Dies ist eine außergewöhnliche kognitive und motivationale Leistung.

Vollständigkeitshalber seien auch die sozialen Rollenspiele und die sozialen Regelspiele genannt, die aber nicht direkt mit der Frage der Motiventwicklung zusammenhängen müssen.

Abschließend einige praktische Konsequenzen zur Förderung der Neugier bzw. Wissbegier in frühen Phasen der kindlichen Entwicklung:

1. Stets sollte in der Familie oder in den Kindereinrichtungen Material zur Anregung von Explorationshandlungen vorhanden sein. Nicht so sehr vorgeformt, sondern eher natürlich müsste dieses Material beschaffen sein. Ein vielfältiges Angebot sollte bereitstehen, das alle Sinne ansprechen kann.
2. Im Kleinkindalter ist eine sichere Bindung zu gewährleisten, denn Explorationsverhalten ist nur bei guter Bindung möglich (vgl. Unterkapitel 1.4).
3. Zunehmend höhere Anforderungen sind an Explorationshandlungen zu stellen: zuerst Neues im Vertrauten, dann Neues im Unbekannten. Im Mittelpunkt steht immer die Erfahrungswelt des Kindes.
4. Stets sollten die Betreuungspersonen ermutigende, selbstwertstabilisierende Rückkopplungen geben. So kann man den Aufbau einer unterstützenden Attribution sichern. Das Mitfreuen der Eltern oder der Kindergärtnerin bei gelungener Problemlösung kann beim Kind Wunder bewirken.
5. Das handlungsbegleitende Sprechen sollte man vielfältig unterstützen. Viele Kinder benutzen es und können damit Handlungswissen im Gedächtnis fixieren. Alle Fragen sind zuzulassen. Wenn man beim Kind eine durchgängige Fragestrategie beobachtet, sollte man diese ganz behutsam steuern.
6. Eltern und Kindergarten-Erzieher/innen sollten mit Witz und Humor die intellektuelle Wendigkeit des Kindes unterstützen (z.B. neue Wortschöpfungen zulassen, Wortspiele und Reime zur Förderung der sprachlichen Begabung anbieten).
7. Frühbegabte Kindern, also Kinder mit großem Entwicklungsvorsprung, haben eine Vorliebe für das Detail, zum Beispiel beim entdeckenden Lernen. Dies gilt es zu berücksichtigen, anstatt mit aller Macht die Erwachsenensicht durchzudrücken.
8. Immer sollte man dem Kind Zeit lassen und es nicht (aus Zeitgründen) zu einer erwachsengemäßen Lösung drängen. Problemlösen ist für das Kind sehr anstrengend. Deshalb sind stets Ruhephasen einzukalkulieren.
9. Unbedingt zu vermeiden sind in der Erziehung die sogenannten Kreativitätsblocker. Der Begriff stammt von dem bedeutenden amerikanischen Kreativitätsforscher Torrance und meint altersübergreifende Ungeschicklichkeiten in der Erziehung des hochbegabten Kindes. Dazu zählt er:
   - reine Erfolgsorientierung („Gut ist nur das, was den schnellen Erfolg bringt"),
   - Orientierung an Altersgenossen („In deinem Alter ..."),
   - Verbot zu fragen und die Welt zu explorieren („Davon verstehst du nichts"),

- geschlechterspezifische Verhaltensregeln („Ein Mädchen fragt nicht so viel“),
- Trennung von Spiel und Arbeit („In der Schule beginnt der Ernst des Lebens“),
- Konformitätszwang („Alle machen das so“).

4.2.3 Probleme der Frühförderung

Regelmäßig kommen in die Beratungsstelle Eltern, die durch ihr forderndes Verhalten auffallen. Meist sind sie beruflich gut positioniert und meinen nun, ihr Kind sollte davon profitieren. Wir haben einen typischen Dialog nachgestellt:

Eltern: Wir haben gehört, Sie testen auch Kinder im Vorschulalter auf Hochbegabung.
Berater: Hm.

Eltern: Unser Sohn ist nämlich hochbegabt, er kommt jetzt in die große Gruppe im Kindergarten. Da werden ja schon die Weichen für die Zukunft gestellt.
Berater: Wozu brauchen Sie die Testergebnisse?

Eltern: Wir wollen nun endlich der Kindergärtnerin beweisen, dass unser Junge wirklich hochbegabt ist. Wir meinen, dass er gegenwärtig in der Gruppe total unterfordert ist. Er bedarf einer gesonderten Förderung.
Berater: Da brauchen Sie ja noch ein Gutachten, nicht wahr?

Eltern: Davon gehen wir aus. In dem Gutachten muss stehen, dass er gezielt auf die Schule vorbereitet wird. Denn es ist ja so, wenn sich bestimmte Entwicklungsfenster wieder schließen, dann hätte er nur Nachteile in der Schule. Wir wollen ihn am besten auch früher einschulen.
Berater: Kann Ihr Junge schon lesen? Und wie sieht es mit dem Zahlenverständnis aus?

Eltern: Lesen kann er noch nicht. Aber das ist es ja, was wir sagen, er wird einfach zu wenig gefördert. Beim Rechnen ist es schon besser. Er kann die Zahlen bis 20 zählen.

Wir blenden uns hier aus dem Dialog aus. Er zeigt auf anschauliche Weise, dass Frühförderung von einigen Eltern falsch verstanden wird. Ihnen geht es gar nicht darum, eine eventuelle Begabung ihres Kindes kindzentriert zu unterstützen, sondern darum, durch frühen Drill eine Leistungserhöhung durchzusetzen. Dabei werden Erwartungen an das Kind gestellt, die es sichtlich überfordern. Nach Meinung der Eltern soll man dem Kind Schulbezogenes nahebringen, das noch gar nicht im Verhaltensplan des Kindes auftaucht.

Im Übrigen ist es besser, im Kleinkind- und Vorschulalter nicht von „hochbegabten“ Kindern sprechen, sondern von Kindern mit einem „großen Entwicklungsvorsprung“. Motive und Intelligenz als tragende Säulen der Begabung sind noch zu instabil, so dass sich das Kind auch anders als erwartet weiterentwickeln kann. Viele Studien zeigen, dass „Treibhauserfahrungen“ (Stamm, 2010) sich äußerst negativ auf die Entwicklung des Kindes auswirken und es in eine massive Stresssituation bringen können. Diese Überforderungssituationen (Nichtübereinstimmung von Kindesmöglichkeiten und Förderumwelt) führen zu sinkendem Wohlbefinden, niedrigem Selbstbewusstsein und reakti-

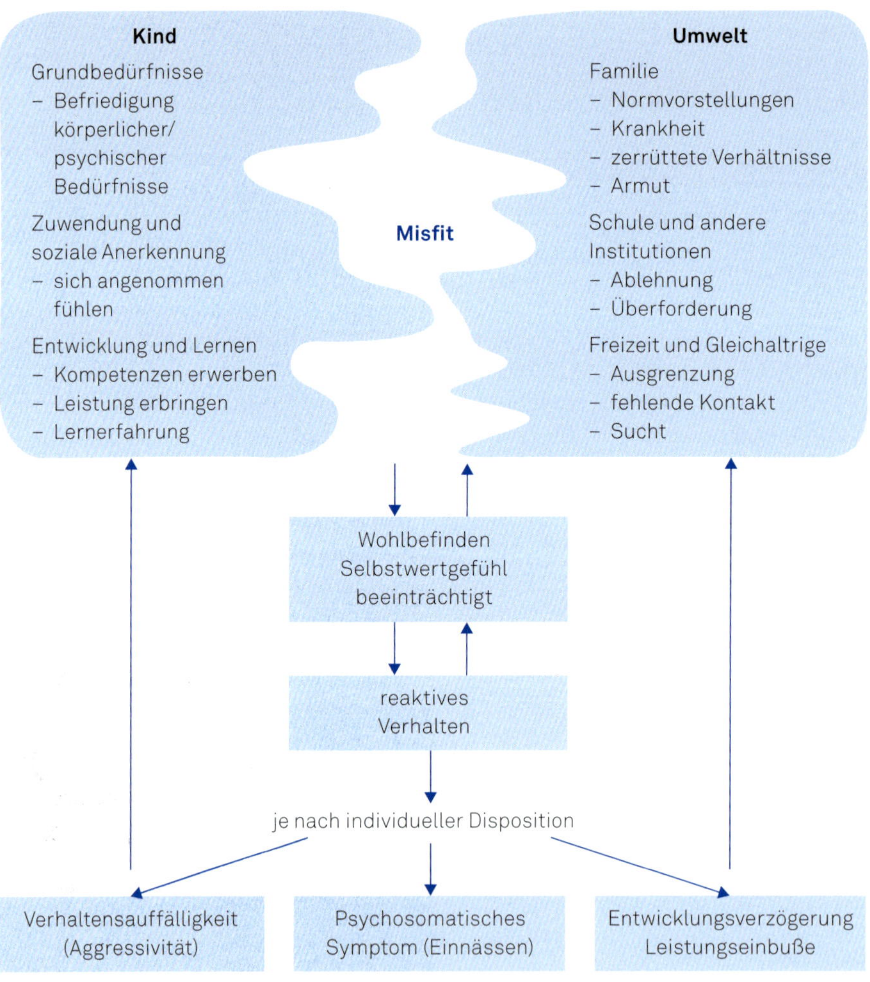

Abbildung 4-2: Auswirkungen einer ungenügenden Anpassung der Umwelt an die individuellen Bedürfnisse und Eigenheiten des Kindes (Largo, 2015, S. 303, Abdruck mit freundlicher Genehmigung des Piper-Verlages).

vem Verhalten. Wenn die Umwelt nicht den individuellen Bedürfnissen entspricht, dann spricht Largo von *Misfit* (Abbildung 4-2).

Das Kind ist aktuell unglücklich, lustlos und kaum am Geschehen im Kindergarten interessiert. Überdies gibt es auch Langzeitrisiken. Eine längerfristige Gefahr der erwachsenenorientierten Frühförderung (darunter verstehen wir Förderung aus übertriebenem Elternehrgeiz) sind die Beeinträchtigungen der Lernmotivation und des Selbstbildes. Sie entstehen deshalb, weil Kinder den Erwartungen ihrer Eltern nicht entsprechen. Sie werden mit Informationen überfüttert, die sie nicht verarbeiten können. Im Mittelpunkt der Förderung steht nicht die behutsame Unterstützung der Wissbegier und des Erkundungsverhaltens, sondern außerhalb der gesunden Kindesentwicklung liegende Prestigeinteressen.

Und noch etwas scheint wichtig, worauf Stamm (2010) eindringlich hinweist: Extrem frühe Bewertungen durch „Richtig" und „Falsch" irritieren das selbstlernende Vorschulkind. Soziale Vergleiche, ein Bestimmungsmerkmal der Leistungsmotivation, lenken von selbstinitiierten Lernaufgaben ab. Im Mittelpunkt stehen dann die Werturteile der Erwachsenen, ihr Loben und ihr Tadeln.

Eltern und Kindergarten-Erzieher/innen sollten sich deshalb bemühen, immer die Entwicklungsangemessenheit und die Kindgerechtigkeit ihrer Angebote zu prüfen, die sich nicht am Erwachsenenwissen, sondern am kindlichen Aneignungsprozess bemessen.

Da gilt es zugegebenermaßen in vorschulischen Bildungseinrichtungen noch eine ganze Menge Weiterbildungsarbeit zu leisten. Noch 2010 moniert Aiga Stapf in ihrem Buch *Hochbegabte Kinder* (5. Auflage) die unzureichende Ausbildung des Kindergarten-Personals und fordert eine Qualifikationsoffensive. Sie sollte beim Fachpersonal eine Einstellungsänderung bewirken und darauf abzielen, altes Denken vom nur zu „betreuenden" Kind abzulegen und stattdessen die Suche nach Förderkonzepten in den Mittelpunkt zu stellen, deren Ziel das aktive und kompetente Kind ist. Um noch einmal auf Largo (2015, S. 248) zurückzukommen: Nötig ist eine Erziehungshaltung, welche die individuellen Bedürfnisse und die Entwicklungseigenheiten des Kindes in möglichst gute Übereinstimmung mit seiner Umwelt zu bringen sucht. Die Eltern und das Kindergarten-Fachpersonal müssen die materielle und soziale Umgebung so gestalten, dass das Kind eigenständig ohne Druck Erfahrungen machen kann. Im Mittelpunkt stehen immer die Interessen der Kinder, nicht die der Erwachsenen. Die kindliche Wissbegier und das Erkundungsverhalten werden zum Motor der weiteren Entwicklung.

Zusammenfassung

Je jünger Kinder sind, desto wichtiger ist das soziale Umfeld, in dem sie aufwachsen. In der sozialen Interaktion zwischen Eltern und Kind lassen sich Entwicklungsimpulse setzen. Bei neugierigen und explorationsreichen Kindern verläuft die ausgestaltende und angereicherte Interaktion besonders günstig, weil die Eltern im breiten kindlichen Handlungsinventar Ansatzpunkte für die Förderung erkennen können. Auch bei familienergänzenden Angeboten ist diese Vorgehensweise produktiv.

Anhand von Beispielen sind wir auf das entdeckende Spiel eingegangen, das kindliche Entdeckerfähigkeiten fördert und so die Wissbegier und das problemlösende Erkundungsverhalten unterstützt. Das Spiel wird häufig als Hauptweg der Entwicklungsförderung angesehen. Besonders Informationsspiele, Konstruktionsspiele und Als-ob-Spiele fördern nachhaltig die Tätigkeitsmotivation. Die dargestellten Studien zeigen, wie stark das kindliche Spiel vom Interaktionsgeschehen zwischen den Spielpartnern und den handlungswirksamen (Persönlichkeits)Eigenschaften der Betreuungsperson abhängt.

Frühförderung muss nicht generell erfolgreich sein, es gibt auch einige Risiken. Sie treten dann ein, wenn das Kind wegen falsch verstandener treibender Förderung (Drill) in eine Überforderungssituation gerät. Übertriebener Elternehrgeiz kann zur dauerhaften Beeinträchtigung der Lernmotivation und des Selbstbildes führen („Ich kann das nicht“). Wenn die fördernde Umwelt den realen individuellen Bedürfnissen und Eigenarten des Kindes nicht entspricht, spricht man von fehlender Passung *(Misfit)*.

4.2.4 Fragen zum Nach-Denken

- Versuchen Sie, bei einem Kleinkind eine ausgestaltende, angereicherte Interaktionsfolge in Gang zu setzen. Was beobachten Sie?
- Weshalb bezeichnet man das Spiel häufig als Königsweg der Entwicklungsförderung?
- Wodurch zeichnet sich das entdeckende Spiel aus, und welche motivationalen Vorteile trägt es in sich?
- Welche Risiken birgt eine exzessive Frühförderung von Vorschulkindern?

4.2.5 Tipps zum Nach-Lesen

Margrit Stamm (2010). *Frühkindliche Bildung, Betreuung und Erziehung.* Bern, Stuttgart, Wien: Haupt. (UTP 3412.)

Salman Ansari (2014). *Rettet die Neugier. Gegen die Akademisierung der Kindheit.* Frankfurt am Main: Fischer Krüger.

Remo H. Largo (2015). *Kinderjahre* (28. Auflage). München: Piper.

4.3 Förderung von Wissbegier und Erkenntnisstreben bei begabten Schüler/innen in der Schule

4.3.1 Vorbemerkungen

Bei den meisten Lehrerinnen und Lehrern liegt die Ausbildung über zwanzig Jahre zurück. Damals hatte der Begriff „Förderung für den unteren Leistungsbereich" noch einen klar definierten Klang. Die dazugehörige Haltung umschrieb man beispielsweise so: „Man muss Schüler/innen dort abholen, wo sie leistungsmäßig gerade stehen", „Er braucht doch unsere Unterstützung", „Wie kann sie das Lernpensum wohl schaffen?", „Er braucht doch einen Abschluss". Über die positiven Seiten dieser Zitate muss nicht diskutiert werden. Lernende wurden in jener Zeit vom Objekt zum Subjekt der individuellen Förderung.

Heute verwenden wir den Terminus „Förderung" auch für den Hochbegabtenbereich. Daraus entstehen neue Sichtweisen und manchmal auch Missverständnisse (siehe unten). Bei der schulischen Förderung begabter Schülerinnen und Schüler geht es nicht darum, fehlendes Wissen durch schulische Förderung zuzuführen, sondern darum, die Lernmotivation so zu gestalten, dass selbstreguliertes Lernen auf hohem Niveau möglich wird. Im Prinzip ist Hochbegabtenförderung vor allem Förderung der Tätigkeitsmotivation und der Interessen (Hany, 2004).

Im Grundschulalter verwandelt sich die Wissbegier individuumsspezifisch in das Erkenntnisstreben mit seinem Handlungspart Informationssuche (vgl. Tabelle 1-2, S. 35). Förderangebote für begabte Schüler/innen sind demgemäß immer danach zu bewerten, ob sie wertvolle Motive auslösen bzw. unterstützen. Denn um Leistungseminenz zu erreichen, braucht es neben günstigen unterrichtlichen Bedingungen zusätzlich fördernde Umweltbedingungen. Was die Persönlichkeitsmerkmale anbetrifft, wird besonders die intrinsische Motiviertheit genannt. Welches sind die wichtigsten Aufgabenfelder der Motivationsförderung begabter Kinder und Jugendlicher? Ziegler (2000, S. 97) nennt vor allem drei:

1. Motivationsförderung in institutionalisierten Lernsettings unter Berücksichtigung der besonderen Lernvoraussetzungen,
2. Motivationsförderung begabter Subpopulationen und
3. Motivationshilfe beim Expertise-Aufbau *(deliberate practice)*.

Auf die Umsetzung der Aufgabenbereiche im schulischen Kontext gehen wir weiter unten ein.

4.3.2 Missverständnisse der Begabtenförderung

Zunächst zu einigen Missverständnissen, die besonders in der Lehrerschaft verbreitet sind. Wir verstehen unter Missverständnissen ungenaue, teilweise auch falsche Auffassungen, hier von Lehrpersonen über Begabtenförderung. Sie entstehen meist dann, wenn man Hochbegabung mit schulischer Hochleistung gleichsetzt, ohne die schlummernden Potentiale von Schüler/innen zu berücksichtigen (ausführliche Darstellung in Lehwald, 2004).

1. Missverständnis:
Förderung braucht nur der untere Leistungsbereich, weil sich Hochbegabte ohnehin durchsetzen.

Ein folgenschwerer Irrtum. Hochbegabte Kinder und Jugendliche brauchen natürlich Unterstützung. Diese fokussiert aber nicht den kognitiven Leistungsbereich, sondern richtet sich vor allem auf das Lernumfeld, das anregend, herausfordernd und motivierend sein muss. Im schulischen Bereich geht es um Akzeleration, Enrichment und Spezialisierung. Bei der Akzeleration fördert man durch verkürzte Lernwege, beim Enrichment durch Verbreiterung und Vertiefung des Lernangebots und bei der Spezialisierung durch Konzentration der Lerninhalte *(compacting)*.

2. Missverständnis:
Förderung bezieht sich in erster Linie auf den kognitiven Bereich, denn davon leiten sich alle Persönlichkeitseigenschaften ab.

Begabung erhält durch Intelligenz eine spezielle Note; sie ist aber keineswegs durch Intelligenz allein erklärbar. Außerintellektuelle Eigenschaften wie themengebundene Leistungsmotivation, unbändige Wissbegier, Ausdauer und Konzentrationsfähigkeit können für eine Hochleistung manchmal wichtiger werden als die reine kristalline Intelligenz. Darauf nehmen zeitgenössische Begabungsmodelle zunehmend Rücksicht; denken wir nur an das Renzulli-Modell, das eine innige Verschmelzung von Intelligenz, Aufgabenverpflichtung und Kreativität annimmt. Im Modell von Mönks (vgl. Heller & Mönks, 2014) wird dieser Gedanke weitergeführt.

3. Missverständnis:
Eltern müssen strikt die Förderangebote der Schule mit dem Kind realisieren; anders ist eine harmonische Zusammenarbeit von Elternhaus und Schule nicht denkbar.

Diese Aussage trifft voll auf leistungsschwache Schülerinnen und Schüler zu. Wir kennen Treffen von Lehrkräften mit Eltern, bei denen über den nachzuholenden Stoff und die gemeinsame Vermittlung gesprochen wird. Wehe, wenn die Eltern anders als die Lehrerin, der Lehrer den Stoff nachholen! Irritationen auf beiden Seiten können entstehen.

Das ist im Hochleistungsbereich völlig anders. Diese Kinder wollen sich ausprobieren und bringen die Lehrkraft mitunter schier zur Verzweiflung, weil sie immer wieder neue Lösungen und kreative Lösungswege zur Sprache bringen, von denen manche in keinem Lehrbuch zu finden sind. Im Sekundarstufenbereich kann das von Lehrer/innen sogar als Bedrohung aufgefasst werden. Hochbegabte Mädchen und Jungen berichten, dass man sie nicht selten als „Spinner" abwertet, und ungeübte Lehrkräfte machen manchmal ihre Späße über sie. Kreativität und Flexibilität sind aber Basismerkmale von Hochbegabung. Sie müssen im Unterricht jederzeit zugelassen sein.

4. Missverständnis:
Die gezeigte Leistung entspricht in den meisten Fällen der diagnostizierten Begabung.

Lehrkräfte haben mitunter Schwierigkeiten, hochleistende von hochbegabten Schüler/innen zu unterscheiden. Sie lassen sich von der aktuell gezeigten Schulleistung blenden (der fixe, unkomplizierte Nachmacher). Darauf hat Rost (2000) mit seinen Untersuchungen nachdrücklich hingewiesen. Auf die Förderung des hochbegabten Underachievers gehen wir in einem gesonderten Passus ein, weil hier die Störung der Tätigkeitsmotivation augenfällig darstellbar ist (vgl. auch das Fallbeispiel in Unterkapitel 1.11).

5. Missverständnis:
Leistungsschwache Kinder brauchen Förderprogramme genauso wie die Hochbegabten.

Wie schon erwähnt, läuft die Förderung bei hochbegabten Kindern und Jugendlichen nach einem anderen Muster ab als die bekannte Förderung im unteren Leistungsbereich. Während Leistungsschwache vor allem Wissenszuführung und die Vermittlung erprobter Lernstrategien brauchen, wollen Hochbegabte ein offenes, stimulierendes Lernumfeld, in dem man sich „beweisen" kann. Deshalb kann zum Beispiel ein Tutorensystem im Unterricht, bei dem begabte Kinder als „Hilfslehrer" für Lernschwache fungieren, erfolgreich sein. Mit solch einem Unterstützungssystem lässt sich zweierlei erreichen: Zum einen überprüfen die begabten Schülerinnen und Schüler beim Förderunterricht an leistungsschwachen Mitschüler/innen ihr eigenes Wissen, zum anderen sind sie in das soziale Geschehen der Schulklasse fest eingebunden und machen sich hier nützlich.

6. Missverständnis:
Hochbegabtenförderung bedarf vorab einer exzellenten IQ-Diagnostik.

Kann man aus dem IQ wirklich Förderinformationen ableiten? Völlig berechtigt stellen manche Lehrer/innen diese Frage. Zunächst ist der IQ, ermittelt mit einem herkömmlichen Intelligenztest, ein Abweichungswert vom Mittelwert der Normstichprobe. Weiter nichts. Er misst im besten Fall nur den gegenwärtigen Status (d.h. die Anfangsleistung), nicht aber das wahrhafte Lernpotential eines Menschen. Psychologen behelfen sich damit, dass sie konventionelle Intelligenztests mehrfach hintereinander einsetzen und so einen Entwicklungsprozess „simulieren" *(testing the limits)*. Auf diese Art gleicht man den Nachteil der eher statischen Diagnostik etwas aus. Wie man sich jedoch denken kann, wollen insbesondere Hochbegabte ungern mehrmals den gleichen Test bearbeiten. Für die individuelle Förderung benötigt man aber verlässliche Entwicklungs- und Verlaufsinformationen. Diese verschafft sich der aufmerksame Lehrer, die aufmerksame Lehrerin aus dem prozesshaften Unterrichtsgeschehen und aus dem Lebensumfeld. Verschiedene Hilfsmittel, zum Beispiel Checklisten, helfen ihnen dabei. Will man den Entwicklungsprozess von Begabten durch Tests objektivieren, so eignen sich Lerntests bzw. normierte Handlungstests dazu eventuell besser als die üblichen Intelligenztests. Diagnosen werden aus dem Lernzuwachs (beim Langzeit-Lerntest) oder (beim Kurzzeit-Lerntest) aus der Korrekturfähigkeit bei Rückinformationen abgeleitet. Allerdings sind die Lerntests eher zeitaufwendig und in der Handhabung leider noch recht kompliziert (vgl. hierzu Guthke, 1996).

7. *Missverständnis:*
Begabung ist erblich bedingt und wirkt deshalb stabil über alle Schulstufen hinweg.

Außergewöhnliche Leistungen haben ihre Basis auch in der genetischen Information. In Beratungsstellen fällt das insbesondere bei Kindern mit besonderen mathematischen Fähigkeiten auf. Sie verfügen über hohe bildliche Vorstellungskraft, außerordentliche Merkfähigkeit für mathematische Symbole und erfolgreiche Lösungsoperationen sowie über eine manchmal verblüffend langanhaltende Konzentration im Begabungsschwerpunkt (Käpnick, 1998). Alle diese Merkmale sind durch Übungen nur begrenzt trainierbar. Aus diesem Grund äußert Weinert (2000; vgl. Lehwald in Stamm, 2014) in seinen Paradoxien zur Begabungsforschung sinngemäß: Erbbedingungen sind wichtig, weil sie die in der Umwelt angebotenen Erfahrungsmöglichkeiten optimieren. Und an anderer Stelle betont er: Umweltbedingungen können Begabungen nicht schaffen und Begabungsunterschiede nicht beseitigen, wohl aber die Entwicklung und Nutzung von Begabungen hemmen. Wo liegt aber nun das Missverständnis?

Begabung wirkt nicht automatisch über Schulstufen hinweg, sondern muss aktualisiert und abgerufen werden durch sachimmanente Motivation (Tätigkeitsmotivation) und einen starken Zug zur erfolgreichen Leistung. Darüber hinaus braucht es verständnisvolle Lehrerinnen und Lehrer. Webb, Meckstroht und Tolan (2004) nennen als Kennzeichen verständnisvollen Lehrens

- die Ermutigung zum aktiven Mitmachen, zum Fragenstellen;
- das Akzeptieren der Antworten, ohne zu demütigen;
- die Hilfestellung dabei, sich kompetent zu fühlen, auch wenn etwas völlig Neues ausprobiert wird.

8. Missverständnis:
Begabte sind meist sozial isoliert, haben weniger soziale Kontakte als normal Lernende und müssen deshalb verstärkt sozial gefördert werden.

Diese Aussage gehört zu den vielen Legenden, die sich um Begabte ranken (Winner, 2007; Stedtnitz, 2008). In vielen Untersuchungen wurde genau das Gegenteil festgestellt: Hochbegabte Kinder und Jugendliche sind sozial kompetent und körperlich gesund. Sie haben nicht weniger Freunde oder Freundinnen als die vergleichbaren Altersgefährt/innen (Rost, 2000).

9. Missverständnis:
Als Lehrkraft kann ich in der Begabtenförderung eh nichts allein bewegen. Ich warte auf Anweisungen von „oben".

Ein fatales Missverständnis, das die Begabtenförderung seit Jahren hemmt. Man hofft darauf, dass irgendwann ein generelles Begabtenfördersystem auf den Weg gebracht wird, was sich aber als Illusion erweist. Spätestens nach dem Erscheinen des Buches von Renzulli, Reis und Stedtnitz (2001) mit dem herausfordernden Titel: *Das schulische Enrichment-Modell: Begabungsförderung ohne Elitebildung* ist klar geworden, dass sich Schulen und deren Kollegien selbst helfen können. Im Zusammenhang mit der geforderten Profilbildung könnte zum Beispiel eine Schule mit einem ausgearbeiteten Förderkonzept für hochbegabte Kinder und Jugendliche ein interessanter Ansatz sein.

Entscheidend ist aber letztlich, dass die Schulleitung, die Lehrkräfte, die Eltern und auch die Schüler/innen diese neu konzipierte Schule mehrheitlich wirklich wollen. Profilierung einer Schule hat deshalb auch immer sehr viel mit Alltagsdemokratie zu tun (Stadelmann, 2006).

Zusammenfassung

Missverständnisse über Begabtenförderung basieren auf ungenauen Auffassungen von Lehrer/innen. Sie entstehen meist dann, wenn man schulische Hochleistung automatisch mit Hochbegabung gleichsetzt, ohne das zugrundeliegende Leistungspotential der Schüler/innen zu berücksichtigen. In der Begabtenförderung geht es nicht darum, fehlendes Wissen für den Schüler bzw. die Schülerin mundgerecht aufzubereiten, sondern darum, die Lerninhalte im Unterricht so anzubieten, dass das Lerninteresse der Begabten permanent erhalten bleibt. Das bedeutet, Anknüpfungspunkte für individuelle Interessen zu setzen und gleichzeitig dem Schüler, der Schülerin ein Autonomiegefühl zu geben, das die Basis dafür bildet, selbst etwas herauszufinden. Durch Angebotsvariation und dosierte kognitive Konflikte (problemlösenden Unterricht) kann man das Erkenntnisstreben anregen.

Wichtig ist aber auch, den Begabten bei all ihrem – teilweise nonkonformen – Tun immer die Sicherheit zu geben, nichts „Falsches" zu tun. Dazu bedarf es einer neuen Fehlerkultur, die den Fehler als produktiv auf dem Weg zu einer außergewöhnlichen Lösung ansieht. Eine Bewertung ist notwendig, die die gezeigte Leistung auch intraindividuell über einen Zeitraum vergleicht und nicht ausschließlich interindividuell mit anderen Schüler/innen.

Bei begabten Underachievern sind besondere pädagogische Maßnahmen notwendig. Lehrer/innen sollten bei deren Untersuchung mittels IQ-Diagnostik kritisch bleiben und immer danach fragen, ob die verwendeten Tests das hohe Leistungspotential auch wirklich entsprechend widerspiegeln. Hochbegabte brauchen nicht häufiges und mitunter unbedachtes Lob, sondern wirkliche Wertschätzung und individuelle Unterstützung.

4.3.3 Aufgabenfelder der Motivationsförderung

4.3.3.1 Förderung begabter Schüler/innen im Unterricht

Wir kommen nun auf die von Ziegler (2000) genannten Aufgabenbereiche der Motivationsförderung zurück. Zunächst wollen wir uns mit institutionalisierten Lernsettings auseinandersetzen und dabei die besonderen Lernvoraussetzungen Begabter berücksichtigen. Welche Motivationspotentiale stecken in den jeweiligen Förderansätzen, und wie kann die Lehrkraft diese nutzen? Abbildung 4-3 gibt eine Übersicht über alle Förderansätze.

- Auf der untersten Ebene finden wir die Basis jedweder Förderung: die Individualisierung und Differenzierung im Unterricht. Die Möglichkeiten sind

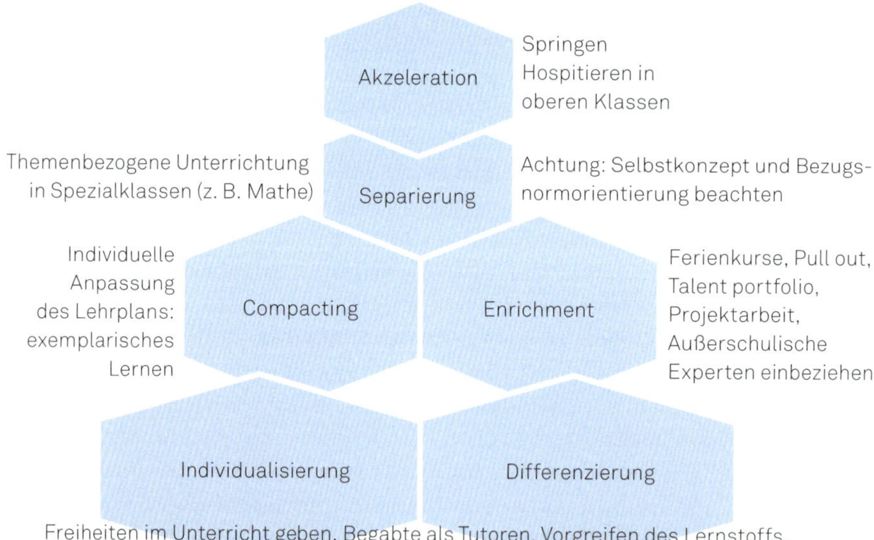

Abbildung 4-3: Ebenen und Methoden der Begabtenförderung.

nach Rohrmann und Rohrmann (2005) nahezu grenzenlos. Ohne Anspruch auf Vollständigkeit sind zu nennen:

- Lernfreiheiten für Begabte im Unterricht, am besten in Lernverträgen fixiert;
- Vorgreifen im Stoff und tiefgründige Beschäftigung durch gutes Zeitmanagement der Lehrperson;
- Nutzen von Lernkarteien (Westermann Schulverlag) als selbsterklärende Aufgabenformate, die es Begabten ermöglichen, im Klassengruppenunterricht höchst individuell zu lernen;
- Einsatz der Begabten als Helfer/innen im Unterricht;
- umfassende Realisierung des Drehtürmodells als permanentes Unterrichtsprinzip;
- Einrichtung von Enrichment-Räumen zur intensiven Projektarbeit (sensu Renzulli).

Gerade auf diesem Gebiet ist die Kreativität der Schulen und Lehrkräfte gefragt. So finden wir im Internet viele gute Beispiele, die von Schulen als gelingende Begabtenförderung berichtet und weiterverbreitet werden *(Best Practice)*.

Wo liegt nun in den angesprochenen Fördermaßnahmen die motivierende Kraft?

Sie liegt zuerst einmal darin, dass Begabte bei der Lösung anspruchsvoller Probleme ihr Vorwissen einsetzen können (Prinzip der Passung). Das verfestigt vorhandene Tätigkeitsmotive und Interessen bzw. baut sie neu auf. Durch Freiheit im Lernen erleben die Schüler/innen eine gewisse Autonomie; sie gehen Problemstellungen weitestgehend eigenständig an, und durch Beteiligung lässt sich aktivieren. Entscheidend bei allen Differenzierungsmaßnahmen ist, dass Hochbegabte „bei Laune gehalten werden" und nicht gelangweilt aus dem Felde gehen. Durch permanente Angebotsvariation lernen Begabte im sozialen Verband der Schulklasse hochindividualisiert. Die Mitschüler/innen profitieren von ihrer Kompetenz, von ihren Ideen und von der Hilfe als Schülercoach (Tutor/in).

Dieses Festeingebundensein in Lernaufgaben der Schulklasse hebt das Selbstvertrauen. Orientiert sich die Lehrperson an einer individuellen Bezugsnorm (vgl. Unterkapitel 3.7 und den Anhang), sind die begabten Schüler/innen zusätzlich motiviert, weil sie erleben, dass sie ständig vorankommen und neue Kompetenzerfahrungen machen können.

Auf der nächsten Ebene in Abbildung 4-3 stehen das Compacting und das Enrichment. Der Begriff „Compacting" wird in den Arbeiten von Renzulli et al. verwendet (vgl. Heller & Mönks, 2014). *Compacting* (Zusammendrücken, Komprimieren) meint den Sachverhalt, dass man das traditionelle Curriculum für Begabte dynamisieren und anpassen kann und nur an Beispielen lernen sollte. In Deutschland verwendete man lange Zeit den Terminus „exemplarisches Lernen" (Wollersheim, 2014). Auf diese Art und Weise gewinnt man Lernzeit, die der oder die Begabte anderweitig verwenden kann, zum Beispiel beim Drehtür-Angebot (Drehtürmodelle): Er bzw. sie verlässt zeitweilig den Unterrichtsraum und kann nun pädagogische Angebote anderer Art wahrnehmen. So entgehen Begabte den Wiederholungen eines bereits bekannten Lernstoffs und können höchst individuell hinzulernen. Manche Lehrkräfte nutzen dieses Förderangebot in der Weise, dass der begabte Schüler, die begabte Schülerin, wenn er bzw. sie nach der „Auszeit" in den Klassenraum zurückkehrt, den Mitschüler/innen von den neu gewonnenen Erkenntnissen berichtet. So ist der Nutzen allseitig, und die Begabten erleben Stolz auf die Leistung, die sie vollbracht haben.

Das *Enrichment* ist eine allseits bekannte Methode der Begabtenförderung. Es umfasst eine Vielzahl von Maßnahmen. Allen ist gemeinsam, dass sie den regulären Unterricht durch inhaltlich und methodisch angereicherte Lernangebote ergänzen. Das kann die im Curriculum enthaltenen Themen vertiefen und überdies das Bearbeiten von Inhalten nach sich ziehen, die über den Lehrplan hinausgehen. Auf diese Weise leistet das Enrichment einen Beitrag zur intellektuellen, motivationalen und emotionalen Entwicklung von Kindern und Jugendlichen. Es umfasst folgende Angebote:

- Unterrichtsergänzung in speziellen unterrichtlichen Lerngruppen,
- Pull-out (Lernen außerhalb des Schulgebäudes),
- Schülerakademien und Schülerwettbewerbe (siehe hierzu Unterkapitel 2.7),
- Arbeitsgemeinschaften und spezielle Kurse (Projektarbeit),
- Ferienkurse (Sommerakademien),
- Einrichten eines Talent-Portfolios (sensu Renzulli et al.),
- Arbeit mit außerschulischen Experten.

Pädagog/innen verweisen darauf, dass ein Enrichment nur dann erfolgreich sein kann, wenn Fördermaßnahme und Begabung ineinanderpassen, wenn sich die Angebote einem langfristigen Konzept unterordnen (also keine Strohfeuer sind) und wenn man alle Angebote permanent evaluiert.

Worin liegt die motivationale Kraft des Enrichments, und was muss geschehen, damit Begabte auf diese Förderung anspringen? Sehr wichtig ist es, dass sie erleben, wie alle Angebote zur Erweiterung ihres Wissens beitragen. Erkenntnisstreben haben wir definiert als tiefgründiges Interesse am selbständigen Kenntniserwerb. Genau das sollen die Enrichment-Angebote gewährleisten. Mit ihrem hohen Anforderungsniveau müssen sie die Begabten intensiv ansprechen, sollten also nicht nur abgewandelten Pflichtstoff der Unterrichtsfächer enthalten, sondern sich zusätzlich als praktisch relevant erweisen. Das Erkennen von Nutzen, also der Transfer in die Praxis, kann eine große Herausforderung für Begabte darstellen.

Kommen wir zur dritten Ebene in Abbildung 4-3, der *Separierung*. Um die Separierung entzünden sich unter Lehrkräften häufig die heftigsten Diskussionen. „Separation“ bedeutet Fähigkeitsgruppierung, definierbar als eine Vorgehensweise, bei der Kinder mit ähnlichem schulischen Entwicklungsniveau anhand von Testergebnissen und Schulleistungsdaten durch Lehrkräfte Klassen oder Gruppen zugewiesen werden, die sich deutlich in den für das schulische Lernen entscheidenden Charakteristika unterscheiden (nach Vock, Preckel & Holling, 2007). Hierzu eine Pro- und eine Contra-Meinung von Lehrpersonen:

- *Pro:* „Ich halte es für gerechtfertigt, leistungshomogene Schulklassen einzurichten, also auch Förderklassen oder spezielle Schulen für Hochbegabte. Alle Diskussionen der Vergangenheit zeigen, man kommt sonst nicht wirklich weiter.“
- *Contra:* „Leistungshomogene Klassen oder Schulen für Hochbegabte lehne ich kategorisch ab. Wir brauchen keine Burgen für Elite-Schüler/innen, schon wegen der unangenehmen sozialen Folgen wie Überheblichkeit bzw. Abgehobenheit.“

Separierung kann eine äußere oder auch eine innere Differenzierung bedeuten. Bei äußerer Differenzierung geht es um Spezialschulen, fachübergreifende oder fachgebundene Sonderförderzweige oder spezielle fachbezogene Kurse. Bei der inneren Differenzierung wird innerhalb des bestehenden Klassenverbands gefördert. Die Gruppierung ist dann temporär und flexibel. Es können aber auch alle Hochbegabten eines Jahrgangs in einer Klasse zusammengefasst werden *(Cluster Grouping)*. Tabelle 4-1 stellt Argumente pro und contra Separierung nochmals gegenüber.

Auch wenn in der Lehrerschaft teilweise massiv gegen das Separieren Begabter argumentiert wird, aus wissenschaftlicher Sicht sind diese Argumente

Tabelle 4-1: Argumente pro und contra Separierung (nach Vock, Preckel & Holling, 2007, S. 37–39, gekürzt)

Separierende Fähigkeitsgruppierung	
Pro	Contra
- Intellektuelle Förderung - Bewahrung wertvoller Interessen der Begabten - Erleichterung des Lernens und Unterrichtens - Bessere Förderung auch der leistungsschwachen Schüler - Gezielte Qualifikation von Lehrkräften - Gesellschaftlicher Nutze durch Profilierung und Selbstdarstellung der Einrichtungen	- Kein Modelllernen (brain-drain) - Motivationsschwund der Lehrkräfte von „Restklassen“ - Teilweise Überforderung der Lehrer/innen durch notwendige verschiedene Angebote - Begabten-Schulen machen spätere Ausstiege schwer, z. T. schlechtere Abi-Durchschnitte - Unterschiede zwischen Schichten und Bildungsgruppen vergrößern sich durch geringere soziale Erfahrungsmöglichkeiten

zumindest teilweise haltlos. Vock, Preckel & Holling schreiben: „Die Ergebnisse verschiedener Studien zeigen zusammenfassend, dass hochbegabte Schüler/innen von Maßnahmen der Fähigkeitsgruppierung in ihrer Leistungsentwicklung profitieren. Die eindeutigsten Effekte zeigen sich in akzelerierten Klassen oder in Klassen, die speziell für diese Gruppe konzipiert sind und zusätzlich eine Anreicherung bieten." (Vock, Preckel & Holling, 2007, S. 49.) Entscheidend für die Wirksamkeit der Separierung ist es also, dass man gleichzeitig den Lehrplan verändert. Entgegen allen Befürchtungen wirkt sich die Separation bei Begabten nicht negativ auf schulische Leistungen aus. Problematisch scheint es zu sein, wenn man die Fähigkeitsgruppierung in regulären Schulklassen anwendet. Schüler/innen reagieren darauf sehr sensibel und fühlen sich mitunter ausgegrenzt.

Worauf sich die positive Wirkung der Separierung bei begabten Schüler/innen zurückführen lässt, ist noch nicht vollständig erforscht. Gut denkbar wäre, dass ein positiver Motivierungseffekt entsteht, der seinen Ursprung im sozialen Miteinander hat. Begabte können sich untereinander austauschen, zum Beispiel über die Geheimnisse ihres Lieblingsfachgebietes oder auch über soziale Probleme des Andersseins. Im Rahmen einer wissenschaftlichen Begleitung fanden Schneider, Preckel und Stumpf (2014, S. 16), dass Hochbegabte in Förderklassen der Jahrgangsstufe 5 zunächst ungünstige Arbeitshaltungen und Lernmotivationen aufwiesen. Diese verschwanden aber ein Jahr später (in Klasse 6) und glichen sich in Klasse 7 vollständig aus, was darauf hindeutet, dass die Gruppierung in Begabtenklassen positive Effekte nach sich zog. Dagegen kann bei ungeschickter Anwendung der Separierung das Selbstkonzept leiden, wie wir das am Beispiel des Übergangs ins Gymnasium gezeigt haben („Big-fish-little-pond"- bzw. Fischteicheffekt).

Wir sind auf der obersten Stufe unserer Übersicht angelangt: bei der *Akzeleration* (vgl. Abbildung 4-3). Hierunter verstehen wir schulische Maßnahmen, die es Schüler/innen ermöglichen, den vorgesehenen Lehrplan oder Teile davon früher zu beginnen, früher zu beenden oder schneller zu passieren, als es üblich oder gar gesetzlich vorgesehen ist (Heinbokel, 1996). Drei Wege sind bekannt: die vorzeitige Einschulung, das individuelle Überspringen einer Schulklasse und die Akzeleration ganzer Schulklassen.

Vorzeitiges Einschulen ist in Deutschland noch selten. Nur etwa 3 bis 4 Prozent eines Jahrgangs werden früher eingeschult. Eltern und Lehrkräfte befürchten nicht ganz zu Unrecht, dass Kinder eventuell körperlich, sozial und emotional überfordert werden und für die spätere Entwicklung Schaden nehmen könnten. Aber auch die Vorteile liegen auf der Hand und sind unübersehbar: Der Langeweile wird entgegengewirkt und späteres (schulisches) Überspringen möglicherweise vermieden.

Es gibt aber auch Nachteile. So kann durch das Herausreißen aus der Kindergartengruppe leicht das Gefühl des Andersseins aufkommen. Schüler/innen, die sich in ihrer neuen, der schulischen Umgebung nicht wohlfühlen, sind im Lernen oftmals beeinträchtigt. Auf den Elternehrgeiz und dessen schädliche Wirkung sind wir bereits eingegangen (Abschnitt 4.2.3). Bei elternbestimmten vorzeitigen Einschulungsversuchen wird der Elternwunsch nach Anerkennung auf das Kind projiziert. Auch wenn hohe Begabung vorliegt, sollte man von einer vorzeitigen Einschulung dann absehen, wenn sich deutliche Defizite im sozialen Bereich abzeichnen und wenn manuelle Ungeschicklichkeit sowie geringe Wissbegier und Ausdauer zu beobachten sind.

Wenden wir uns dem individuellen Überspringen einer Schulklasse zu. Wir schätzen diese Fördermaßnahme als drastisch ein und haben sie deshalb an die Spitze unserer Förderpyramide gestellt (s. Abbildung 4-3). Erst wenn die anderen Förderungen nicht mehr anschlagen, kann man auf das „Springen“ zurückgreifen. Schüler/innen, für die man das Springen vorschlägt, sollten von ihren intellektuellen Voraussetzungen her im oberen Bereich der aufnehmenden Klasse liegen. Wenn die überdurchschnittlichen Fähigkeiten nur in einem Fach auffallen, dann ist eine fachbezogene Akzeleration (Hospitieren in der nächsthöheren Klasse) bzw. außerschulische Förderung vorzuziehen. Hinweise, die bei Heinbokel (1996, 2004) ausführlicher dargestellt sind, seien hier skizziert:

Schüler/innen, die man zum Springen vorschlägt, sollten keine ernsthaften emotionalen und sozialen Probleme haben. Außerdem sollten sie Durchhaltevermögen und hohe Motivation zeigen. Die Schüler/innen sollten keinesfalls unter Druck gesetzt werden, zu springen. Die Eltern müssen dem Springen positiv gegenüberstehen, und die Schüler/innen müssen es selbst wollen, sie sollten die letzte Entscheidung treffen. Auch die aufnehmenden Lehrer/innen sollten dem Springen positiv gegenüberstehen und bereit sein, den Schüler/innen bei der Eingewöhnung zu helfen. Sind sie ablehnend oder pessimistisch, ist zu erwägen, ob sich das Springen zeitlich verschieben lässt oder ob eine passende Parallelklasse zu finden ist. Der beste Zeitpunkt für das Springen im Laufe des Schuljahres ist der, zu dem die Unterforderung so deutlich wird, dass nur das Springen als sinnvolle Alternative erscheint. Jedes Springen sollte probeweise stattfinden. Eine Probezeit von sechs Wochen kann ausreichen. Die Schüler/innen sollten wissen, dass sie während der Probezeit jederzeit in ihre alte Klasse zurück dürfen. Während dieser Zeit sollte es für die Schüler/innen und die aufnehmenden Lehrer/innen Beratungsmöglichkeiten geben.

Die Akteure im Springer-Verfahren sind: das Kind, die Mutter bzw. der Vater, die abgebende Lehrkraft, die aufnehmende Lehrkraft, die schulpsychologischen Berater/innen. Von gelingender Integration spricht man dann, wenn die Lehrpersonen den Klassenwechsel vollständig akzeptieren, wenn sich eventuell vorhandene Störungen abbauen lassen, wenn (besonders in der Übergangsphase) Unterstützung von Seiten der Eltern möglich ist und sich neue Freundschaften zwischen dem Springer/der Springerin und den Schüler/innen der aufnehmenden Klasse herausbilden.

Der Motivierungseffekt entspringt bei der Akzeleration dem Verkürzen des Ausbildungsweges. Das kann bedeuten, dass sich eventuelle Unterforderungen ausgleichen. Wir erinnern an das Fallbeispiel Florian im Entwicklungsfenster „Die Lebenssituation begabter Schulanfänger/innen“ (Unterkapitel 1.9). Bei Florian wirkte sich das Überspringen sehr positiv aus. Allerdings birgt diese Fördermaßnahme auch erhebliche Risiken, wenn sie nicht gut vorbereitet wird. Der Wechsel des Klassenumfeldes kann zu Beeinträchtigungen größeren Ausmaßes führen. Aus der eigenen Beratungstätigkeit sind uns Beispiele bekannt, in denen Springerkinder von den neuen Klassenkamerad/innen gemobbt wurden.

In Modellversuchen zielte man darauf ab, die negativen Auswirkungen des Einzelspringens zu mildern. So probierte man es im Hamburger Schulversuch mit einer Schulzeitverkürzung von drei auf zwei Jahre (Sen, 2011). Die ausgewählten Schülerinnen und Schüler wurden vorab in Springerklassen zusammengefasst. Auswahlkriterien waren zum einen Schulnoten und Fähigkeiten und zum anderen leistungsfördernde Persönlichkeitsmerkmale sowie soziale Umweltmerkmale. Auf die kognitiven Merkmale gehen wir hier nicht näher ein, denn sie stellten ja ein Zuordnungskriterium zu den Regel- oder aber den Springerklassen dar. Es verwundert deshalb nicht, dass hier später ein signifikanter Unterschied feststellbar ist. Viel interessanter sind die Differenzen in den nichtkognitiven und sozialen Persönlichkeitsmerkmalen.

Insgesamt nahmen 124 Schülerinnen und Schüler der Klasse 7 des Gymnasiums an dem Modellversuch teil. Sie wurden mit 514 Schüler/innen von Regelklassen verglichen. Zunächst interessiert der Unterschied in der Tätigkeitsmotivation und der Leistungsmotivation. Sen (2011) setzte bei Jungen und

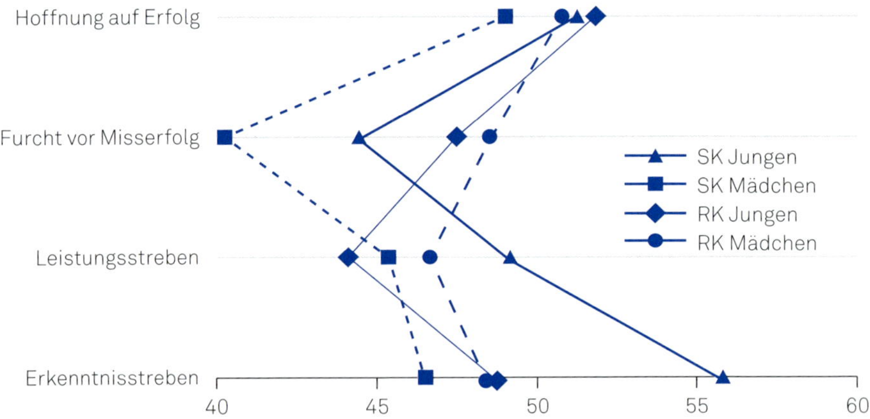

Abbildung 4-4: Hoffnung auf Erfolg, Furcht vor Misserfolg, Leistungsstreben und Erkenntnisstreben der Gruppe IQ >130 in Springer- und in Regelschulklassen im Hamburger Modellversuch. Die Leistungsmotivationsvariablen wurden mit dem LM S gemessen, das Erkenntnisstreben mit dem FES. Zur besseren Veranschaulichung wurden die Werte auf der Abzisse in T-Werte transformiert. SK: Springerklasse; RK: Regelklasse. (Sen, 2011, S. 159, Abdruck mit freundlicher Genehmigung des LIT-Verlages, Dr. W. Hopf.)

Mädchen sowohl in den Regelklassen als auch in den Springerklassen den „Fragebogen Erkenntnisstreben – FESS" ein. Das Leistungsmotiv – Hoffnung auf Erfolg, Furcht vor Misserfolg und Leistungsstreben – bestimmte er mit dem LMS aus der „Münchner Hochbegabungstestbatterie".

Auffallend ist das hohe Erkenntnisstreben bei den Springer-Jungen. Es ist nicht nur bedeutend höher als das Erkenntnisstreben der Jungen in den Regelklassen, sondern auch bedeutend höher als bei den Mädchen der Springer- und der Regelklassen. In der Leistungsmotivation unterscheiden sich die Werte nicht deutlich; allenfalls ein leicht höheres Leistungsstreben weisen die Springerklassen auf. Sowohl Springer-Jungen als auch Springer-Mädchen zeigen eine deutlich niedrigere Misserfolgsfurcht als Schüler/innen der Regelklassen (Sen, 2011, S. 159).

Wir halten fest: Insgesamt zeigt sich in den Springerklassen bei den Jungen bei nahezu gleicher Leistungsmotivation eine deutlich höhere Tätigkeitsmotivation (Erkenntnisstreben). Weitere auffallende Differenzen zwischen Springerklassen und Regelklassen gibt es im schulischen Selbstkonzept. Die besonders begabten Springer/innen, sowohl Mädchen als auch Jungen, erreichen im schulischen Selbstkonzept sehr hohe Werte, während die Werte der Schülerinnen und Schüler mit vergleichbarem kognitivem Potential in den Regelklassen eher unauffällig sind.

Insgesamt gesehen sind die motivationalen und selbstwertbezogenen Bedingungen beim Überspringen günstig, so dass man von einem erfolgreichen Förderkonzept sprechen kann. Das verdeutlicht nochmals, dass Springen erst dann erfolgreich verlaufen kann, wenn die nötigen motivationalen und selbstwertbezogenen Voraussetzungen gegeben sind.

Abschließend ein Wort zum fachgebundenen Springen (Hospitieren). Hier verbleibt das begabte Kind in seiner Stammklasse und nimmt nur in dem Fach am Unterricht der oberen Klasse teil, in dem es einen großen Entwicklungsvorsprung zeigt. Diese Förderung ist stark motivierend und verläuft meist sozial unproblematisch. Aus der eigenen Beratertätigkeit kennen wir positiv verlaufene Schülerkarrieren, bei denen sich das fachgebundene Hospitieren später unkompliziert in ein generelles individuelles Springen überführen ließ. Weil die Schüler/innen durch das Hospitieren bereits mental vorbereitet sind, wird der Klassenwechsel nun kaum als sozial problematisch empfunden.

Zusammenfassung

Anhand einer Förderpyramide wurden Methoden der Begabtenförderung in der Schule erläutert. Die Basis jeder Förderung ist die Differenzierung und Individualisierung. Es kommt darauf an, aus den zahlreichen Möglichkeiten diejenigen auszuwählen, die für den Aufbau von Selbstbildungsprozessen besonders geeignet erscheinen. Dabei müssen die Lehrkräfte berücksichtigen, dass Begabte ihr teilweise umfangreiches Vorwissen aus außerschulischen Lernprozessen in den jeweiligen Unterricht einbringen, und bei der schulischen Wissensvermittlung darauf eingehen. Das führt bei Lehrkräften, die noch keine ausreichende Erfahrung mit Differenzierungsprozessen haben, mitunter zu Problemen, denn sie glauben, auf jede Frage des Schülers, der Schülerin eine kluge Antwort geben zu müssen.

Bei der Compacting-Methode lernen die Schüler/innen an ausgewählten Beispielen und schließen hernach via Transfer auf andere Aufgaben. Mit dieser Methode kann man zusätzlich Zeit für anspruchsvolle Tätigkeiten gewinnen.

Enrichment dient der Verbreiterung und Anwendung des erworbenen Wissens. Die Forscher/innen um Renzulli haben ein stufenweises Aneignungsmuster vorgestellt, das man bereits in vielen Schulen anwendet (Typ I, Typ II, Typ III).

Die Separierung ist immer noch eine viel diskutierte Förderungsweise. Für begabte Schüler/innen stellt diese Methode durchaus einen Vorteil dar. Die Ergebnisse verschiedener Studien zeigen, auf den Punkt gebracht, dass hochbegabte Schüler/innen in ihrer Leistungsentwicklung von Maßnahmen der Fähigkeitsgruppierung profitieren. Wichtig erscheint, dass beim Separieren der soziale Zusammenhalt mit der Gesamtschülerschaft nicht verloren geht.

Das Springen in eine nächsthöhere Klasse kann individuell oder in vorher zusammengefassten Gruppen geschehen. Das individuelle Springen sollte gut vorbereitet sein. An der Vorbereitung sind die Eltern, das Kind selbst, die abgebende Lehrkraft, die aufnehmende Lehrkraft und eventuell der/die Schulpsycholog/in beteiligt. Jegliches Springen erfolgt zunächst auf Probe, das heißt, die eingeleitete Fördermaßnahme kann ohne negative Konsequenzen wieder rückgängig gemacht werden. Am Beispiel des evaluierten Hamburger Modellversuchs haben wir das Problem von Springerklassen erläutert. Wie sich zeigt, ist das Gruppenspringen erst bei positiver Motivation und günstigem Selbstbild erfolgreich.

4.3.3.2 Förderung begabter Subpopulationen

Als weiteren Anwendungsbereich der Motivationsförderung von Begabten nennt Ziegler (2000) die Unterstützung depravierter begabter Subpopulationen. Wir haben das Problem des hochbegabten Minderleisters bereits am Beispiel des Übergangs in ein Gymnasium dargestellt und eine Stufenfolge für das Abgleiten ins Underachievement vorgeführt (s. Abbildung 2-5 im Unterkapitel 2.2, S. 72). Dort findet man auch ausführliche Hinweise, wie sich das Abgleiten schulisch überwinden lässt. Diese Hinweise vertiefen wir hier.

Anschließend sprechen wir das Problem an, das hochbegabte Mädchen mit Mathematik, Informatik, Naturwissenschaften und Technik – den MINT-Fächern – haben. Hinsichtlich beider Subgruppen (begabte Underachiever, begabte Mädchen) ist man sich in der Forschungsliteratur einig, dass es motivationale Probleme sind, die dazu führen, dass diese Subpopulationen ihr Leistungspotential nicht ausschöpfen.

Kehren wir zum Underachievement hochbegabter Schüler/innen zurück. Je nachdem, wie weit das Underachievement vorangeschritten ist, werden Lehrkräfte unterschiedliche Strategie wählen. Sind zum Beispiel das Flow-Erleben und die Wissbegier beeinträchtigt, ohne dass bereits eine Veränderung des Selbstbildes eingetreten wäre, dann muss sich die Lehrerin, der Lehrer fragen, wie sie bzw. er den Unterricht für Begabte attraktiver machen kann. Weiter oben haben wir viele Möglichkeiten der Differenzierung und Individualisierung vorgestellt.

Schwieriger wird es, wenn der Selbstwert und die Zuschreibungsgewohnheiten (Attribuierung) bereits verändert sind. Dann helfen andere unterrichtliche Stoffangebote und andere Präsentationsformen allein nicht mehr. Ein erster Schritt ist ein verändertes Rückkopplungsverhalten der Lehrenden gegenüber dem begabten Underachiever im Unterricht. So muss sich die Lehrkraft nach Ziegler und Schober (2001) entscheiden, ob sie eher motivationsfördernd oder eher selbstwertdienlich agieren will. Will sie Motive bei Erfolg fördern, dann sagt sie dem Schüler, der Schülerin vermutlich: „Siehst du, wenn du dich konzentrierst, schaffst du es." Die nahegelegte Attribution zielt auf die Anstrengung und ist variabel (vgl. die Attributionsmuster und die Erklärung dazu in Abbildung 2-9, S. 94). Kindern, die bereits tief im Underachievement stecken, hilft sie wenig. Hier ist eine auf Fähigkeit zielende Zuschreibung bedeutend günstiger: „Siehst du, welche Fähigkeiten in dir stecken." Diese Attribution ist selbstwertdienlich.

Noch wichtiger sind die Zuschreibungen, die eine Lehrkraft anbietet, bei einem Misserfolg. Motivationsförderlich ist dann: „Du hast zu schnell aufgegeben"(Attribution auf Anstrengung). Selbstwertdienlich dagegen: „Du hattest diesmal ein wenig Pech" (Attribution auf Zufall).

Mit einem speziellen Training lassen sich Attributionen systematisch verändern. Man spricht von *Reattributionstraining* (Oppenhof, 2004). Im Mittelpunkt stehen drei Annahmen:

1. Attributionen beruhen auf unterschiedlicher subjektiver Wahrnehmung. Verschiedene Personen können eine Situation ganz unterschiedlich bewerten.
2. Attributionen beeinflussen die Ergebnisse künftiger Handlungen.
3. Attributionen werden gelernt.

Vor Beginn des Trainings muss zunächst verlässlich durch Verhaltensbeobachtung oder Fragebogen festgestellt werden, wie die Schüler/innen üblicherweise attribuieren. Andernfalls läuft das Training ins Leere oder kann sogar Schaden anrichten.

In unseren Beispielen wurde die *Kommentierungstechnik* angewendet. Bei Schüler/innen mit geringem Selbstwertgefühl sollten die Rückkopplungen durch die Lehrperson selbstwertsteigernd sein. Bei Schüler/innen mit einem gesunden Selbstwert ist es dagegen besser, motivationsfördernde Rückinformationen zu geben.

Bei der *Modellierungstechnik* arbeitet man mit einem positiven Modell als Vorbild. Dieses Modell praktiziert einen günstigen Attribuierungsstil bzw. zeigt, wie der Wechsel dahin vonstattengegangen ist. Wie beim Modelllernen üblich, sollen sich die Schüler/innen mit einem Modell identifizieren, um dessen Handeln nachzuahmen. Die Begründer und Weiterentwickler des Reattributionstrainings weisen darauf hin, dass ein gewünschtes Verhalten nur in bestimmten Grenzen übernommen wird. Beispielsweise kann sich bereits eine Anstrengungsvermeidung (Rollet & Bartram, 1998) fest etabliert haben, so dass die Übernahme positiver Attributionen im Training nicht ohne weiteres möglich wird.

Gemäß unserer Stufenfolge (s. Abbildung 2-5, S. 72) bildet das Auftreten lernbezogener Angst die höchste Irritation des Underachievements. Hier kommt es darauf an, den eigenen hohen Anspruch (Perfektionismus) des Begabten relativieren zu helfen. Der Angst vor Nichtanerkennung durch das „Anderssein" kann man mit der Einbettung in die soziale Gemeinschaft begegnen. Beim Bewerten der Schülerleistung sollte man auf soziale Bezugsnormen verzichten und ausschließlich individuelle Bezugsnormen anwenden (vgl. den Selbstcheck im Anhang). Natürlich verlangen ängstliche hochbegabte Schüler/innen viel Lob. Grundsätzlich ist zu empfehlen, bei einer massiven Beeinträchtigung einen/eine Psychotherapeuten/in zu Rate zu ziehen. Als wirksam hat sich das autogene Training für Kinder erwiesen, mit dem sich massive Spannungen abbauen lassen.

Wenden wir uns nun der Frage zu, warum hochbegabte Mädchen ihr Lernpotential in den MINT-Fächern nicht einsetzen können. Diese Frage ist in den letzten Jahren in wachsendem Maße zum Gegenstand wissenschaftlicher Forschungen aufgestiegen. Es ist zunächst kaum zu verstehen, warum Mädchen in der Grundschule noch ein hohes, zumindest gleiches Interesse an Mathematik haben wie Jungen, aber bereits drei bis vier Jahre später dieses Fach ablehnen. Kecht (2007) hat in einer österreichischen Volksschule (3. Schulstufe) Jungen und Mädchen 25 Fragen folgenden Typs gestellt (Tabelle 4-2).

Es fanden sich keinerlei ernstzunehmende Unterschiede zwischen Jungen und Mädchen, ja die Mädchen waren sogar im Vorteil. Einige Jahre später stellte die Autorin fest, dass die Unterschiede zwischen den Geschlechtern immer größer wurden. Was war geschehen?

Die These von den angeborenen kognitiven Begabungsunterschieden zwischen Mädchen und Jungen lässt sich im Lichte neuerer Forschungsbefunde nicht mehr aufrechterhalten, obwohl es nach der ersten Veröffentlichung der Befunde bei Benbow (1988) noch so aussah. Vielmehr ist anzunehmen, dass es die Lebensumstände sind, die bei begabten Mädchen eine Veränderung bewirken. Fallbeschreibungen entnehmen wir überdies, dass gerade bei hochbegab-

Tabelle 4-2: Auszug aus dem Mathematik-Interessenfragebogen 3. Klassenstufe (Kecht, 2007)

	JA, das stimmt	NEIN, das stimmt nicht.	
Ich rechne gerne.			Ich rechne gerne.
Ich mag Zahlen.			Ich mag Zahlen.
Ich freue mich jeden Tag auf die Rechenstunde.			Ich freue mich jeden Tag auf die Rechenstunde.
Ich mag Spiele, in denen Zahlen vorkommen.			Ich mag Spiele, in denen Zahlen vorkommen.
Beim Rechnen kann ich mich einfach nicht konzentrieren.			Beim Rechnen kann ich mich einfach nicht konzentrieren.
Ich finde manchmal Lösungen für Rechnungen, auf die andere nicht kommen.			Ich finde manchmal Lösungen für Rechnungen, auf die andere nicht kommen.
Mathematik ist mir langweilig.			Mathematik ist mir langweilig.
In Rechnen ist für mich alles klar, ich brauche nicht extra dafür zu lernen.			In Rechnen ist für mich alles klar, ich brauche nicht extra dafür zu lernen.
Ich mache die Rechenaufgabe immer alleine.			Ich mache die Rechenaufgabe immer alleine.
Ich erfinde gerne Rechnungen und Rechengeschichten.			Ich erfinde gerne Rechnungen und Rechengeschichten.
Ohne Mathematik würde mir etwas fehlen.			Ohne Mathematik würde mir etwas fehlen.

ten Mädchen der soziale Normdruck in der Sekundarstufe erheblich zunimmt. Mädchencliquen scheinen in dieser Altersstufe eine feste Fügung aufzuweisen, in der das Mädchen mit dem höchsten Sozialprestige bestimmt, mit welchen Gegenständen und Vorlieben sie sich in der Clique zu beschäftigen haben (z.B. Mode, Musik). Mathematik gehört in den seltensten Fällen dazu. Wer nicht in das Schema passt, wird von der Mädchengruppe weitgehend ausgeschlossen. Es sind also hauptsächlich die differenten Sozialisationserfahrungen, die den Unterschied ausmachen.

Wieczerkowski (2002) fasst die wichtigsten Umwelt- und Persönlichkeitsmerkmale zusammen und gibt folgende Übersicht (Tabelle 4-3):

Tabelle 4-3: Mädchen und ihre Einstellung zur Mathematik (Wieczerkowski, 2002, S. 54)

Kontrollüberzeugungen	Attribuierung eines Erfolges mit Anstrengung Attribuierung eines Misserfolges mit Fähigkeit
Wert eines Schulfaches	Geringer Nutzwert des Faches Mathematik als männliche Domäne
Subjektive Wertungen	Schwaches Selbstkonzept der eigenen mathematischen Fähigkeiten Niedrige Erfolgserwartung Geringe Verknüpfung mit der Erfüllung zentraler Bedürfnisse Furcht vor Misserfolg
Einstellungen (Erwartungen der Umwelt)	Niedrige elterliche Einschätzung der Nützlichkeit für Mädchen Niedrige Erfolgserwartung bei Lehrer/innen Geringe oder negative Rückmeldung durch Lehrpersonen

Ziegler meint, dass der Sozialisationsansatz zu kurz greift, und stellt ähnlich wie bei Underachievern zusätzlich ungünstige Zuschreibungsmuster (Attributionen) in den Mittelpunkt. Er entwirft das folgende fiktive Fallbeispiel:

> *Nehmen wir an, ein Mädchen und ein Junge haben jeweils die gleiche schlechte Note in einer Mathematik-Klassenarbeit erzielt. Typischerweise begründet der Junge seine schlechte Leistung mit mangelnder Anstrengung oder einfach mit Pech. Das Mädchen dagegen wird dazu tendieren, seine mangelnde Begabung als Ursache zu sehen. Hätten beide eine gute Note erzielt, dann wäre der Junge eher zugeneigt, dies mit seiner Begabung zu erklären, während das Mädchen häufiger seine Anstrengung oder seinen Lernaufwand, die Leichtigkeit der Klassenarbeit oder einfach Glück nennt. Der Attributionsstil der Jungen ist vergleichsweise motivationsförderlicher: Sie schreiben sich ihre Erfolge selbst zu. Zudem beeinträchtigt ein Misserfolg im Falle einer Attribution auf Pech nicht ihren Selbstwert bzw. bezieht sich im Fall einer Attribution auf mangelnde Anstrengung auf eine kontrollierbare Ursache, die durch intensiveres Lernen ausgeschaltet werden kann.*
>
> *(Ziegler, 2002, S. 88.)*

Wie lässt sich Chancengleichheit herbeiführen? Klar wird, dass für die Benachteiligung hochbegabter Mädchen nicht nur ein Grund auszumachen ist, sondern die Ursachen vielfältig sind. Aus der Sicht seiner Münchner Beratungsstelle hat Elbing „Erziehungsprogrammatiken" für Eltern mathematisch-naturwissenschaftlich begabter Töchter formuliert (Elbing, 2002, S. 106ff.), von denen wir hier einige sinngemäß wiedergeben:

- Bringe hohe Erwartungen an Deine Tochter zum Ausdruck, doch achte stets darauf, dass sie auch lernt, mit Versagens- und Misserfolgssituationen sinnvoll umzugehen.
- Betrachte ihr mögliches Interesse an Mathematik und Naturwissenschaften als normal, als berechtigt und wünschenswert. Glaube an ihre Fähigkeiten und vermeide auf jeden Fall den Hintergedanken, dies sei nichts für Mädchen.
- Überprüfe Deine Erziehungseinstellungen und Dein Erziehungsverhalten darauf, inwieweit Du absichtlich oder unabsichtlich geschlechtsstereotypen Vorgaben in Deiner Erziehungspraxis folgst.
- Mache Deine Tochter frei von Schuldgefühlen, wenn nicht alles gleich klappt. Entwickle mit ihr gemeinsam eine Kultur des Ausprobierens im Umgang mit ihrer Begabung.
- Suche gemeinsam mit Deiner begabten Tochter nach möglichen Widerstandspraktiken gegenüber Peer-Druck und stereotypen Geschlechtsrollenerwartungen.
- Arrangiere Kontaktmöglichkeiten zu anderen hochbegabten Mädchen. Halte das Kind an, sich auch selbst um solche Kontakte zu kümmern.
- Nutze die Möglichkeiten der schulischen Akzeleration. Versuche mit Deiner Tochter gemeinsam, die hieraus erwachsenden Aufgaben und Anfeindungen gelassen zu bewältigen.
- Pflege eine Familienkultur, die es erlaubt, dass man sich trotz hochbegabter Kinder in der Familie wohlfühlt, und die Begabungsunterschiede zwischen den Geschwistern als normal und wünschenswert betrachtet.

Zusammenfassung

Unter hochbegabten Underachievern versteht man Mädchen und Jungen, die aufgrund ihrer Lerngeschichte permanenter Unterforderung die Handlungsmacht über (schulische) Anforderungen verloren haben (vgl. das Fallbeispiel in Unterkapitel 1.11). Die Aufgabe von Pädagog/innen besteht darin, dass sie belastende Störungskomplexe im Leben Hochbegabter bestimmen und durch zweckentsprechende Übungs- bzw. Trainingsverfahren dabei helfen, eventuell bestehende Denk- und Lernblockaden abzubauen. Dabei eröffnen sich zwei Wege der Einflussnahme: Der erste Weg besteht darin, die Schwierigkeit von Lernaufgaben zu erhöhen, der zweite Weg, eine sich abzeichnende Persönlichkeitsdeformierung möglichst frühzeitig zu stoppen.

Unterrichtliche Maßnahmen (Schwierigkeitsdosierung) sind dann angezeigt, wenn das Underachievement noch nicht allzu weit fortgeschritten ist. Dann hilft es, die Aufgaben schwerer zu machen, unter anderem dadurch, dass die Lehrkraft geistige Tätigkeiten abverlangt, die sehr anspruchsvoll sind, oder außercurriculare Zusätze in den schulischen Lehrplan einfügt.

Problematisch wird es, wenn der Selbstwert bereits geschädigt und die Zuschreibungsgewohnheiten (Attribuierungen) ungünstig sind. Veränderte unterrichtliche Stoffangebote und veränderte Präsentationsformen allein helfen dann nicht mehr. Angezeigt ist ein Reattributionstraining, in dem Zuschreibungsgewohnheiten systematisch verändert werden.

Eine besondere Subgruppe, die der Förderung bedarf, sind die mathematisch und naturwissenschaftlich hochbegabten Mädchen. Die Ursachen für die Probleme hochbegabter Mädchen in den MINT-Fächern sind vielfältig. Da sind zunächst die unzureichenden Kontrollüberzeugungen, da ist der Wert, den die Eltern und andere Betreuungspersonen einem mathematisch-naturwissenschaftlichen Schulfach beimessen, da sind die eigenen Wertungen der Sinnhaftigkeit von Mathematik und Naturwissenschaft, da sind schließlich die Einstellungen des Umfeldes (Stichwort Mädchenclique).

Ebenso wie bei den begabten Underachievern spielen auch Fehlattributionen eine bedeutsame Rolle. In Konfliktsituationen wählen hochbegabte Mädchen (anders als hochbegabte Jungen) eher selbstbildbelastende Attributionen aus, so dass sie sehr schnell mangelnde Begabung und nicht Pech oder mangelnde Anstrengung als Ursachen für die Nichterfüllung von Aufgaben annehmen. Die angebotenen Erziehungsempfehlungen versuchen gerade diesen Umstand positiv zu beeinflussen und zu verändern.

4.3.3.3 Motivationshilfe beim Expertise-Aufbau

Der dritte Aufgabenbereich bei der Motivationsförderung Begabter ist nach Ziegler der Expertise-Aufbau. Verschiedentlich sind wir bereits auf Expertise und *deliberate practice* eingegangen. Die Expertiseforschung meint, dass jeder, der gut motiviert ist, den Expertenstatus erreichen kann. Hochbegabt ist nach dieser Vorstellung die Person, die mit hoher Wahrscheinlichkeit außergewöhnliche Leistungen zu vollbringen in der Lage ist. Begabung lässt sich durch intensives Lernen und Üben beliebig steigern (vgl. Unterkapitel 2.1).

Das Modell der sich entwickelnden Expertise nach Sternberg (2001) enthält neben metakognitiven Fähigkeiten, Lernfähigkeiten, Denkfähigkeiten und Wissen als zentrale Schlüsselvariable die Motivation. Um eine Domäne zu beherrschen, bedarf es einer höchst individuellen Leistungsmotivation, die ein täglich mindestens 5stündiges Üben in der gewählten Domäne möglich macht. Was die Leistungsmotivation anbetrifft, sind dabei das Erhöhen der Erfolgserwartung, ein Betonen der Anreize und das Vermitteln affektiver und volitiver Kontrollstrategien zu berücksichtigen (Ziegler, 2000). Einige Expertiseforscher pochen deshalb darauf, wertvolles Lernen nicht auf verschiedene Domänen aufzuteilen und damit Lernzeit zu „vergeuden“, sondern sich strikt auf eine Domäne zu konzentrieren. Diese Auffassung widerspricht teilweise dem Ideal eines allseits gebildeten Menschen (Weinert & Stefanek, 1997).

Wie aber lässt sich Dauermotivation erreichen? Die Expertiseforscher sprechen vom steinigen und mühevollen Weg, der relativ freudlos erscheint.

Wir haben diesen Umstand bereits weiter oben kritisiert. Klar ist, dass Begabte die motivationalen Herausforderungen von *deliberate practice* nur dann lösen können, wenn Personen wie Lehrer/innen, Trainer/innen, Coaches oder „Meister/innen" die eigene metakognitive Kompetenz im sozialen Kontext auf ihre Schützlinge übertragen (Gruber & Lehmann, 2014).

Wir haben in von uns angeleiteten Untersuchungen (Frost, 1992) feststellen können, dass sich metakognitive Direktiven schon relativ früh in der Ontogenese über den sozialen Kanal übertragen lassen. Unter *metakognitiven Direktiven* verstehen wir die Reflektion des Kindes auf anregende Hilfeleistungen von Betreuungspersonen. Sie werden besonders bedeutsam beim gemeinsamen Problemlösen. Typ und Ausmaß gewährter Hilfestellungen sind abhängig vom Lernverhalten des Kindes und von interaktionswirksamen Personmerkmalen der Betreuungsperson. In einem Basistraining schulten wir Lehrer/innen und Erzieher/innen darin, wie sich Hinweise bei Problemaufgaben optimal geben lassen. Wir unterschieden Aufgabenhinweise (Verbalisierungen, die sich direkt auf die Aufgabe bezogen), spezifische Strategiehinweise (Verbalisierung zum Vorwissen), Hinweise auf den Zielzustand, Vergleiche der dargebotenen Objekte) und allgemeine Strategiehinweise (Hinweise auf Modelle und Muster, Hinweise auf Vereinfachungsregeln). Diese im Training aufgebauten Komponenten erweisen sich bei der späteren (metakognitiven) Lernsteuerung als sehr hilfreich.

Der Weg zu einer erfolgreichen *deliberate practice* führt über hochmotivierte Lehrer/innen und Eltern, die ihr Wissen weitergeben und sich dabei doch selbst zurücknehmen können. Wichtig erscheint nach Gruber und Ziegler (1996), dass die Lehrpersonen nicht nur den eigentlichen Lernprozess vor Augen haben, sondern vor allem die Motivation ihrer zu trainierenden Schützlinge.

Deliberate practice bezeichnet Aktivitäten, deren ausdrückliches Ziel die Verbesserung der Leistung ist (Ericsson et al., 1993). Der Übungsbegriff erhält damit einen neuen Sinn. Mit Hilfe von Lehrpersonen werden zunächst Bereiche des Nichtkönnens (auf höchstem Begabungsniveau) festgestellt und gemeinsam mit den Schüler/innen Handlungen analysiert, um dieses Nichtkönnen zu beheben. Dieser Prozess ist nur mit erfahrenen und permanent motivierenden Mentor/innen bzw. Tutor/innen erreichbar. Sie sollten über die Domäne sehr gut Bescheid wissen und übliche Schwachstellen vorab kennzeichnen. Anhand dieser Schwachstellen konstruieren die Mentor/innen, die Lehrenden, gemeinsam mit den Schüler/innen Trainingsprogramme, die als Grundlage für gehaltvolle Übungsprozesse dienen können.

Nicht umsonst werden die Lehrpersonen als *persons in shadow* bezeichnet (Gruber & Lehmann, 2014, S. 357). Sie sorgen im Hintergrund für ein gehaltvolles kognitives Üben und gleichzeitig für eine intrinsische Motivation, die den steinigen Weg zur Spitzenleistung leichter macht. Schüler/innen einer amerikanischen Schule beschrieben das gelungene Handeln ihrer Förderer bzw. Förderinnen zum Beispiel sinngemäß so: Er ermunterte jeden Schüler einzeln und orientierte sich vor allem an meinen eigenen Bedürfnissen; er gab mir zu verstehen, für ihn sei es wichtig, dass es mir glückt und dass ich mich selbst mag ... Sie gab mir das starke Gefühl, dass ich Dinge verstehen und tun konnte, und es schien mir, dass ich diese Begeisterung mit ihr zu teilen vermochte. Sie verstand es, mir klarzumachen, dass Lernen richtig aufregend sein kann. (Webb, Meckstroth & Tolan, 2004.)

Zusammenfassung

Der Aufbau von Spitzenleistungen verlangt lange und intensive Übungsphasen. Solches Üben findet nicht isoliert statt, sondern muss von Mentor/innen oder Tutor/innen unterstützt werden. Sie agieren meist im Hintergrund. Auf der Grundlage sehr genauer Beobachtung gestalten sie Übungsprogramme, überwachen deren Umsetzung und motivieren ständig, um ein immer besseres Leistungsniveau ihrer Schützlinge zu erreichen.

Die Mentor/innen oder Tutor/innen versuchen den „Neuling“ (Novizen) auf ein Expertenniveau zu führen, indem sie ihm ein „Gerüst“ für das Üben bereitstellen *(scaffolding)*. Die Schüler/innen übernehmen nach genauer Anweisung dieses Muster und versuchen es umzusetzen. Gute Lehrer/innen wissen genau, wie sie sich sukzessive zurückziehen können *(fading)*, damit aus dem Nachmachen eine selbständige Handlung wird. Anfangs sind die eigenen Anteile der Novizen noch bescheiden; später wird die Beteiligung der Lernenden immer dichter und leistungsnäher. Im Verlaufe der Entwicklung werden die Lernenden immer selbstsicherer und gewinnen Kontrolle über ihren eigenen Lernprozess. Letztlich mündet die Unterstützung in der Förderung des eigenständigen Lösens von Problemen durch die Lernenden. Über weitere Besonderheiten von erfolgreichen Begabtenlehrpersonen informiert der folgende Passus.

4.3.3.4 Motivierende Begabtenlehrpersonen

In seinem jüngsten Buch *Visible Learning for Teachers* beleuchtet Hattie (2012) die Rolle von Lehrpersonen im Rahmen von sichtbaren Lehr-Lernprozessen. Für Lehrkräfte sei es prinzipiell wichtig, „Passion“ für ihr Lehrfach zu zeigen und diese den Schüler/innen zu vermitteln. Der Unterricht sollte komplett aus der Lernperspektive von Schülerinnen und Schülern geplant werden. So nehme man deren Bedürfnisse von Beginn an ernst. Selbstverständlich muss der Unterricht immer den fachlichen Erfordernissen entsprechen. Entscheidend sei aber, so Hattie, dass die unterschiedlichen Lernausgangslagen der Lernenden stets berücksichtigt werden, um auf diesem Niveau aktivierend rückkoppeln zu können.

Verschiedene Studien auswertend, berechnet Hattie Effektstärken, so dass sich die Wertigkeit des Lehrerverhaltens bündig einschätzen lässt (Roth,

2014). An erster Stelle (Effektstärke 0.90) steht die Glaubwürdigkeit des Lehrers. Es folgen Rückmeldung an die Schüler/innen geben (Effektstärke 0.90), Klarheit und Verständlichkeit der Lehrperson (Effektstärke 0.85), Schülerdiskussionen im Unterricht anregen (Effektstärke 0.82), gegenseitiges Unterstützen fördern (Effektstärke 0.74) und problemlösenden Unterricht durchführen (Effektstärke 0.71). Weitere Lehrer/innen-Merkmale sind kooperatives Lernen, überzeugender Unterricht, Erwartungshaltung der Lehrperson und Angstreduktion beim Lernen. Sie erreichen aber nur geringere Effektstärken. Streng genommen gelten diese Merkmale nicht nur für das Unterrichten von begabten, sondern für das Unterrichten aller Schüler/innen.

Auf einige Besonderheiten der Hochbegabtenlehrperson sind wir bereits eingegangen. Sie liegen zum Beispiel in der aktivierenden Fremdattribution (vgl. Abbildung 2-10, S. 95), die es begabten Schüler/innen ermöglicht, eventuelle Beeinträchtigungen (Underachievement) durch gezielte Reattribuierung zu überwinden. Eine andere Besonderheit der motivierenden Lehrperson (Mentor/in) haben wir im Zusammenhang mit der Entwicklung von Expertise im Bereich von Spitzenleistungen durch langfristiges Üben *(deliberate practice)* dargestellt.

Ein wenig aus dem Blick geraten sind diejenigen Hochbegabten, bei denen keine negative Differenz zur erforderlichen Schulleistung feststellbar ist. Man bezeichnet sie in der Fachliteratur als Achiever, das heißt, das vorhandene Leistungspotential entspricht weitgehend der gezeigten hohen Schulleistung. Wie kann die Lehrkraft unter den Bedingungen der integrativen Begabtenförderung (Rohrmann & Rohrmann, 2005) diese Schülerinnen und Schüler motivieren, aktiv am Unterricht teilzunehmen, ohne dass sie sich unterfordert fühlen? Welche Persönlichkeitseigenschaften und Arbeitsgewohnheiten zeichnen die Begabtenlehrperson aus? Wie kann eine begabungsfreundliche Schule aussehen, an der engagierte Begabtenlehrer/innen gerne arbeiten, weil sie im Kollegium hohe Achtung erfahren? Diesen drei Fragen wollen wir uns im Folgenden widmen.

Wie Begabtenlehrpersonen einen aktivierenden Unterricht für begabte Schüler/innen gestalten können, hängt ganz entscheidend von ihrer fachlichen Kompetenz ab. Sie müssen in der Lage sein, den Unterricht hochgradig zu individualisieren. Das verlangt ein neues Selbstverständnis: als Lernbegleiter und nicht als Stoffgeber. So sollten (hochbegabte) Schülerinnen und Schüler an der Planung, Durchführung und Auswertung ihrer eigenen Lernprozesse unmittelbar beteiligt werden. Der motivationsfördernde Unterricht ist schülerzentriert und kooperativ. Der Unterricht nutzt überdies Alltagserfahrungen und ist nicht ausschließlich am Lehrplan (Curriculum) orientiert. Schüler/innen rezipieren das Unterrichtsangebot der Lehrkraft nicht nur, sondern produzieren aktiv neues Wissen.

Hohe fachliche Kompetenz verlangt ein Unterricht, den man als entdeckenden oder problemlösenden Unterricht bezeichnen könnte. Er spricht begabte Schüler/innen in besonderer Weise an und fördert deren Tätigkeitsmotivation. Das konnte Häusler (1981, dargestellt in Lehwald, 2000) nachweisen. Zu diesem Zweck wurde mit Fachlehrern ein Physikthema methodisch in zwei Varianten aufbereitet und in der 7. Klassenstufe in einer Sekundarschule realisiert. Unterrichtsmethode 1 *(entdeckender Unterricht)* bot zahlreiche Anregungen und optimale Möglichkeiten zur selbständigen geistigen Arbeit, zur Gewinnung zusätzlicher Informationen und zum Lösen von Problemen. Über einen Anleitungskatalog erhielten die Lehrkräfte Hilfen zur Unterrichtsdurchführung. In Unterrichtsmethode 2 *(darbietender Unterricht)* sollten die Lehrkräfte das Denken der Schüler eher lenken und ihnen Gesetze und Zusammenhänge darlegen. Dafür blieb ihnen aber mehr Zeit, die Gesetze anzuwenden und zu überprüfen. Falsche Lösungsansätze konnten die Lehrkräfte sofort korrigieren oder nannten die richtige Lösung. So konnten sich bei den Schüler/innen keine falschen Lösungsansätze einschleifen. Zu Beginn einer Aufgabenstellung gaben die Lehrer/innen außerdem Hinweise, wie man Fehler am besten vermeidet. Die Hypothese war, dass Schüler/innen mit ausgeprägtem Tätigkeitsmotiv Erkenntnisstreben (erfasst mit dem „Bilderverfahren – BVE", vgl. Abschnitt 3.5.2) die Unterrichtsmethode positiv bewerten, bei der sie optimale Bedingungen zur Kenntnisaneignung vorfinden. Zu diesem Zweck wurde ein situationsspezifischer Fragebogen entwickelt und eingesetzt, in dem die Schüler/innen aktivierende Unterrichtsmerkmale detailliert beschrieben. Erkenntnisstrebige Schüler/innen werden tatsächlich vom entdeckenden Unterricht stärker angesprochen. Sie bewerten anregende Aspekte der Unterrichtsführung positiver und hemmende Aspekte des Unterrichts negativer als niedrig erkenntnisstrebige Schüler/innen. Das geschieht sowohl im entdeckenden als auch im darbietenden Unterricht. Signifikant häufiger dagegen erleben erkenntnisstrebige Schüler/innen die Problemrelevanz der Unterrichtsinhalte im entdeckenden Unterricht.

Welche Persönlichkeitseigenschaften und Arbeitsgewohnheiten zeichnen die Begabtenlehrperson aus? Darauf geben verschiedene Hochbegabtenforscher/innen Antworten (z. B. Feldhusen & Hoover, 1986; Landau, 1990; Wahl, Weinert & Huber, 2001). Wir greifen zurück auf eine Beschreibung von Vock, Preckel und Holling (2007, S. 151). Die Autoren sprechen von „effektiven Lehrpersonen", also von erfolgreichen Lehrer/innen in der Begabtenförderung. Eine effektive Lehrkraft

- erkennt individuelle Lernbedürfnisse von Schüler/innen,
- hat die Fähigkeit, das Curriculum zu differenzieren,
- verwendet Strategien, die zum Denken auf höherem Niveau anregen,
- ermutigt Schüler/innen, unabhängig zu sein,
- handelt vorwiegend moderierend und begleitend,
- stellt schülerzentrierte Lernangelegenheiten in den Mittelpunkt,
- schafft eine nicht bedrohliche Lernumgebung,

- ist gut organisiert,
- besitzt tiefreichendes Fachwissen,
- hat ein breites Interessenspektrum,
- hat eine überdurchschnittliche Intelligenz,
- ist eine lebenslang lernende Person,
- besitzt exzellente kommunikative Fähigkeiten,
- denkt kreativ,
- ist bereit, auch einmal Fehler zuzugeben,
- besitzt Sinn für Humor und
- ist enthusiastisch.

Allerdings, und darauf weisen die Autoren dieser Liste selbst hin, treffen viele der Merkmale auf zahlreiche Lehrpersonen zu und sind eigentlich für jeden Unterricht wichtig, nicht nur bei Hochbegabten. Möglicherweise erfordert das Unterrichten von Begabten einen etwas größeren Fundus an lernmotivierenden Eigenschaften. Daran ist abzulesen, dass die Hochbegabtenpädagogik auch zum normalen Unterricht in Regelklassen gute Beiträge leisten kann.

Wie kann eine begabungsfreundliche Schule aussehen, an der Begabtenlehrer/innen gerne arbeiten, weil sie im Kollegium hohe Achtung erfahren?

Gegenwärtig werden an vielen Schulen Schulprogramme und Leitbilder diskutiert, um jeder Einrichtung ein unverwechselbares Profil zu geben. Solche Bestrebungen müssen Themen der Begabungsförderung enthalten, damit die an der Schule tätigen Hochbegabten-Lehrer/innen die Gewissheit haben, dass ihre Arbeit in der Schulgemeinschaft anerkannt wird. Um diese Lehrpersonen in ihrer fachlichen Arbeit zu unterstützen, führte das European Council for High Ability (ECHA) vor einiger Zeit eine zweijährige Fortbildung mit dem Diplom-Abschluss als *Specialist in Gifted Education* ein. Ziel war und ist, dass die ECHA-Absolvent/innen an Schulen die Begabtenförderung gemeinsam mit der Schulleitung und regionalen Schulbehörden erfolgreich organisieren. Stadelmann (2006, S. 19–20) hat Merkmale zusammengestellt, woran eine begabungsfördernde Schule zu erkennen sei. Hier ein Auszug aus seiner 14 Punkte umfassenden Checkliste:

- Die Schulleitung steht hinter dem Anliegen.
- Begabungsförderung ist als pädagogisches Leitthema akzeptiert.
- Lehrpersonen bilden sich in der Begabtenförderung weiter.
- Begabungsförderung ist eine pädagogische Haltung.
- Eine Initiativgruppe arbeitet das Begabungsförderkonzept aus.
- Mindestens eine Lehrperson hat sich als Spezialist/in für Begabungsförderung qualifiziert.
- Heterogenität wird als Normalität erlebt.
- Die Leistungsbeurteilung ist stets förderorientiert.
- Eltern werden in die Begabtenförderung einbezogen.

- Bestmögliche innerschulische und außerschulische Maßnahmen werden im Team diskutiert.
- Innerschulische und außerschulische Förderangebote sind realisiert.
- Individuelle Sonderlösungen (z. B. Überspringen) sind ohne große administrative Umtriebe möglich.

Die Aussagen machen deutlich, dass der Erfolg der Aktivitäten zum Aufbau einer begabungsentwickelnden Schule von der Kooperation im Lehrer/innen-Team abhängt. Die einzelne Lehrperson wird in ihrem Unterricht begabte Schüler/innen umso stärker motivieren können, je mehr Rückhalt sie im Schulkollegium findet. Sie verlässt dann auch einmal ausgetretene Lehrpfade und versucht etwas Neues, Kreatives.

Die gute Lehrkraft erlaubt zum Beispiel Schüler/innen, intellektuelle Risiken einzugehen und auf der Basis noch nicht schlüssiger Informationen auch einmal zu spekulieren. Sie fördert die intellektuelle Flexibilität und ermutigt, den Zugang zu Problemen von verschiedenen Positionen aus zu versuchen. Der kreative Lehrer, die kreative Lehrerin ermutigt Schüler/innen zur Selbstbewertung von individuellem Fortschritt und Leistung (Urban, 2004). Er bzw. sie streift beim Unterstützen oftmals die Lehrerrolle ab und handelt als authentische und selbstkongruente Person, bei der die eigenen persönlichen Ziele mit den vorgegebenen Lehrzielen komplett übereinstimmen.

Begabte Schüler/innen bezeichnen solche Lehrpersonen als „echt“ und glaubwürdig, sie suchen sich diese bewusst als Vorbilder aus und eifern ihnen nach. Über seine frühere Lehrerin äußerte sich ein hochbegabter Schüler in unserer Beratungsstelle sinngemäß: Sie ermutigte zu aktivem Mitmachen, stellte viele Fragen und akzeptierte Antworten, ohne zu demütigen; sie hat mir geholfen, mich kompetent zu fühlen, auch wenn ich etwas Neues ausprobierte.

Zusammenfassung

Wirksames Lehrerhandeln ist schwer bestimmbar, denn es spielt sich in einem Handlungsfeld ab, dass nicht klar bestimmbar ist – in der pädagogischen Situation. Die sozialen Eigenschaften von Lehrer/innen wirken unter den Bedingungen der integrativen Begabtenförderung auf die Gesamtheit der Schüler/innen ein. Dazu zählen an erster Stelle die Glaubwürdigkeit und die Echtheit der Lehrperson. Ebenso wichtig sind die Rückmeldestrategien an die Schüler/innen, die Klarheit und Verständlichkeit und die Fähigkeit, einen problemlösenden (entdeckenden) Unterricht zu gestalten.

Um begabte Kinder motivieren zu können, ist die fachliche Kompetenz des Lehrers, der Lehrerin gefragt, vor allem das große Wissen und die Fähigkeit, den Stoff im Unterricht so anzubieten, dass alle Schüler/innen erreicht werden. Dazu muss man die schulischen Inhalte gut differenzieren und individualisieren können. Der Erfolg der einzelnen Lehrkraft ist immer von der guten

Kooperation im Lehrer/innen-Team der betreffenden Schule abhängig. Ist sie vorhanden, findet die Lehrperson auch den Mut, übliche Lehrpfade zu verlassen und etwas Neues und Kreatives auszuprobieren. Begabte Schüler/innen bezeichnen solche eher ungewöhnlichen Lehrpersonen als authentisch; sie suchen sich diese bewusst als Vorbilder aus und eifern ihnen nach.

4.3.4 Fragen zum Nach-Denken

- Wie kann ich das, was ich einem Kind vermitteln will, so aufbereiten, dass es spannend und interessant ist?
- Welche unterschiedlichen Möglichkeiten der Begabtenförderung gibt es im Schulunterricht?
- Welche Gründe werden in der Fachliteratur zum Problem mathematisch-naturwissenschaftlich hochbegabter Mädchen als Underachiever diskutiert?
- Welche Eigenschaften von Lehrpersonen betrachten begabte Schüler/innen als positiv und welche lehnen sie klar ab?

4.3.5 Tipps zum Nach-Lesen

Miriam Vock, Franzis Preckel, Heinz Holling (2007). *Förderung Hochbegabter in der Schule.* Göttingen, Bern, Wien: Hogrefe.

Joseph S. Renzulli, Sally M. Reis & Ulrike Stedtnitz (2001). *Das schulische Enrichment Modell SEM.* Aarau: Sauerländer.

Österreichisches Zentrum für Begabtenförderung und Begabungsforschung (http://www.oezbf.at), Schlagwörter: Fragen und Antworten/Wie können Begabungen gefördert werden? [Zugriff am 24.04.2016].

5 Das Wichtigste kurz zusammengefasst

Der Bogen für dieses Buch war weit gespannt. Ausgangspunkt war das unterschiedliche Lernverhalten von zwei nahezu gleich intelligenten Schülern. Für den einen war der Lerngegenstand interessant; er suchte nach einer eleganten Lösung und war dabei emotional hochgestimmt. Dieses Lernverhalten bezeichneten wir vorläufig als intrinsisch. Der andere suchte nach Belohnungen in Form von guten Zensuren und verglich seine Ergebnisse mit einem intern aufgebauten Gütemaßstab. So konnte er mit einiger Wahrscheinlichkeit wissen, ob ihm eine Aufgabenlösung gelingen wird und sich der Einsatz lohnt. Um der Belohnung willen strengte er sich besonders an. Wir nannten dieses Lernverhalten vorläufig extrinsisch.

Die übergreifende Motivation für intrinsisch gesteuertes Verhalten bezeichnen wir als Tätigkeitsmotivation. Die frühen Formen (Neugier und Explorationsverhalten) sind erblich angelegt als Ansprechbarkeit auf neue Reize. Sie entwickeln sich in den ersten Lebensjahren von selber weiter und treten in den späteren Lebensetappen als Wissbegier (Erkundungsverhalten) und Erkenntnisstreben (Informationssuche) in Erscheinung.

Die Leistungsmotivation dagegen (Hoffnung auf Erfolg, Furcht vor Misserfolg) ist klar erziehungsbedingt. Das zeigen Studien, die in den entsprechenden Kapiteln des Buches dargestellt sind. Erst wenn Kinder ihr jeweils erzieltes Handlungsergebnis auf eigene Tüchtigkeit zurückführen, wird die Leistungsmotivation eigenständig und spaltet sich aus dem Tätigkeitsstrom ab (etwa mit drei Jahren). Fortan entwickeln sich das Tätigkeitsmotiv und das Leistungsmotiv parallel.

Je nachdem, welches Motiv in der Motivhierarchie gerade an oberster Stelle steht, sprechen wir vom dominierenden Motiv. Bei begabten Kindern ist das Tätigkeitsmotiv dominierend. Die Tätigkeitsmotivation ist der Antreiber (Motor) der Begabungsentwicklung, sie ist verantwortlich für das Suchen neuer Informationen und deren tiefgründige Analyse. Die Leistungsmotivation dagegen ist ein wichtiges Korrektiv, das die erreichten Lernergebnisse anhand eines Gütemaßstabes einordnet und in Bezug zu den Ergebnissen anderer Personen setzt.

Im Kapitel 1 haben wir die Entwicklung der Tätigkeitsmotivation vom Säuglingsalter bis ins Jugendalter etappenweise dargestellt. Unterschiedliche Studien zogen wir zu Rate. Es wurde deutlich, dass sich zum einen die Stabilität und Dauerhaftigkeit erhöht und zum anderen eine innere Differenzierung einsetzt. Damit können Handlungen zunehmend zielbezogen und wertbesetzt ausgeführt werden. Zwei Aspekte der dargestellten Stufenfolge haben wir näher beleuchtet: die Entwicklung der intrinsischen Anstrengungskomponente und die Entwicklung des Selber Machen Wollens.

Konstitutiv für das Verständnis der Entwicklung des Tätigkeitssystems ist die Theorie Lew S. Wygotskis von der Zone der nächsten Entwicklung. Diese Zone umfasst den Bereich, in dem ein Kind, zunächst unter Anleitung Erwachsener, sein geistiges Potential ausschöpfen kann. Später ist es möglich, die Anleitung der Erwachsenen systematisch abzubauen und trotzdem das Lernpotential des Kindes zu erhalten.

Primär Leistungsmotivierte suchen die Gründe für erfolgreiches bzw. misslingendes Handeln außerhalb des Tätigkeitsprozesses. In Auseinandersetzung mit einem Gütemaßstab schätzt das Kind ein, ob es im Vergleich zu anderen erfolgreich oder weniger erfolgreich war. Dabei können leistungsmotivierte Emotionen wie Stolz und Scham auftreten. Ebenso wie die Entwicklung der Tätigkeitsmotivation lässt sich auch die Entwicklung der Leistungsmotivation als eine Stufenfolge darstellen. Drei Aspekte wurden näher analysiert: das Fähigkeitsselbstbild, die Attribuierung und die Bezugsnormsetzung; denn diese Aspekte beeinflussen die Begabungsentwicklung.

Wir zogen dazu die von Franz E. Weinert und Andreas Helmke initiierte und zusammengestellte Längsschnittstudie im Grundschulalter „Scholastik" heran und interpretierten zunächst das überraschende Ergebnis, dass Intelligenzunterschiede über Jahre hinweg stabil bleiben und durch keine noch so gute Unterrichtsqualität zu beeinflussen sind. Es verwundert nicht, dass aus diesem Grund Voraussagen über die zukünftige Entwicklung, besonders im oberen Leistungssegment, relativ sicher sind. Man kann davon ausgehen, dass Kinder nach vierjährigem Grundschulbesuch im Alter von zehn Jahren ihre relative Position hinsichtlich der Intelligenz gefunden haben.

Was lässt sich über die Entwicklung der Leistungsmotivation und der Tätigkeitsmotivation aussagen? Die vorgestellte Längsschnittstudie untersuchte das Fähigkeitsselbstbild (als Ausdruck der Leistungsmotivation) und die Lernfreude (als Ausdruck der Tätigkeitsmotivation). Faktoranalytisch ließen sich beide Motivformen deutlich trennen. Interessant ist die Verlaufsgestalt beider Motivformen über die Grundschulzeit und deren Geschlechtsspezifik. Hier gibt es klare Unterschiede. Die in der Studie erfassten Unterrichtsmerkmale haben nur Einfluss auf die Lernfreude; das Fähigkeitsselbstbild dagegen bleibt von den Merkmalen des Unterrichts weitgehend unberührt.

In einem Exkurs sind wir anhand von zwei Längsschnittstudien auf frühes Lesen (Frühleser) und frühes Rechnen (Frührechner) eingegangen. Wir fragten, ob beide vorschulischen Besonderheiten eventuell ein Frühindikator für Begabung darstellen. Das Ergebnis lautet: Frühes Lesen und frühes Rechnen sind nur dann bedeutsam für die kognitive Leistungsfähigkeit (Begabung), wenn sie kombiniert auftreten. Entscheidend ist außerdem, ob sich Vorschulkinder beide Kulturtechniken eigenständig und ohne Zwang durch die Eltern angeeignet haben. Dabei bilden die kindliche Wissbegier und das Erkundungsverhalten die motivationale Grundlage. Es ist anzunehmen, dass Kombinierer (Frühleser und gleichzeitig Frührechner) über die Schulzeit hinweg erfolgreich sind, wenn sie nicht in eine schulische Unterforderungssituation hineingeraten.

In einem zweiten Exkurs ging es an einem Fallbeispiel um erwartungswidrige Minderleister (Underachiever) im Grundschulalter. Hierunter versteht man hochbegabte Schüler/innen, deren Tätigkeitsmotivation aufgrund dauernder schulischer Unterforderung absinkt. Der dargestellte Einzelfall macht klar, wie wichtig schulische Herausforderungen für begabte Kinder bereits in der Grundschulzeit sind. Fehlen solche Herausforderungen, geraten die Schüler/innen in eine Spirale der Enttäuschung. Sie beginnt mit einem Sinken der Wissbegier, setzt sich mit einer negativen Veränderung des Selbstbildes fort und endet in Versagensängsten.

Fassen wir das Wichtigste kurz zusammen:

- Die beiden zentralen Lernmotive (Tätigkeitsmotiv, Leistungsmotiv) entwickeln sich getrennt nach eigenen Regeln. Sie ergänzen sich zwar bei der Begabungsentfaltung, sind aber keineswegs deckungsgleich.
- Für die Entwicklung sowohl der Tätigkeitsmotivation als auch der Leistungsmotivation lassen sich abgrenzbare Stufen angeben.
- Betrachten wir die Besonderheiten hochbegabter Schüler/innen, wird klar, dass bei ihnen das Tätigkeitsmotiv dominierend ist. Es sollte durch spezifische Förderung unterstützt werden.

Das Kapitel 2 widmete sich im engeren Sinne den motivationspsychologischen Grundlagen der Begabung in der Gymnasialschulzeit. Die Tätigkeitsmotivation ist in dieser Altersstufe gerade dabei, sich von der Wissbegier zum Erkenntnisstreben weiterzuentwickeln. Das Erkenntnisstreben äußert sich als hohes Interesse am selbständigen Wissenserwerb, als intrinsisch gefärbte kognitive Anstrengungsbereitschaft und durch eine Flow-Komponente, die wir in unseren diagnostischen Arbeiten zugegebenermaßen etwas eingeschränkt als „affektiv-emotionale Zuwendung zu Problemen“ bezeichnen.

Die Leistungsmotivationsentwicklung hat am Ende der vierten Klasse Gütemaßstäbe für Erfolg und Misserfolg hervorgebracht, das heißt, die Kinder können jetzt klar eine Beziehung zwischen Tüchtigkeit und Aufgabenschwierigkeit herstellen, und sie sind in der Lage, sachgerecht zu attribuieren (internal, external). Das schafft gute Voraussetzungen für die erweiterte Begabungsentwicklung. Bei begabten Kindern steht das Tätigkeitsmotiv als dominierendes Motiv an oberster Stelle.

Die Expertiseforschung will die traditionellen Auffassungen von Begabung (als einem „Potential“ für Höchstleistungen) ergänzen. Außergewöhnliche Leistungen sind nach Auffassung der Expertiseforscher nicht ausschließlich von angeborenen Basisfähigkeiten determiniert, sondern hauptsächlich von bereichsspezifischen Fähigkeiten. Dabei spielt das intensive Lernen und Üben eine bestimmende Rolle *(deliberate practice)*.

Das Münchner Prozess-Modell greift die unterschiedlichen Ansätze der Begabungsforschung auf und versucht sie zu integrieren. Es hebt in besonderer Weise die Bedeutung tätigkeitsmotivierender Anreize hervor; an Beispielen nahmen wir darauf Bezug.

Breiten Raum nehmen Auffälligkeiten ein, die bei begabten Kindern beim Übergang ins Gymnasium auftreten können. Die in Kapitel 1 geschilderten Erscheinungsformen von Underachievement setzen sich auf höherer Stufe fort. Um diese Fehlentwicklungen differenziert analysieren zu können, stellten wir eine Checkliste für Lehrkräfte zur Verfügung, in der Unterrichtsmerkmale beschrieben sind, die für erwartungswidrige Schulleistungen stehen.

Wie sich zeigt, steht im Mittelpunkt als Kernstörung die schulische Unterforderung. Der dadurch in Gang gesetzte Schwund an Tätigkeitsmotivation ist enorm. Auf Dauer verlieren hochbegabte Underachiever sogar die Fähigkeit, sich zu konzentrieren und sich zu belasten. Darunter leidet oft ihr Selbstkonzept. Sie lernen zu wenig über sich selbst und darüber, wie man schwere Aufgaben erfolgreich löst. Stattdessen erwerben sie die zweifelhafte Fähigkeit, im Unterricht die permanent viel zu leichten Aufgaben zu „erdulden". Die individuelle Entwicklung läuft meist nach dem gleichen Muster ab: erst fachbezogene, dann generelle Anstrengungsvermeidung; erst isolierte, dann übergreifende Aufmerksamkeitsstörungen; anfangs kognitive Unsicherheit, dann zunehmend lernhemmende Angst; zunächst abgrenzbare Schrullen und danach allgemeine Ausweichhandlungen. Wir haben versucht, die Veränderungen als Stufenfolge darzustellen, auf die wir im weiteren Verlauf immer wieder Bezug nahmen.

Wie erreicht die Tätigkeitsmotivation ihre hohe Stabilität? Das ist eine Grundfrage der motivationspsychologischen Begabungsforschung. Anders als bei der Leistungsmotivation wirken ja die Belohnungen außerhalb des Lernprozesses nicht. Die Verstärker für die Tätigkeitsmotivation liegen offensichtlich in der Gegenstandsbezogenheit und im Prozessgeschehen, wozu auch das Flow-Erleben zählt. „Flow" bezeichnet ein positives emotionales Erleben bei einer Tätigkeit, charakterisiert dadurch, dass eine Person ganz auf ihr Tun konzentriert ist und darin aufgeht. Begabte Schüler/innen erleben diesen Zustand bei Tätigkeiten, die zu Erfolgen führen, und wählen deshalb gerne Aufgaben, bei denen sie diese Emotion erneut empfinden können. Die Belohnung liegt also nicht in erwarteten Handlungskonsequenzen (extrinsisch), sondern in der Ausführung der Handlung selbst (intrinsisch). Dauerhafte Beschäftigung mit selbstverstärkenden Aufgaben führen zur Ausprägung eines Begabungsschwerpunktes, der stabil über viele Jahre anhält.

Im Sekundarschulalter kommt es zu einem Entwicklungsschub der Leistungsmotivation. Das Fähigkeitsselbstbild (Selbstkonzept eigener Fähigkeiten) stabilisiert sich. Das bleibt auch für die Begabungsentwicklung nicht folgenlos. Zur Stabilität des Selbstkonzeptes tragen die Zuschreibungsgewohnheiten

(Kausalattribuierungen) für erfolgreiches bzw. misslingendes Handeln bei. Bei der Klassifikation erfolgsorientierten und misserfolgsorientierten Handelns hilft ein Schema von Weiner, das Fähigkeit, Aufgabenschwierigkeit, Anstrengung und Zufall als Ursachenkomplexe angibt.

Ein weiterer Stabilisator des Leistungsmotivs ist die Bezugsnorm-Orientierung. Hierunter versteht man einen Standard, mit dem ein Resultat verglichen wird, wenn man es als Leistung wahrnehmen und bewerten will. Man unterscheidet die soziale Bezugsnorm, in der die Leistung mit einer Gruppennorm verglichen wird, und die individuelle Bezugsnorm, bei der die aktuelle Leistung auf bisher gezeigtes prozessuales Verhalten bezogen wird. Beide Bezugsnormen haben unterschiedliche Motivierungsqualität. Für begabte Schüler/innen ist besonders die individuelle Bezugsnorm-Orientierung leistungsfördernd.

Das Kapitel schließt ab mit der Interessenentwicklung. Die Interessen stellen in der Entwicklung des Tätigkeitsmotivs die höchste Stufe dar. Am Beispiel der Studieninteressen wird klar, dass hohes Interesse Begabter mit Studienzufriedenheit, geringer Studienabbruchneigung, tiefgründigem Lernen und fachlicher Identität zusammenhängt.

Fassen wir das Wichtigste kurz zusammen:

- Das Tätigkeitsmotiv Erkenntnisstreben fächert sich auf in hohes Interesse am selbständigen Wissenserwerb, intrinsische Anstrengungsbereitschaft und affektiv-emotionale Zuwendung zu Problemen.
- Die Verstärker für die Tätigkeitsmotivation liegen in der Gegenstandsbezogenheit und im Prozessgeschehen (Flow-Erleben).
- Außergewöhnliche Spitzenleistungen werden nach Auffassung der Expertiseforschung nicht von angeborenen Basisfähigkeiten determiniert, sondern hauptsächlich von bereichsspezifischen Fähigkeiten. Dazu sind motivgestützte langandauernde Lernprozesse nötig *(deliberate practice)*.
- Zur Stabilität des Selbstkonzeptes als Kernstück der Leistungsmotivation tragen Kausalattribuierungen für erfolgreiches bzw. misslingendes Handeln und Bezugsnorm-Orientierungen bei.
- Die Persönlichkeitsveränderungen hochbegabter Underachiever lassen sich in einer Stufenfolge beschreiben.
- Die Interessen stellen die höchste Stufe in der Entwicklung des Tätigkeitsmotivs dar.

Das dritte Kapitel bot keine umfassende Darstellung der Motivationsdiagnostik, sondern konzentrierte sich klar auf methodische Ansätze, die das Tätigkeitsmotiv erfassen. Wir fokussierten uns auf Verfahren, die wir mit Mitarbeiter/innen und Student/innen weitgehend selbst entwickelt haben. Die dargestellten Methoden sind zur unmittelbaren Anwendung gedacht; es dominieren Checklisten und Analysehilfen.

Weil man Motive nicht direkt beobachten kann – es sind hypothetische Konstrukte –, muss man sie aus anderen (situationalen) Sachverhalten erschließen, die als Anzeiger dienen können (Indikatoren). Motive hinterlassen Spuren im Handlungsablauf. Bei der Motivmessung spielt die Situation, in der sich eine Person befindet, eine ganz entscheidende Rolle und kann zur Motiverkennung mit herangezogen werden. Man versucht, die Situation, in der das Motiv wirkt, in die Diagnoseprozedur hereinzuholen. Das kann durch situationsspezifische Fragebogen oder Checklisten geschehen. Es eignen sich aber auch Bilderverfahren, in denen sich eine Situation darstellen lässt. Als weitere Möglichkeit stehen Auswahlverfahren zur Verfügung, mit denen man die Tätigkeitsmotivwerte durch Bevorzugung verschiedener Aufgaben erhebt. Natürlich eignen sich auch traditionelle Fragebogen, die hinter einem konkreten Handlungsablauf stehende Motivqualitäten erfassen. Wir entwickelten einen „Fragebogen Erkenntnisstreben – FES" und ein „Bilderverfahren Erkenntnisstreben – BVE" für das Sekundarschulalter.

Das zu diagnostizierende Erkenntnisstreben ist ein Basismotiv produktiver Lerntätigkeiten. Im engen Zusammenspiel mit kognitiven Leistungsvoraussetzungen (z.B. Intelligenz, Gedächtnis, Aufmerksamkeitsspanne) kann es zu individuellen Höchstleistungen führen. Aus diesem Grund wurde unser Verfahren FES in die „Münchner Hochbegabungstestbatterie für die Sekundarstufe" (Heller & Perleth, 2007b) aufgenommen. Untersuchungsergebnisse in großer Zahl liegen vor, die über die Jahre hinweg die Brauchbarkeit des FES eindrucksvoll belegen.

Für das Grundschulalter haben wir zwei Verfahren vorgestellt: die „Skala Schöpferische Tätigkeiten – SST" und das „Handlungsverfahren Schöpferische Tätigkeiten – HST". Für das Kleinkind- und Vorschulalter existiert eine Fremdeinschätzungsliste (Checkliste) für Kindgarten-Erzieher/innen. Hier wird typisches Neugierverhalten und explorative Handlungen von Kindergartenkindern bei den Erzieher/innen erfragt. Das Ziel der Checkliste besteht darin, Kindergärtner/innen und Vorschulpädagog/innen eine wissenschaftlich geprüfte diagnostische Methode zur Verfügung zu stellen, die leicht handhabbar ist. Eine einfache Grobklassifikation ermöglicht es, die Neugierausprägung als hoch, mittel oder niedrig einzustufen. Die Ergebnisse können zur pädagogischen Förderung von Klein- bzw. Vorschulkindern verwendet werden. Wegen der großen Bedeutung der Bezugsnorm-Orientierung findet sich im Anhang zu diesem Buch ein diagnostisches Instrument zur Selbsteinschätzung für Lehrpersonen.

Fassen wir das Wichtigste kurz zusammen:

- Beim Diagnostizieren von Tätigkeitsmotiven gilt es, einen neuen methodischen Weg zu gehen. Er muss die Situation, in der ein Motiv wirkt, in die Erfassungsprozedur miteinbeziehen.

- Anwendungsbereit angeboten werden Checklisten, Analysehilfen und Analyseverfahren (Fragebogen) zur Erfassung von Tätigkeitsmotiven auf verschiedenen Alterstufen. Validierungsergebnisse sprechen für deren Brauchbarkeit.
- Alle dargestellten Verfahren sind von Belang für die Erfassung von Motiven der schöpferischen (kreativen) Leistung: Neugier, Wissbegier, Erkenntnisstreben.

Gemäß unserer Konzeption stellten wir im vierten Kapitel die Begabtenförderung vor allem als Förderung der Tätigkeitsmotivation dar. Den Eltern und der institutionellen frühkindlichen Betreuung und Erziehung fällt dabei eine hohe Verantwortung zu. Denn je jünger die Kinder sind, desto wichtiger ist das soziale Umfeld, in dem sie aufwachsen.

In der sozialen Interaktion zwischen Eltern bzw. Betreuungsperson und Kind lassen sich Entwicklungsimpulse setzen. Bei neugierigen und explorationsreichen Kindern erweist sich die ausgestaltende und angereicherte Interaktion als besonders günstig. Das Spiel wird häufig als Hauptweg der Entwicklungsförderung angesehen. Dargestellte Studien zeigen, wie stark das kindliche Spiel vom Interaktionsgeschehen zwischen den Spielpartnern und den handlungswirksamen (Persönlichkeits)Eigenschaften der Betreuungsperson abhängt.

Übertriebener Elternehrgeiz kann zur dauerhaften Beeinträchtigung der Tätigkeitsmotivation und des Selbstbildes führen. Die fördernde Umwelt muss den realen individuellen Bedürfnissen und Eigenarten des Kindes entsprechen.

Anhand einer Förderpyramide haben wir Methoden der Begabtenförderung in der Schule erläutert. Basis jeder Förderung sind die Differenzierung und Individualisierung. Es kommt darauf an, aus den zahlreichen Möglichkeiten (Compacting, Enrichment, Separierung, Akzeleration) diejenigen auszuwählen, die für den Aufbau von Selbstbildungsprozessen besonders geeignet erscheinen. Alle dargestellten Methoden der Begabtenförderung sind daraufhin zu befragen, ob sie geeignet erscheinen, Wissbegier und Erkenntnisstreben auszulösen bzw. zu erhalten. Es kommt nicht darauf an, durch eine Vielzahl von Unterrichtsmethoden zu glänzen, sondern darauf, nur die auzuwählen, die optimal für die individuelle Förderung genau dieses begabten Schülers, dieser begabten Schülerin passt.

Die Separierung ist immer noch eine viel diskutierte Förderung. Für begabte Schüler/innen stellt diese Methode durchaus einen Vorteil dar. Die Ergebnisse verschiedener Studien zeigen zusammenfassend, dass hochbegabte Schüler/innen von Maßnahmen der Fähigkeitsgruppierung in ihrer Leistungsentwicklung profitieren. Wichtig erscheint bei dieser Förderung, dass der soziale Zusammenhalt zur Gesamt-Schülerschaft nicht verloren geht.

Das Springen in eine nächsthöhere Klasse kann individuell oder in vorher zusammengefassten Gruppen geschehen. Dabei muss das individuelle Springen gut vorbereitet sein. An der Vorbereitung sind die Eltern und das Kind selbst zu beteiligen.

Spezialisierte Förderung verlangen zwei Subgruppen begabter Schüler/innen, die wir genauer in den Blick nahmen: die begabten Underachiever und die mathematisch-naturwissenschaftlich hochbegabten Mädchen. Bei den Underachievern gibt es zwei Wege der Einflussnahme. Der erste Weg besteht darin, die Schwierigkeit von Lernaufgaben zu erhöhen, der zweite Weg, eine sich abzeichnende Persönlichkeitsdeformierung möglichst frühzeitig zu stoppen. Beide Herangehensweisen haben Vor- und Nachteile, die ausführlich erläutert wurden. Tiefe und Nachhaltigkeit des aufgebauten Underachievements entscheiden darüber, wie die Förderung vonstatten geht. Für mathematisch-naturwissenschaftlich hochbegabte Mädchen stellten wir ein Reattribuierungstraining vor, bei dem Zuschreibungsgewohnheiten (Fehlattributionen) systematisch durch Training verändert werden.

Nach wie vor ist für die Motivierung von begabten Schüler/innen die Lehrerpersönlichkeit mitentscheidend. Wirksames Lehrerhandeln ist schwer bestimmbar. Die meisten sozialen Lehrer/innen-Eigenschaften wirken unter den Bedingungen der integrativen Begabtenförderung auf die Gesamtheit der Schüler/innen ein. Dazu zählen an erster Stelle die Glaubwürdigkeit und die Echtheit der Lehrperson. Ebenso wichtig sind die Rückmeldestrategien an die Schüler/innen, die Klarheit und Verständlichkeit und die Fähigkeit, einen problemlösenden, entdeckenden Unterricht zu gestalten. Um begabte Kinder zu motivieren, ist die Fachkompetenz des Lehrers, der Lehrerin gefragt. Ist sie vorhanden, findet die Lehrperson den Mut, übliche Lehrpfade zu verlassen und etwas Neues und Kreatives auszuprobieren. Das wird besonders deutlich beim Aufbau von Spitzenleistungen. Lehrpersonen gestalten hierbei auf der Grundlage sehr guter Beobachtung Übungsprogramme, überwachen deren Umsetzung und motivieren ständig, um ein immer besseres Leistungsniveau ihrer Schützlinge zu erreichen. Hochbegabte Schüler/innen bezeichnen solche etwas ungewöhnlichen Lehrpersonen als authentisch, sie suchen sich diese bewusst als Vorbilder aus und eifern ihnen nach.

Fassen wir das Wichtigste kurz zusammen:

- Begabtenförderung äußert sich vor allem in der Unterstützung der Tätigkeitsmotivation.
- In der sozialen Interaktion zwischen Eltern bzw. Betreuungsperson und Kind können in frühen Phasen der Ontogenese entscheidende Entwicklungsimpulse gesetzt werden. Dabei stellt das Spiel den Hauptweg der Entwicklungsförderung dar.
- Die Basis jeglicher schulischen Begabungförderung sind Differenzierung und Individualisierung.
- Schulische Begabtenförderung ist stets danach zu befragen, ob sie geeignet erscheint, Wissbegier und Erkenntnisstreben auszulösen bzw. zu erhalten.

- Hochbegabte Mädchen kann man bei Fehlattribuierung durch ein spezifisches Training fördern.
- Zu den wichtigsten von Begabten hochgeschätzten Lehrer/innen-Eigenschaften zählen: fachliche Kompetenz, methodischer Mut, Glaubwürdigkeit und Echtheit.

Hier beenden wir unseren Streifzug durch die Motivation von begabten Kindern und Jugendlichen. Eventuell haben Sie beim Gewinnen neuer (teils nicht erwarteter oder auch konflikthafter) Erkenntnisse an sich selbst den erfrischenden Zustand studieren können, der einen beim Auftauchen der Wissbegier und des Erkenntnisstrebens befällt und forttreibt. Wenn ja, dann hat das Buch sein Ziel erreicht.

Anhang

Checkliste zur Selbsterfassung von Bewertungstendenzen – CSBT

von Lehwald und Waka, 2007 (Idee: F. Rheinberg)

In dem folgenden Fragebogen sind einige Aussagen formuliert, die sich auf verschiedene Aspekte des Unterrichtsalltags einer Lehrperson beziehen.

Wir möchten Sie bitten, durch Ankreuzen einer Zahl (–3 bis +3) anzugeben, ob eine Aussage *auf Sie selbst* zutrifft oder nicht.

Den Zahlen kommt dabei folgende Bedeutung zu:

(–3) völlig unzutreffend
(–2) weitgehend unzutreffend
(–1) eher unzutreffend
(+1) eher zutreffend als unzutreffend
(+2) weitgehend zutreffend
(+3) völlig zutreffend

Beispiel:

						X	
0.	Es macht mir Spaß, mit Schülern neue Lerngebiete zu erarbeiten. *Zutreffendes bitte ankreuzen!*	–3	–2	–1	+1	+2	+3

Erklärung:
Wenn Sie zum Beispiel der Meinung sind, dass die Aussage auf Sie weitgehend zutrifft, kreuzen Sie die Zahl +2 an.

Nachdem Sie die 20 Items ganz in Ruhe bearbeitet haben, übertragen Sie Ihre Ergebnisse in die beiden Auswertungsschablonen am Ende des Fragebogens.

1.	Ehe ich bei einem Schüler von einer „Leistungsverbesserung" sprechen kann, muss der Schüler wiederholt Leistungen zeigen, die über dem Klassendurchschnitt liegen.	–3	–2	–1	+1	+2	+3
2.	Bei der Unterrichtsvorbereitung überlege ich mir häufig, welche Aufgabenschwierigkeit für welchen Schüler gerade richtig ist.	–3	–2	–1	+1	+2	+3

3.	Alles in allem könnte ich eher genaue Angaben über das generelle Leistungsniveau eines Schülers machen als genaue Angaben darüber, ob er zurzeit dem Unterricht besser oder schlechter folgen kann als vor einem Monat.	−3	−2	−1	+1	+2	+3
4.	Ich organisiere meinen Unterricht so, dass ich möglichst häufig Leistungsvergleiche zwischen den Schülern vornehmen kann.	−3	−2	−1	+1	+2	+3
5.	Wenn ich die Leistung eines Schülers beurteilen will, so vergleiche ich sein erzieltes Ergebnis nicht so sehr mit entsprechenden Ergebnissen seiner Klassenkameraden, sondern stärker mit Ergebnissen, die dieser Schüler zuvor bei vergleichbaren Aufgaben erzielt hat.	−3	−2	−1	+1	+2	+3
6.	Wenn ich einmal Leistungsvergleiche zwischen den Schülern anstelle, so tue ich das in erster Linie, um zu wissen, welchen Schülern ich schwierigere und welchen ich leichtere Aufgaben anbieten will.	−3	−2	−1	+1	+2	+3
7.	Ich kann gewöhnlich vom einzelnen Schüler ziemlich sicher sagen, auf welchem Platz er in der Leistungsverteilung einer Klasse steht.	−3	−2	−1	+1	+2	+3
8.	Ich halte es für gerecht, allen Schülern einer Klasse Aufgaben vom gleichen Schwierigkeitsgrad zu stellen.	−3	−2	−1	+1	+2	+3
9.	Wenn ich mich zur Leistung eines Schülers lobend oder tadelnd äußere, so hängen Lob und Tadel vornehmlich davon ab, ob diese Leistung über oder unter dem Klassendurchschnitt liegt.	−3	−2	−1	+1	+2	+3
10.	Ich halte es für gerecht, leistungsschwächeren Schülern einer Klasse leichtere Aufgaben zu stellen als leistungsstärkeren Schülern.	−3	−2	−1	+1	+2	+3
11.	Wenn ich von einer „guten Leistung“ spreche, so meine ich ein Ergebnis, das deutlich über dem Klassendurchschnitt liegt.	−3	−2	−1	+1	+2	+3
12.	Ich sorge in meinen Stunden oft dafür, dass verschiedene Schüler verschieden schwierige Aufgaben bearbeiten.	−3	−2	−1	+1	+2	+3
13.	Wenn ich von einer „schlechten Leistung“ spreche, so meine ich ein Ergebnis, das unter dem vorherigen Resultat des jeweiligen Schülers liegt.	−3	−2	−1	+1	+2	+3
14.	Wenn ich im Unterricht einmal verschiedenen Schülern einer Klasse unterschiedliche Aufgaben stelle, so achte ich darauf, dass die unterschiedlichen Aufgaben nach Möglichkeit den gleichen Schwierigkeitsgrad haben.	−3	−2	−1	+1	+2	+3

15.	Ehe ich von einer „Leistungsverschlechterung" sprechen kann, muss der Schüler wiederholt Leistungen zeigen, die unter dem Klassendurchschnitt liegen.	−3	−2	−1	+1	+2	+3
16.	Ich mache mir bei der Unterrichtsvorbereitung oft Gedanken darüber, welcher Schüler welche Aufgabenschwierigkeit gerade noch schaffen könnte.	−3	−2	−1	+1	+2	+3
17.	Wenn ich von einer „guten Leistung" spreche, so meine ich damit ein Ergebnis, das über dem vorherigen Resultat des jeweiligen Schülers liegt.	−3	−2	−1	+1	+2	+3
18.	Wenn ich im Unterricht einer Klasse Aufgaben stelle, so achte ich darauf, dass ein leistungsschwächerer Schüler objektiv leichtere Aufgaben, ein leistungsstärkerer Schüler objektiv schwierigere Aufgaben erhält.	−3	−2	−1	+1	+2	+3
19.	Wenn ich mich zur Leistung eines Schülers lobend oder tadelnd äußere, so hängen Lob und Tadel vornehmlich davon ab, ob diese Leistung über oder unter seinen vorherigen Leistungen liegt.	−3	−2	−1	+1	+2	+3
20.	Wenn ich von einer „schlechten Leistung" spreche, so meine ich damit ein Ergebnis, das deutlich unter dem Klassendurchschnitt liegt.	−3	−2	−1	+1	+2	+3

Auswertungsschablone 1
Umrechnung der Zahlen aus dem Fragebogen in Punktwerte
Erklärung:
Übertragen Sie die Kreuze aus dem Fragebogen in diese Tabellen. Achten Sie auf die richtige Zuordnung der Fragennummern. Die unregelmäßige Anordnung der Fragennummern ergibt sich aus deren Zugehörigkeit zu den verschiedenen Merkmalen.

Zählen Sie die erreichten Punktwerte pro Merkmal zusammen, und notieren Sie unten die Summe.

(Nr. bedeutet Fragenummer.)

Nr.	Merkmal A					
	−3	−2	−1	+1	+2	+3
1	6	5	4	3	2	1
3	6	5	4	3	2	1
5	1	2	3	4	5	6

Nr.	Merkmal B					
	−3	−2	−1	+1	+2	+3
2	1	2	3	4	5	6
4	6	5	4	3	2	1
6	1	2	3	4	5	6

Nr.	Merkmal C					
	−3	−2	−1	+1	+2	+3
9	6	5	4	3	2	1
19	1	2	3	4	5	6

7	6	5	4	3	2	1	8	6	5	4	3	2	1
11	6	5	4	3	2	1	10	1	2	3	4	5	6
13	1	2	3	4	5	6	12	1	2	3	4	5	6
15	6	5	4	3	2	1	14	6	5	4	3	2	1
17	1	2	3	4	5	6	16	1	2	3	4	5	6
20	6	5	4	3	2	1	18	1	2	3	4	5	6

Summe A: ....

Summe B: ....

Summe C: ....

Auswertungsschablone 2

Klassifikation der Summenergebnisse je Merkmal

Erklärung:

Die Summenergebnisse der Merkmale A, B und C aus der Auswertungsschablone 1 werden in der Auswertungsschablone 2 unter „Mein Ergebnis" in die passende Spalte eingetragen. Danach können Sie den Text unter den zugeordneten Erläuterungen nachschlagen.

Merkmal A - Leistungsvergleich

	Soziale Bezugsnorm-Orientierung		Individuelle Bezugsnorm-Orientierung
Erreichbare Werte	9 bis 27 Punkte	28 bis 35 Punkte	36 bis 54 Punkte
Mein Ergebnis			
Nähere Informationen siehe	Erläuterung I	Erläuterung II	Erläuterung III

Merkmal B - Individualisierungstendenz

	Soziale Bezugsnorm-Orientierung		Individuelle Bezugsnorm-Orientierung
Erreichbare Werte	9 bis 27 Punkte	28 bis 35 Punkte	36 bis 54 Punkte
Mein Ergebnis			
Nähere Informationen siehe	Erläuterung IV	Erläuterung V	Erläuterung VI

Merkmal C – Sanktionierungsstrategie

	Soziale Bezugsnorm-Orientierung		Individuelle Bezugsnorm-Orientierung
Erreichbare Werte	2 bis 6 Punkte	7 Punkte	8 bis 12 Punkte
Mein Ergebnis			
Nähere Informationen siehe	Erläuterung VII	Erläuterung VIII	Erläuterung IX

Interpretation Ihrer Ergebnisse

Das Merkmal A – Leistungsvergleich

Unter „Leistungsvergleich“ versteht man die Weise, in der ein Lehrer bzw. eine Lehrerin die Leistung eines einzelnen Schülers, einer einzelnen Schülerin misst. Stellt er/sie die Leistung in Bezug zur Leistung der Klasse bzw. Gruppe, oder wird die Schülerin bzw. der Schüler mit sich selbst verglichen?

Erläuterung I (9 bis 27 Punkte) – vorwiegend soziale Bezugsnorm

Sie bevorzugen die Bewertung von Leistungen im sozialen Vergleich, das heißt, Sie setzen die Leistungen eines einzelnen Schülers, einer einzelnen Schülerin ins Verhältnis zur Leistung der gesamten Schülergruppe. Dieser Vergleich gelingt jedoch nur dann komplikationslos, wenn alle Schüler/innen gleiche bzw. gleich schwere Aufgaben zu bearbeiten haben.

Aufgrund Ihrer sozialen Bezugsnorm ist ein individualisierendes Verhalten eher nicht zu erwarten. Da die Schüler/innen einer Klasse in der Regel unterschiedliche Lernvoraussetzungen mitbringen, werden Sie bei Ihrer Art der Leistungseinschätzung immer einige Schüler/innen unter- bzw. überbewerten.

Eine eindeutig ungünstige Bedingung schafft Ihr Unterricht unter sozialen Bezugsnormen für leistungsschwache Schüler/innen. Da die Aufgaben einheitlich gestellt werden, sind sie für diese Schüler/innen möglicherweise zu schwer. Die Leistungsbeurteilung (hier der Vergleich mit den anderen Schüler/innen) kann nicht den persönlichen Leistungszuwachs zeigen, sondern immer nur die gleichbleibend ungünstige Relation zum Lernzuwachs der Mitschüler/innen. Das führt dazu, dass der Schüler, die Schülerin für sich ein Selbstkonzept mangelnder Begabung entwickelt, und dieses wird ständig verstärkt.

Auch leistungsstarke Schüler/innen arbeiten bei Ihrem unterrichtlichen Vorgehen fast immer an unangemessenen Aufgaben, das heißt, sie sind zu leicht für sie oder lassen sich ohne Anstrengungen erledigen. Dies kann, über einen längeren Zeitraum praktiziert, zu einer insgesamt schwachen Ausprägung der Leistungsmotivation, im Extremfall sogar zum Underachievement führen.

Der soziale Vergleich innerhalb des Klassenverbands kann aber auch zu einer – allerdings begrenzten – Motivationssteigerung führen. Schüler/innen sehen ihre Leistung gerne im Verhältnis zu derjenigen ihrer Mitschüler/innen und vergleichen sich mit ihnen („Ich möchte besser sein").

Erläuterung II (28 bis 35 Punkte) – teils soziale, teils individuelle Bezugsnorm
Ihre Bezugsnorm-Orientierung zeigt teils stark an der Gruppe ausgerichtete „normierende" Tendenzen, teilweise ist Ihre Bewertung aber auf das Individuum orientiert.

Für einen effizienten Unterricht ist es notwendig, das richtige Ausmaß an Individualisierung zu wählen, um den verschiedensten Ausprägungen der Einzelperson und den damit verbundenen Lernfaktoren Rechnung zu tragen.

Um hochbegabte Schüler/innen optimal zu fördern, sollten Sie noch stärker versuchen, auf den einzelnen Schüler, die einzelne Schülerin einzugehen, die individuellen Leistungen bzw. den persönlichen Leistungszuwachs im Auge zu behalten und durch gezielte Aufgabenstellungen bzw. Anregungen zu fördern.

Erläuterung III (36 bis 54 Punkte) – vorwiegend individuelle Bezugsnorm
Nach Ihren Fragebogenergebnissen ist ein individualisierendes Unterrichtsverhalten zu erwarten. Sie vergleichen den einzelnen Schüler, die einzelne Schülerin nicht mit der Gruppe, sondern mit diesem Schüler, dieser Schülerin selbst. Die soziale Vergleichbarkeit der Schülerleistung mit der Gesamtgruppe ist für Sie nicht von vordringlicher Relevanz. Für Sie zählt einzig der Leistungszuwachs des/der Einzelnen im Verhältnis zu seiner bzw. ihrer früher erbrachten Leistung.

Sie beobachten in erster Linie die Veränderungen der Schüler/innen im Längsschnitt, das heißt über einen längeren Zeitraum, und dosieren die Aufgabenschwierigkeiten dem Lernzuwachs des Schülers, der Schülerin entsprechend. Dabei gehen Sie von der Überzeugung aus, dass die Schüler/innen nach einem gewissen Lernzeitraum immer anspruchsvollere Aufgaben bewältigen können.

Die richtige Dosierung der Aufgabenschwierigkeiten führt dazu, dass mit steigendem Schwierigkeitsgrad die Anstrengungsbereitschaft der Schüler/innen zunimmt. Dies jedoch nur bis zu dem Schwierigkeitsgrad, bei dem die Schüler/innen von vornherein vermuten, dass hier jede Anstrengung sinnlos ist, da diese Aufgabe nicht mehr zu schaffen wäre.

Machen Sie weiter so!

Das Merkmal B – Individualisierungstendenz
Gibt ein Lehrer bzw. eine Lehrerin verschiedenen Schüler/innen oder Schülergruppen zur gleichen Zeit unterschiedliche Arbeitsaufträge, so sprechen wir von Individualisierung. Der Erfolg dieses Unterrichtsstils hängt auch davon ab, inwieweit es einem Lehrer, einer Lehrerin gelingt, verschiedene Lehr-Lern-Interaktionen parallel anzuregen und aufrechtzuerhalten.

Erläuterung IV (9 bis 27 Punkte) – vorwiegend soziale Bezugsnorm
Sie neigen dazu, nach Angebotsgleichheit zu streben, und stellen allen Schüler/innen Aufgaben vom gleichen Schwierigkeitsgrad. Es kommt kaum vor, dass Sie die Aufgaben nach Schwierigkeit differenzieren. Die Lernmotivation eines Schülers, einer Schülerin hängt unter sozialen Bezugsnormen stark von dem Leistungsrang ab, den dieser Schüler, diese Schülerin innerhalb seiner bzw. ihrer Klasse einnimmt. Niveauunterschiede zwischen den Schüler/innen gelangen hierbei fast ausschließlich direkt durch die Leistungsbeurteilung zum Ausdruck.

Lehrer/innen, die sehr starr am Curriculum hängen und extracurriculare Lerninhalte der Schüler/innen strikt ablehnen, unterbinden Selbstaktivitäten der Schüler/innen in zunehmendem Maße. Symptomatisch für dieses Lehrverhalten ist die Aussage einer Lehrkraft: „Wenn die Schüler/innen das sorgfältig lernen, was ich ihnen auftrage, haben sie genug zu tun!"

Mit dem Punktwert, den Sie erreicht haben, ordnen Sie sich ziemlich genau in dieses Schema ein. Sie fördern mit Ihrem Unterrichtsverhalten recht einseitige Sozialisationsbedingungen der Anpassung, ja sogar Unterwürfigkeit. Aufkeimende Selbstlerneffekte werden unbewusst unterdrückt und als nicht erwünscht dargestellt. Der Schüler, die Schülerin findet sich in seinen/ihren Bemühungen nicht bestätigt und wird diese Anstrengungen daher in den meisten Fällen baldigst unterlassen.

Versuchen Sie, in Ihrem Unterricht einzelnen Schüler/innen die Möglichkeit einzuräumen, ihre außerschulischen oder über das Curriculum hinausgehenden Beschäftigungen vor dem Plenum zu präsentieren. Vermeiden Sie vor allem einen „Einheitsunterricht", bei dem die Zielpersonen durchschnittlich befähigte Schüler/innen sind. Geschickte Fragestellungen und Interessenbekundungen Ihrerseits werden einzelne Schüler/innen anregen, die persönlichen Neigungen und Fähigkeiten in den Unterricht einzubringen, und damit zur Schaffung eines individuelleren Unterrichtsklimas beitragen.

Dabei sollte Ihr Lob immer informative Elemente enthalten, damit der/die begabte Schüler/in weiß, worauf Sie bei der Leistungsentwicklung besonderen Wert legen. Denken Sie bitte daran, dass echte Individualisierung erst durch den Vergleich der Leistungen des einzelnen Schülers, der einzelnen Schülerin über einen längeren Zeitraum gelingt.

Erläuterung V (28 bis 35 Punkte) – teils soziale, teils individuelle Bezugsnorm
Sie liegen im Mittelfeld zwischen sozialer und individueller Bezugsnorm-Orientierung. Bezogen auf die Individualisierungstendenz in Ihrem Unterricht, entstehen für den Schüler, die Schülerin Aufgabensituationen, in denen sie nicht wissen, ob sie einen Erfolg erzielen werden oder nicht. Nur in solchen Aufgabensituationen können die Schüler/innen die wichtige Erfahrung machen, dass sie Handlungsausgänge selbst beeinflusst haben bzw. beeinflussen können.

Sie haben schon erkannt, dass jeder Schüler und jede Schülerin ein Einzelindividuum ist – mit ganz speziellen Fähigkeiten und ganz persönlichem Entwicklungspotential. Hin und wieder neigen Sie dazu, die Förderung von Schüler/innen als gemeinsamen Gruppenprozess zu betrachten. Dass dabei einzelne Begabungen unterdrückt werden, nehmen Sie in Kauf.

Versuchen Sie, noch detaillierter und bewusster auf den einzelnen Schüler, die einzelne Schülerin einzugehen, indem Sie die Erlebniswelt (z.B. den Freizeitbereich) Ihrer Schüler/innen stärker beachten.

Erläuterung VI (36 bis 54 Punkte) – vorwiegend individuelle Bezugsnorm
Sie zeigen starke Individualisierungstendenzen und differenzieren die Aufgabenschwierigkeiten für die verschiedenen Schüler/innen sehr deutlich (Prinzip der Passung). Schüler/innen wachsen bei Bewältigung von Aufgaben, die für sie angemessen schwierig sind, über sich selbst hinaus.

In der pädagogischen Literatur wird daher die individuelle Bezugsnorm-Orientierung als günstig und wünschenswert dargestellt, da hierbei jeder einzelne Schüler und jede einzelne Schülerin nach seinen bzw. ihren Fähigkeiten und Vorlieben gefördert wird.

Aufgaben, die zum Leistungsstand der Schülers, der Schülerin passen, erleichtern es ihm bzw. ihr, wahrzunehmen, wie der eigene Kenntnis- und Tüchtigkeitsstand als Folge eigener Lerntätigkeiten mehr oder weniger schnell wächst.

Wichtig ist der Zeitfaktor, den der Schüler, die Schülerin kennenlernt. Er bzw. sie nimmt wahr, dass es entscheidend von ihm bzw. ihr selbst abhängt, wie weit und wie schnell sich der eigene Kenntnis- und Tüchtigkeitsstand steigert. Da die Aufgabenstellung sich in erster Linie nach dem Leistungsstand des einzelnen Schülers, der einzelnen Schülerin richtet, bleiben jedoch Niveauunterschiede zwischen den Schülern/innen einer Klasse unberücksichtigt bzw. werden kaum sichtbar.

Nach dem Prinzip der Passung sollte ein Schüler, eine Schülerin an Aufgaben arbeiten, die für ihn bzw. sie mittelschwer sind. Gemeint sind solche Aufgaben, die der Schüler, die Schülerin selbständig bearbeiten kann, zum Beispiel schriftliche Aufgaben, die er bzw. sie im Unterricht bearbeitet, Aufgaben, die er/sie zu Hause von einem zum nächsten Tag macht, oder Projektaufgaben über einen längeren Zeitraum.

Die Punktwerte, die Sie erreicht haben, lassen erkennen, dass Sie genau in diese Richtung arbeiten, um die einzelnen Schüler/innen optimal zu fördern.

Machen Sie weiter so!

Das Merkmal C – Sanktionierungsstrategie
Wie der Lehrer bzw. die Lehrerin auf der Grundlage verschiedener Bewertungsgrundlagen Lob und Tadel einsetzt, wird als Sanktionierungsstrategie bezeichnet. Wir unterscheiden danach, ob die Sanktionen bei guten bzw. schlechten

Leistungen eines Schülers, einer Schülerin anhand des Vergleichs mit der Klassenleistung erfolgen oder aber anhand des Vergleichs mit den persönlichen Leistungen eines Schülers, einer Schülerin (Leistungssteigerungen bzw. Leistungsabfälle).

Erläuterung VII (2 bis 6 Punkte) – vorwiegend soziale Bezugsnorm
Sie setzen Lob und Tadel häufig dann ein, wenn ein Schüler, eine Schülerin im direkten Vergleich mit der Klassenleistung eine gute bzw. weniger gute Leistung gezeigt hat. Für Sie kommt es dabei nicht auf den individuellen Leistungsfortschritt oder rückschritt an, sondern Sie orientieren sich vor allem an der durchschnittlichen Leistung der Klasse.

Überlegen Sie genau, was diese Art der Sanktionierung für einen Schüler, eine Schülerin bedeutet, der bzw. die sich persönlich vielleicht übertroffen hat, aber leider im Verhältnis zur Klasse noch immer zu wenig leisten kann. Versuchen Sie, die persönliche Leistungsveränderung in den Vordergrund zu stellen und den individuellen Fortschritt anzuerkennen. Kleine, gewinnbringende Schritte können für einen Menschen sehr viel Erfolg nach sich ziehen! Besonders hochbegabte Schüler/innen sollten Sie besser an ihren früheren Leistungen oder Verhaltensweisen messen, denn durch den Gruppenvergleich (soziale Bezugsnorm) lassen sie sich kaum zu besseren Leistungen motivieren, weil sie es gewohnt sind, als weit überdurchschnittlich eingeschätzt zu werden.

Erläuterung VIII (7 Punkte) – teils soziale, teils individuelle Bezugsnorm
Sie sanktionieren teilweise im Vergleich zur Klasse, berücksichtigen aber auch individuelle Leistungen einzelner Schüler/innen und zeigen schon Ansätze, auf die Einzelperson und ihre persönlichen Leistungen einzugehen. Der direkte Vergleich mit der Gruppe ist für Sie aber noch ein großes Anliegen.

Was sagt jedoch die Leistung eines Schülers, einer Schülerin im Verhältnis zur Gruppe über die Person selbst aus? Versuchen Sie, häufiger die individuellen Leistungssteigerungen eines Schülers, einer Schülerin in Ihre Lob- und Tadelstrategien einzubeziehen. Die Schüler/innen werden es Ihnen mit stärkerer Motivation und vermehrter Leistungsbereitschaft danken.

Erläuterung IX (8 bis 12 Punkte) – vorwiegend individuelle Bezugsnorm
Sie sind auf dem richtigen Weg. Sie haben Ihre Sanktionierungsstrategie zum Großteil schon an der persönlichen Leistungsveränderung des betreffenden Schülers, der betreffenden Schülerin ausgerichtet, und die Person des Schülers, der Schülerin per se steht im Vordergrund. Ihr Augenmerk liegt eindeutig auf dem Schüler, der Schülerin selbst und lässt Sie erkennen, dass jeder Schüler und jede Schülerin einer für ihn bzw. sie passenden Förderung bedarf.

Sie loben und tadeln einen Schüler, eine Schülerin vornehmlich dann, wenn seine bzw. ihre Leistungen oder Rückschritte im (intra)personalen Zusammenhang stehen. Steigert oder verschlechter sich die Leistung im Verhältnis zu seinen bzw. ihren früheren persönlichen Leistungen, so bewerten Sie vornehmlich aufgrund der personenbezogenen Leistung (Tendenz-Orientierung).

Durch diese Art der Rückmeldung im Längsschnittvergleich, verbunden mit richtig dosierten Aufgabenschwierigkeiten, erwecken Sie im Schüler, in der Schülerin den erwünschten Eindruck, dass für mehr oder weniger Lernerfolg die eigene Lerntätigkeit zuständig ist. Denken Sie bitte aber auch daran, dass Lob dann am effektivsten ist, wenn es sich unmittelbar an die gezeigte Leistung anschließt. Bei hochbegabten Kindern sollte es insbesondere die Lernziele und den Lernprozess fokussieren, denn auch Begabte wollen aus einem Lehrer/innen-Lob persönlichen Nutzen ziehen.

Machen Sie weiter so!

Zusatzinformationen für Lehrpersonen, die in allen Merkmalen vorwiegend soziale Bezugsnormen realisieren

Jede Bezugsnorm hat nach Rheinberg (2002, S. 5) ihre „blinden Flecken". Beim Vergleich innerhalb einer Gruppe vergleicht der Lehrer bzw. die Lehrerin immer nur innerhalb einer Schulklasse, ohne zu wissen, wie seine/ihre Schüler/innen beim Vergleich mit Schülern/innen aus anderen Schulen abschneiden würden. Er bzw. sie verwendet ein sogenanntes schulklassenspezifisches Bezugssystem. Das kann nach Rheinberg (ebd.) zu „bizarren Fehlurteilen" führen. Die gleiche Leistung kann mit „gut" oder mit „mangelhaft" bewertet werden, je nachdem, ob der Schüler, die Schülerin in einer eher leistungsstarken oder eher leistungsschwachen Klasse ist.

Ein zweiter „blinder Fleck" besteht darin, dass die soziale Bezugsnorm den gemeinsamen Lernzuwachs der Schüler/innen nicht erkennen lässt. Die Leistungsunterschiede zwischen den Schülern/innen sind ja trotz Lernzuwachs bei allen Schülern/innen im Verhältnis gleich geblieben.

Der dritte „blinde Fleck" betrifft die Schwankungen im Lernzuwachs. Möchte ein schwächerer Schüler seine Lernergebnisse und deren Beurteilung verbessern, so müsste er eine leistungsstärkere Schülerin überholen. Bei hinreichend leistungsverschiedenen Schülern/innen ist das aber eher unwahrscheinlich. So kann es sein, dass eine Schülerin gleichbleibend „schlechte Leistungen" attestiert bekommt, gleichgültig, ob sie sich angestrengt und einen für sie ungewöhnlichen Zuwachs erzielt hat oder ob sie gar nichts tut und noch weiter zurückfällt.

Die soziale Bezugsnorm zeigt kaum, wie das eigene Lernbemühen sowie die Art des Übens das Lernresultat beeinflussen, und wirkt sich daher ungünstig auf die Lern- und Leistungsmotivation aus. Die Tragweite für die Hochbegabtenförderung liegt auf der Hand. Hier wirkt sich der Motivationsschwund besonders gravierend aus, denn demotivierte Schüler/innen mit exzellenten kognitiven Fähigkeiten entwickeln sich in relativ kurzer Zeit zu hochbegabten Minderleistern (Underachievern). Empirische Untersuchungen (Lehwald, 2008) haben gezeigt, dass es je nach Grad der Unterforderung eine gut beschreibbare Reihenfolge des Verschwindens tätigkeitszentierter Motive aus dem Handlungsrepertoire von hochbegabten Underachievern gibt: Zunächst betrifft das die Wissbegier und das Flow-Erleben, dann die Anstrengungsbereitschaft und die Leistungsmotivation, bis schlussendlich lernbezogene Versagensängste eintreten.

Literatur

Ahnert, L. (Hrsg.). (2008). *Frühe Bindung. Entstehung und Entwicklung.* München: Reinhardt.

Ainsworth, M.D. S., & Bell, S.M. (1970). Attachment, exploration and separation: Illustrated by behavior of one-year-olds in a strange situation. *Child Development, 41,* 49–67.

Ansari, S. (2014). *Rettet die Neugier. Gegen die Akademisierung der Kindheit.* Frankfurt am Main: Fischer Krüger.

Arnold, D., & Preckel, F. (Hrsg.). (2011). *Hochbegabte Kinder klug begleiten. Ein Handbuch für Eltern.* Weinheim und Basel: Beltz.

Beerman, L., Heller, K.A., & Menacher, P. (1992). *Mathe: nichts für Mädchen.* Bern, Göttingen, Toronto: Hans Huber.

Benbow, C.P. (1988). Sex differences in mathematical reasoning ability in intellectually talented preadolescents: Their nature, effects, and possibility causes. *Behavioral and Brain Sciences, 11,* 169–232.

Berg, M., & Schaarschmidt, U. (1990). BILKOG – ein intelligenzdiagnostisches Verfahren für Kinder auf kognitionspsychologischer Grundlage. *Zeitschrift für Differentielle und Diagnostische Psychologie, 11* (4), 215–232.

Berlyne, D.E. (1974). *Konflikt, Erregung, Neugier.* Stuttgart: Klett.

Boigs, R., & Keller, H. (1989). Entwicklung des Explorationsverhaltens. In H. Keller (Hrsg.), *Handbuch der Kleinkindforschung* (S. 443–464). Berlin, Heidelberg, New York: Springer.

Bornstein, M.H., & Sigman, M.D. (1986). Continuity in mental development from infancy. *Child Development, 57,* 251–274.

Bretherton, I. (1992). The origins of attachment theory: John Bowlby and Mary Ainsworth. *Developmental Psychology, 28,* 759–775.

Brickenkamp, R. (1990). *Die Generelle Interessen Skala (GIS).* Göttingen, Toronto, Zürich: Hogrefe.

Bruner, J.S. (1973). Der Akt der Entdeckung. In H. Neber (Hrsg.), *Entdeckendes Lernen.* Weinheim, Basel: Beltz.

Bundesministerium für Bildung und Forschung (2001). *Begabte Kinder finden und fördern.* Bonn: Referat Öffentlichkeit.

Cialdini, R. (2003). *Die Psychologie des Überzeugens.* Bern: Huber.

Csikszentmihályi, M. (1985). *Das Flow Erlebnis.* Stuttgart: Klett-Cotta.

Csikszentmihályi, M. (1992). *Flow: Das Geheimnis des Glücks.* Stuttgart: Klett-Cotta.

Csikszentmihályi, M. (2015). *Flow und Kreativität.* Stuttgart: Klett-Cotta.

Csikszentmihályi, M., & Larson, R. (1987). Validity and reliability of the Experience Sampling Method. *Journal of Nervous and Mental Desease, 175,* 529–536.

Csikszentmihályi, M., & Schiefele, U. (1993). Die Qualität des Erlebens und der Prozess des Lernens. *Zeitschrift für Pädagogik, 39* (2), 207–221.

Deci, E.L., & Ryan, R.M. (1985). *Intrinsic motivation and self-determination in human behavior.* New York: Plenum Press.

Dehmelt, P., Kuhnert, W., & Zinn, A. (1993). *Diagnostischer Elternfragebogen.* Göttingen: Hogrefe.

Elbing, E. (2002). Hoch begabte Mädchen aus der Sicht der Eltern. In H. Wagner (Hrsg.), *Hoch begabte Mädchen und Frauen* (S. 99–111). Bad Honnef: Bock.

Ericsson, K.A., Krampe, R.T., & Tesch-Römer, C. (1993).The role of deliberate practice in the acquisition of expert performance. *Psychology Review, 100* (3), 363–406.

Fahrenberg, J. (2001). *Freiburger Persönlichkeitsinventar FPI-R.* Göttingen: Hogrefe.

Feldhusen, J.F., & Hoover, S.M. (1986). A conception of giftedness: Intelligence, selfconcept and motivation. *Roeper Review, 8,* 87–104.

Friedrich, G. (1998). *Teddy Test. Handanweisung und Test.* Göttingen: Hogrefe.

Frost, M. (1992). Überlegungen zur Entstehung und zur Realisierung metakognitiver Direktiven im Rahmen einer Mutter-Kind-Interaktion. Leipzig: Universität (unveröff. Diplomarbeit).

Goetz, T., & Preckel, F. (2006). Der Big-fish-little-pond-Effekt. *News & Science, Begabtenförderung und Begabungsforschung, 14* (Sondernummer, S. 24–26). Salzburg: ÖZBF.

Grossmann, K.E., & Grossmann, K. (2012). *Das Gefüge psychischer Sicherheit.* 5. Auflage. (1. Aufl. 1994.) Stuttgart: Klett-Cotta.

Gruber, H. (2007). Bedingungen von Expertise. In K.A. Heller & A. Ziegler (Hrsg.), *Begabt sein in Deutschland* (S. 94–112). Berlin: LIT-Verlag.

Gruber, H. (2004). *Kompetenzen von Lehrerinnen und Lehrern: Ein Blick aus der Expertiseforschung.* Regensburg: Universität Regensburg, Lehrstuhl für Lehr-Lern-Forschung. (Forschungsbericht Nr. 13.)

Gruber, H., & Lehmann, A.C. (2014). Begabung, Talent und Expertise. In M. Stamm (Hrsg.), *Handbuch Talententwicklung* (S. 349--363). Bern: Huber.

Gruber, H., & Mandl, H. (1992). Begabung und Expertise. In E.A. Hany & H. Nickel (Hrsg.), *Begabung und Hochbegabung* (S. 59–73). Bern: Huber.

Gruber, H., & Ziegler, A. (1996). *Expertiseforschung. Theoretische und methodische Grundlagen.* Opladen: Westdeutscher Verlag.

Grüneisen, V., & Hoff, E.-H. (1977). *Familienerziehung und Lebenssituation. Der Einfluß von Lebensbedingungen und Arbeitserfahrungen auf Erziehungseinstellungen und Erziehungsverhalten von Eltern.* Weinheim: Beltz.

Guthke, J. (1992). Lerntests auch für Hochbegabte? In E.A. Hany & H. Nickel (Hrsg.), *Begabung und Hochbegabung* (S. 125–141). Bern: Huber.

Guthke, J. (1996). *Intelligenz im Test. Wege der psychologischen Intelligenzdiagnostik.* Göttingen: Vandenhoeck & Ruprecht.

Guthke, J., & Wiedl, K.H. (1996). *Dynamisches Testen.* Göttingen: Hogrefe.

Gutjahr, W. (1986). *Erzieherfragebogen.* Berlin: Psychodiagnostisches Zentrum.

Härtel, J., & Schaarschmidt, U. (2002). Vorzeitiges Lesen und Rechnen – ein Indikator für Hochbegabung? In H. Wagner (Hrsg.), *Begabtenförderung und Lehrerbildung* (S. 303–312). Bad Honnef: Bock.

Hany, E.A. (2004). Das Geheimnis der erfolgreichen Hochbegabtenförderung. In H. Joswig & H. Drewelow (Hrsg.), *Begabungsförderung: Von der Einzelfallberatung zur Lernkultur* (S. 27–40). Rostock: Universität – Arbeitskreis Begabungsforschung und Begabtenförderung.

Häuser, D., & Schaarschmidt, U. (1991). Begabungsentwicklung: Erste Ergebnisse einer entwicklungspsychologischen Untersuchung an lesenden und rechnenden Vorschulkindern. In F.J. Mönks & G. Lehwald, G. (Hrsg.), *Neugier, Erkundung und Begabung bei Kleinkindern* (S. 145–162). München: Ernst Reinhardt.

Häusler, H.G. (1981). Untersuchungen zur ökologischen Validität und Situationsspezifik des Bilderverfahrens Erkenntnisstreben (BVE). Leipzig: Diplomarbeit KMU, Institut für Psychologie

Hattie, J. (2012). *Visible Learning for Teacher.* London, New York: Routledge.

Havighurst, R.J. (1948). *Developmental tasks and education.* New York: Longman

Heckhausen, H. (1972). Die Interaktion der Sozialisationsvariablen in der Genese des Leistungsmotivs. In Graumann, C.F. (Hrsg.), Handbuch der Psychologie (955–1019). Göttingen: Hogrefe

Heckhausen, H. (1980). *Motivation und Handeln.* Berlin, Heidelberg, New York: Springer.

Heckhausen, H., & Roelofsen, I. (1962). Anfänge und Entwicklung der Leistungsmotivation im Wetteifer des Kleinkindes. *Psychologische Forschung, 26,* 313–397.

Heilmann, K. (1999). *Begabung, Leistung, Karriere.* Göttingen, Bern, Toronto: Hogrefe.

Heinbokel, A. (1996). Überspringen von Klassen. Münster: LIT-Verlag.

Heinbokel, A. (2004). Überspringen von Klassen 1989–2001. *Labyrinth, 82,* 4–12.

Heller, K.A. (Hrsg.). (1992). *Hochbegabung im Kindes- und Jugendalter.* Göttingen, Toronto, Zürich: Hogrefe.

Heller, K.A., & Geisler, H.J.(1983). *Kognitiver Fähigkeitstest für 1. bis 3. Klassen.* Göttingen: Hogrefe.

Heller, K.A., & Mönks, F.J. (2014). *Begabungsforschung und Begabtenförderung: der lange Weg zur Anerkennung. Schlüsseltexte 1916–2013.* Berlin: LIT-Verlag.

Heller, K.A., & Perleth, C. (1991). Informationsquellen und Messinstrumente. In K.A. Heller (Hrsg.), *Begabungsdiagnostik in der Schul- und Erziehungsberatung.* Berlin, Göttingen, Toronto: Hans Huber.

Heller, K.A., & Perleth, C. (2007a). *MHBT-P. Münchner Hochbegabungstestbatterie für die Primarstufe (Test und Manual)*. Göttingen, Bern, Wien etc.: Hogrefe.

Heller, K.A., & Perleth, C. (2007b). *MHBT-S.* Münchner *Hochbegabungstestbatterie für die Sekundarstufe (Test und Manual)*. Göttingen, Bern, Wien etc.: Hogrefe.

Heller, K.A., & Ziegler, A. (Hrsg.). (2007). *Begabt sein in Deutschland.* Berlin: LIT-Verlag.

Helmke, A. (1993). Die Entwicklung der Lernfreude vom Kindergarten zur 5. Klassenstufe. *Zeitschrift für Pädagogische Psychologie, 7* (2/3), 77–86.

Helmke, A. (1997). Entwicklung lern-und leistungsbezogener Motive und Einstellungen. In F.E. Weinert & A. Helmke (Hrsg.), *Entwicklung im Grundschulalter.* Weinheim: Psychologie Verlags-Union.

Holodynski, M. (2006). Der Sozialbezug der Leistungsmotivation bei Vorschulkindern. Soziale Bewertung und ihre Auswirkungen auf Stolz, Scham und Ausdauerreaktionen. *Zeitschrift für Entwicklungspsychologie und Pädagogische Psychologie, 38,* 2–17.

Holodynski, M. (2007). Die Entwicklung der Leistungsmotivation im Vorschulalter. *Zeitschrift für Entwicklungspsychologie und Pädagogische Psychologie, 38* (1), 2–17.

Holzer, E. (2006). Gültigkeitsüberprüfungen von Verfahren zur Erfassung kreativer Motive. Nijmegen, St. Pölten: ECHA. (Unveröff. Diplomarbeit zur Erlangung der Qualifikation „Specialist in Gifted Education".)

Huber, L. (2013). Zur Studierfähigkeit gehört auch das Interesse. In J. Asdonk, S.U. Kuhnen & P. Bornkessel (Hrsg.), *Von der Schule zur Hochschule* (S. 147–166). Münster: Waxmann.

Ingenkamp, K.H. (1999). *Bildungs-Beratungs-Test für 3. und 4. Klassen.* Weinheim und Basel: Beltz.

Käpnick, F. (1998). *Mathematisch begabte Kinder. Modelle, empirische Studien und Förderungsprojekte für das Grundschulalter.* Frankfurt am Main: Lang.

Kaufmann-Hayoz, R. (1991). Visuelles Erkundungsverhalten im Säuglingsalter. In F.J. Mönks & G. Lehwald (Hrsg.), *Neugier, Erkundung und Begabung bei Kleinkindern* (S. 11–21). München: Ernst Reinhardt.

Kecht, I. (2007). *Mathematisch interessierte Mädchen:* Präferenzen im Handlungsverfahren Schöpferische Tätigkeiten im Vergleich zu sprachlich interessierten Mädchen – Geschlechtsspezifische Unterschiede. Nijmegen, Linz: ECHA. (Unveröff. Diplomarbeit zur Erlangung der Qualifikation „Specialist in Gifted Education".)

Keller , H. (1989). *Handbuch der Kleinkindforschung.* Berlin, Heidelberg, New York: Springer.

Keller, H., & Meyer, H.J. (1982). *Psychologie der frühesten Kindheit.* Stuttgart: Kohlhammer.

Köller, O. (2004). *Konsequenzen von Leistungsgruppierungen.* Münster: Waxmann.

Krampen, K., et. al. (1996). *Kreativitätstest für Vorschul- und Schulkinder KVS-P.* Göttingen: Hogrefe.

Krapp, A. (1999). Intrinsische Lernmotivation und Interesse. Forschungsansätze und konzeptuelle Überlegungen. *Zeitschrift für Pädagogik, 45* (3), S. 387–406.

Krapp, A., & Hascher, T. (2014). Theorien der Lern- und Leistungsmotivation. In L. Ahnert (Hrsg.), *Theorien der Entwicklungspsychologie* (S. 252–281). Berlin, Heidelberg: Springer.

Krenner, A. (2007). *Underachiever – Hochbegabte Problemkinder?* Nijmegen, St. Pölten: ECHA. (Unveröff. Diplomarbeit zur Erlangung der Qualifikation „Specialist in Gifted Education".)

Kretschmer, J. (1990). *Zur Ontogenese des Frageverhaltens und dessen Bedeutung für die kognitive Entwicklung zwei- bis dreijähriger Krippenkinder.* Leipzig: Universität (Dissertationsschrift).

Landau, E. (1990). *Mut zur Begabung.* München, Basel: Ernst Reinhardt.

Largo, R. H. (2015). *Kinderjahre.* München: Piper.

Lehwald, G. (1985). *Zur Diagnostik des Erkenntnisstrebens bei Schülern.* Berlin: Volk und Wissen. (Beiträge zur Psychologie, Heft 20.)

Lehwald, G. (1989). Frühzeitige Gestaltung eigener Handlungsräume durch wissbegierige Kinder. In G. Lehwald (Hrsg.), *Geistige Entwicklung – früh erkennen und fördern* (S. 4–15). Leipzig: KMU Forschungsgruppe kognitive und motivationale Entwicklung von Kindern.

Lehwald, G. (1990). Wissbegier und Explorationshandeln bei Vorschul- und Schulkindern. Eine Reanalyse unter dem Aspekt geschlechtsspezifischer Differenzen. In W. Wieczerkowski & T. Prado (Hrsg.), *Geschlechtsspezifische Unterschiede bei Jungen und Mädchen* (S. 81–93). Bad Honnef: Heinrich Bock.

Lehwald, G. (1991). Früherfassung und Frühförderung von Begabungen: Methodische Probleme, empirische Befunde, praktische Konsequenzen. In F. J. Mönks & G. Lehwald (Hrsg.), *Neugier, Erkundung und Begabung bei Kleinkindern* (S. 135–144). München: Ernst Reinhardt.

Lehwald, G. (1993). *Informationssuche und die Herausbildung von Kontextwissen.* Abschlussbericht DFG (Az 12/1-1,1-2).

Lehwald, G. (1996). Soziales Informationsverhalten zur Informationssuche bei Vorschulkindern. In R. Möller u. a. (Hrsg.), *Kindheit, Familie und Jugend* (S. 67–78). Münster: Waxmann.

Lehwald, G. (1999). *Auswertungsvorschrift für den Fragebogen Erkenntnisstreben für die Sekundarstufe FES-S.* Leipzig: Zentrum für Potentialanalyse und Begabtenförderung (unveröff.).

Lehwald, G. (2000). Zur Situationsspezifität in der Pädagogisch-Psychologischen Diagnostik. In J. L. Patry & F. Riffert (Hrsg.), *Situationsspezifität in pädagogischen Handlungsfeldern.* Innsbruck, Wien, München: Studien-Verlag.

Lehwald, G. (2004). Zehn Missverständnisse der Begabtenförderung. In H. Joswig & H. Drewelow (Hrsg.), *Begabungsförderung: Von der Einzelfallberatung zur Lernkultur* (S. 59–66). Rostock: Universität – Arbeitskreis Begabungsforschung und Begabtenförderung.

Lehwald, G. (2006). Mathematisch hochbegabte Kinder: Über deren Motive und Motivstörungen. *Zeitschrift Schulverwaltung, 29* (2), 53–59.

Lehwald, G. (2008). *Verschlungene Wege ins Underachievement.* (Vortrag Studienkonferenz.) Bensberg: Thomas-Morus-Akademie.

Lehwald, G. (2009). *Beiträge zur Motivationsdiagnostik und Motivförderung in der Schule unter Beachtung von Underachievement.* Salzburg: ÖZBF. (ÖZBF – Handreichungen zur Differenzierung von Lern-, Trainings- und Motivierungsprozessen. Heft 2.)

Lehwald, G. (2012a). Motivation trifft Begabung. Zur Bedeutung von Tätigkeitsmotiven in der Begabungsdiagnostik. In C. Fischer et al. (Hrsg.), *Individuelle Förderung multipler Begabungen* (S. 325–336). Berlin: LIT-Verlag.

Lehwald, G. (2012b). Das Beratungskonzept des Zentrums für Potentialanalyse und Begabtenförderung Leipzig. In A. Ziegler, R. Grassinger & B. Harder (Hrsg.), *Konzepte der Hochbegabtenberatung in der Praxis* (S. 111–127). Berlin: LIT-Verlag.

Lehwald, G. (2014). Talent und Begabung: Ein Thema der Psychologie? In M. Stamm (Hrsg.), *Handbuch Talententwicklung* (S. 33–43). Bern: Huber.

Lehwald, G., & Ofner, S. (2007). *Beiträge zur Förderdiagnostik bei Vorschulkindern: Die Vorschul-Erzieher/innen Checkliste VEC.* Leipzig: Zentrum für Potentialanalyse und Begabtenförderung.

Lehwald, G., & Paternostro, M. (2010). *Beiträge zur Motivationsdiagnostik bei Volksschulkindern.* Salzburg: ÖZBF.

Lehwald, G., & Waka, C. (2007). *Beiträge zur Kompetenzerhöhung von Lehrpersonen. Die Checkliste zur Selbsterfassung von Bewertungstendenzen CSBT.* Salzburg: ÖZBF.

Lepper, M.R., Greene, D., & Nisbett, R.E. (1973). Undermining childrens intrinsic interest with extrinsic rewards: A Test of the overjustification hypothesis. *Journal of Personality and Social Psychology, 28,* 129–137.

Lewin, K. (1931). *Die psychologische Situation bei Lohn und Strafe.* Leipzig: Hirzel.

Lindenberger, U. (2000). Intellektuelle Entwicklung über die Lebensspanne: Überblick und ausgewählte Forschungsbrennpunkte. *Psychologische Rundschau, 51* (3), 135 –145.

Lissina, M.I. (1986). Problemy ontogeneza obscenija. Moskva: Pedagogika.

Lompscher, J. (1995). Zone der nächsten Entwicklung. In G. Clauss (Red.), *Fachlexikon ABC Psychologie* (S. 526). Thun, Frankfurt am Main: Harri Deutsch.

Lompscher, J. (Hrsg.). (1996). *Entwicklung und Lernen aus kulturhistorischer Sicht. Was sagt uns Wygotski heute?* Marburg: BdWi-Verlag.

Marsh, H.W. (2005). Big-fish-little-pond effect on academic self-concept. *Zeitschrift für Pädagogische Psychologie, 19,* 119–127.

Marsh, H.W., & Shavelson, R.J. (1985). Self-concept: Its multifaceted, hierarchical structure. *Educational Psychologist, 20,* 107–123.

Mayers, R. (1978). *Flow in adolescence and its relation to the school experience.* Unpublished Doctoral Dissertation, University of Chicago.

Meyer, W.U. (1973). *Leistungsmotiv und Ursachenerklärung für Erfolg und Misserfolg.* Stuttgart: Klett.

Mönks, F.J. (2014). Hochbegabung: Eine Situationsbeschreibung. In K.A. Heller & F.J. Mönks (Hrsg.), *Begabungsforschung und Begabtenförderung: der lange Weg zur Anerkennung. Schlüsseltexte 1916–2013* (S. 123–139; Erstveröffentlichung 1985). Berlin: LIT-Verlag.

Mönks, F.J., & Lehwald, G. (Hrsg.). (1991). *Neugier, Erkundung und Begabung bei Kleinkindern.* München: Ernst Reinhardt.

Mönks, F.J., & Ypenburg, I.H. (2005). *Unser Kind ist hochbegabt.* München: Ernst Reinhardt.

Montada, L. (1995). Fragen, Konzepte, Perspektiven. In R. Oerter & L. Montada (Hrsg.), *Entwicklungspsychologie.* Weinheim: Psychologie Verlags-Union.

Müller, F.H. (2001). *Studium und Interesse.* Münster, New York, München, Berlin: Waxmann.

Nicholls, J.G. (1984). Achievement motivation: Conception of ability, subjective experience, task choice, and performance. *Psychological Review, 91,* 328–346.

Oerter, R., & Montada, L. (1995). *Entwicklungspsychologie.* Vollständig überarbeitete Auflage. Weinheim: Psychologie Verlags-Union.

Ofner, S. (2006). *Vorschul-Erzieher(innen)-Checkliste zur Erfassung von Neugier im Vorschulalter.* Nijmegen, St. Pölten: ECHA. (Unveröff. Diplomarbeit.)

Oppenhof, D. (2004). Das Reattributionsstraining – eine Methode gegen Underachievement. In H. Joswig & H. Drewelow (Hrsg.), *Begabungsförderung: Von der Einzelfallberatung zur Lernkultur* (S. 149–154). Rostock: Universität – Arbeitskreis Begabungsforschung und Begabtenförderung.

Oswald, F. (2002). *Begabtenförderung in der Schule.* Wien: Facultas.

Oswald, W.D., & Roth, E. (1987). *Der Zahlen-Verbindungs-Test (ZVT). Ein sprachfreier Intelligenz-Test zur Messung der „kognitiven Leistungsgeschwindigkeit". Handanweisung* (2., überarbeitete und erweiterte Auflage). Göttingen: Hogrefe.

Paternostro, M. (2006). *Entwicklung und Überprüfung von Verfahren zur Bestimmung kreativen Handelns bei Volksschulkindern.* Nijmegen, St. Pölten: ECHA. (Unveröff. Diplomarbeit zur Erlangung der Qualifikation „Specialist in Gifted Education".)

Petermann, F., & Petermann, U. (1997). *Training mit aggressiven Kindern*. Weinheim: PVU.

Piaget, J.(1951). Play, dreams, and imitation in childhood. New York: Norton

Piazzi, B. (2008). Mathematikwettbewerbe – eine Form der Hochbegabtenförderung. Nijmegen, St. Pölten: ECHA. (Unveröff. Diplomarbeit zur Erlangung der Qualifikation „Specialist in Gifted Education".)

Preckel, F. (2010). Intelligenztests in der Hochbegabtendiagnostik. In F. Preckel, W. Schneider & H. Holling (Hrsg.), *Diagnostik von Hochbegabung* (S. 19–44). Göttingen, Bern, Wien: Hogrefe. (Reihe Tests und Trends. Heft 8.)

Preckel, F., & Vock, M. (2013). *Hochbegabung. Ein Lehrbuch zu Grundlagen, Diagnostik und Fördermöglichkeiten*. Göttingen, Bern, Wien: Hogrefe.

Prenzel, M. (1994). Mit Interesse in das 3. Jahrtausend! Pädagogische Überlegungen. In N. Seibert u. H. J. Serve (Hrsg.), *Bildung und Erziehung an der Schwelle zum dritten Jahrtausend* (S. 1314–1339). München: PimS-Verlag.

Rahn, H. (1985). *Talente finden. Talente fördern. Die Bundessieger im Bundeswettbewerb Mathematik 1971–1983*. Göttingen, Toronto, Zürich: Hogrefe.

Renzulli, J. S., Reis, S. M, & Stedtnitz, U. (2001). *Das schulische Enrichment Modell SEM*. Aarau: Sauerländer.

Rheinberg, F.(1980). *Leistungsbewertung und Lernmotivation*. Göttingen: Hogrefe.

Rheinberg, F. (1998). Bezugsnorm-Orientierung. In D. H. Rost (Hrsg.), *Handwörterbuch Pädagogische Psychologie* (S. 39–43). Weinheim: PVU.

Rheinberg, F. (2002). Bezugsnormen und schulische Leistungsbewertung. In F. Weinert (Hrsg.), *Leistungsmessung in Schulen*. Weinheim: Beltz.

Rheinberg, F. (2004a). *Motivationsdiagnostik*. Göttingen, Bern, Toronto: Hogrefe.

Rheinberg, F. (2004b). *Intrinsische Motivation und Flow-Erleben*. Potsdam: Universität.

Rheinberg, F. (2008). *Motivation*. Stuttgart: Kohlhammer.

Rheinberg, F., & Krug, S. (2005). *Motivationsförderung im Schulalltag*. Göttingen: Hogrefe.

Riksen-Walraven, M. (1991). Die Entwicklung kindlicher Kompetenz im Zusammenhang mit sozialer Unterstützung. In F. J. Mönks & G. Lehwald (Hrsg.), *Neugier, Erkundung und Begabung bei Kleinkindern* (S. 77–92). München: Ernst Reinhardt.

Rohrmann, S., & Rohrmann, T. (2005). *Hochbegabte Kinder und Jugendliche. Diagnostik, Förderung, Beratung*. München, Basel: Ernst Reinhardt.

Roick, T., Gölitz, D., & Hasselhorn, M. (2004). *DEMAT 3+ – Deutscher Mathematiktest für dritte Klassen*. Weinheim und Basel: Beltz.

Rollett, B. A., & Bartram, M. (1998). *Anstrengungsvermeidungstest – AVT* (3. Auflage). Göttingen: Hogrefe.

Rost, D.H. (Hrsg.). (1993). *Lebensumweltanalyse hochbegabter Kinder.* Göttingen, Bern, Toronto, Seattle: Hogrefe.

Rost, D.H. (Hrsg.). (2000). *Hochbegabte und hochleistende Jugendliche.* Münster, New York, München, Berlin: Waxmann.

Rost, D.H. (2007). Underachievement aus psychologischer und pädagogischer Sicht. Wie viele hochbegabte Underachiever gibt es tatsächlich? *News & Science: Begabtenförderung und Begabtenforschung. ÖZBF, 15* (1), 8–9.

Rost, D.H. (2010). Stabilität von Hochbegabung. In F. Preckel, W. Schneider & H. Holling (Hrsg.), *Diagnostik von Hochbegabung* (S. 233–266). Göttingen, Bern, Wien: Hogrefe. (Tests und Trends. Heft 8.)

Roth, G. (2014). Die Bedeutung der Motivation für den Lernerfolg. Bremen: Universität, Vortrag Mint-Fachtagung 05.03.2014.

Salthouse, T.A. (1996). The processing-speed theory of adult age differences in cognition. *Psychological Review, 103* (3), 403–428.

Saurer, J., & Gamsjäger, E. (1996). *Ist Schulerfolg vorhersehbar?* Göttingen, Bern, Toronto: Hogrefe.

Schmalt, H.-D. (1976). *Das LM-Gitter. Ein objektives Verfahren zur Messung des Leistungsmotivs bei Kindern. Handanweisung.* Göttingen: Hogrefe.

Schneider, W., Preckel, F., & Stumpf, E. (Hrsg.). (2014). *Hochbegabtenförderung in der Sekundarstufe.* Frankfurt am Main: Karg-Stiftung. (Beiträge zur Begabtenförderung und Begabungsforschung. Heft 7.)

Schölmerich, A., & Lengning, A. (2008). Neugier, Exploration und Bindungsentwicklung. In L. Ahnert (Hrsg.), *Frühe Bindung: Entstehung und Entwicklung.* München: Reinhardt.

Sen, M.A. (2011). *Springerklassen-Akzeleration am Gymnasium.* Berlin: LIT-Verlag.

Siegler, R.S. (1991). *Childrens thinking.* Englewood Cliffs: Prentice Hall.

Stadelmann, W. (2006). Begabungsförderung und Schulentwicklung. Erkennungsmerkmale einer begabungsfördernden Schule. *News & Science, Begabtenförderung und Begabungsforschung, Sonderausgabe* (19–23). Salzburg: ÖZBF.

Stamm, M. (2004a). Lernentwicklungen von Frühlesern und Frührechnerinnen. Ausgewählte Ergebnisse einer Schweizer Langzeitstudie zur Kompetenzstruktur im Kontext von Hochbegabung. *Zeitschrift für Erziehungswissenschaft, 7,* 395–415.

Stamm, M. (2004b). Lernentwicklungen von Frühlesern und Frührechnern. Online Publikation. http://www.margritstamm.ch/dokumente/online-publikationen/184-lernentwicklungen-von-fruehlesern-2004/file.html

Stamm, M. (2010). *Frühkindliche Bildung, Betreuung und Erziehung.* Bern, Stuttgart, Wien: Haupt. (UTP. 3412.)

Stamm, M. (2014). Mythos „Wunderkind“. In M. Stamm (Hrsg.), *Handbuch der Talententwicklung* (S. 173–82). Bern: Huber.

Stapf, A. (2010). *Hochbegabte Kinder.* München: Beck.

Stedtnitz, U. (2008). *Mythos Begabung.* Bern: Huber.

Stern, E., & Neubauer, A. (2013). *Intelligenz. Große Unterschiede und ihre Folgen.* München: Deutsche Verlags-Anstalt.

Sternberg, R.J. (2001). Giftedness as developing expertise: A theory of the interface between high abilities and achieved excellence. *High Ability Studies, 12* (2),159–179.

Stiensmeier-Pelster, J., Braune-Krickau, M., Schürmann, M., & Duda, K. (2014). *Depressionsinventar für Kinder und Jugendliche.* Göttingen: Hogrefe.

Stiensmeier-Pelster, J., & Schöne, C. (2008). Fähigkeitskonzept. In W. Schneider & M. Hasselhorn (Hrsg.), *Handbuch der Pädagogischen Psychologie* (S. 62–73). Göttingen: Hogrefe.

Tewes, U., Schallberger, P. & Rossmann, U. (1999). Hamburg-Wechsler-Intelligenztest für Kinder III. Bern: Huber

Textor, M.R. (2014). Hochbegabte Vorschulkinder entdecken und angemessen fördern. In M. Stamm (Hrsg.), *Handbuch der Talentforschung* (S. 143–160). Bern: Huber.

Trudewind, C. (1975). *Häusliche Umwelt und Motiventwicklung* (Motivationsforschung, Bd. 4). Göttingen: Hogrefe.

Urban, K.K. (2004). *Kreativität: Herausforderungen für Schule, Wissenschaft und Gesellschaft*. Münster: LIT-Verlag.

Vock, M., Preckel, F., & Holling, H. (2007): *Förderung Hochbegabter in der Schule.* Göttingen, Bern, Wien: Hogrefe.

Wagner, H., & Neber, H. (2007). Nationale und internationale Leistungswettbewerbe im Kontext. In K.A. Heller & A. Ziegler (Hrsg.), *Begabt sein in Deutschland* (S. 209–212). Berlin: LIT-Verlag.

Wahl, D., Weinert, F.E., & Huber, G.L. (2001). *Psychologie für die Schulpraxis.* München: Kösel.

Watson, J. (1972). Smiling, cooing and the game. In Bruner, J.S., Jolly,A. & Sylva, K. Play. New York: Basic books

Webb, J., Meckstroth, E., & Tolan, E. (2004). *Hochbegabte Kinder, ihre Eltern, ihre Lehrer.* Bern, Stuttgart, Toronto: Huber.

Weiner, B. (1994). Motivationspsychologie. Weinheim: Beltz.

Weiner, B., & Kukla, A. (1970). An attributional analysis of achievement motivation. *Journal of Personality and Social Psychology, 15,* 1–20.

Weinert, F.E. (2000). Begabung und Lernen: Zur Entwicklung geistiger Leistungsunterschiede. In H. Wagner (Hrsg.), *Begabung und Leistung in der Schule.* Bad Honnef: Bock.

Weinert, F.E., & Helmke, A. (Hrsg.). (1997). *Entwicklung im Grundschulalter.* Weinheim: Psychologie Verlags-Union.

Weinert, F.E., & Stefanek, J. (1997). Ergebnisse aus dem Scholastik Projekt. In F.E. Weinert & A. Helmke (Hrsg.), *Entwicklung im Grundschulalter.* Weinheim: Psychologie Verlags-Union.

Weiß, R.H. (2006). Culture Fair Intelligence Test – Revised, Version 20-R; Grundintelligenztest. Göttingen: Hogrefe

Wieczerkowski, W. (2002). Zwischen Selbstkonzept und Erwartungshaltung. Orientierungen und Präferenzen mathematisch befähigter Mädchen im Vergleich. In H. Wagner (Hrsg.), *Hoch begabte Mädchen und Frauen* (S. 51–65). Bad Honnef: Bock.

Wieczerkowski, W., & Prado, T. (1990). *Hochbegabte Mädchen.* Bad Honnef: Bock.

Wieczerkowski, W., & Prado, T.M. (1993). Spiral of disappointment: Decline in achievement among gifted adolescents. *European Journal for High Ability, 4,* 126–141.

Winner, E. (2007). *Kinder voll Leidenschaft.* Berlin: LIT-Verlag.

Winterbottom, M.R. (1958). The relation of needs for achievement to learning experience in independence and mastery. In J.W. Atkinson (Hrsg.), *Motives in fantasy, action, and society* (S. 453–478). Princeton: Van Nostrand.

Wittmann, A.J. (2003). *Hochbegabtenberatung. Theoretische Grundlagen und empirische Analysen.* Göttingen: Hogrefe.

Wittmann, A.J., & Holling, H. (2001). *Hochbegabtenberatung in der Praxis.* Göttingen, Bern, Toronto: Hogrefe.

Wollersheim, H.W. (2014). Talent und Begabung in der Pädagogik. In M. Stamm (Hrsg.), *Handbuch Talententwicklung* (S. 23–32). Bern: Huber.

Woodworth, R.S. (1918). *Dynamic psychology.* New York: Colombia University Press.

Wygotski, L.S. (1987). *Ausgewählte Schriften. Band 2.* Berlin: Verlag Volk und Wissen.

Ziegler, A. (2000). Die vier Aufgaben der Motivationsförderung von Begabten. In H. Wagner (Hrsg.), *Begabung und Leistung in der Schule* (S. 97–115). Bad Honnef: Bock.

Ziegler, A. (2002). Reattributionstrainings: Auf der Suche nach Quellen der Geschlechtsunterschiede im MINT-Bereich. In H. Wagner (Hrsg.), *Hoch begabte Mädchen und Frauen* (S. 85–97). Bad Honnef: Bock.

Ziegler, A. (2007). Förderung der Leistungsexzellenz. In K.A. Heller & A. Ziegler (Hrsg.), *Begabt sein in Deutschland* (S. 113–138). Berlin: LIT-Verlag.

Ziegler, A. (2010). Hochbegabte und Begabtenförderung. In Tippelt, R. & Schmidt, B. (Hrsg.), *Handbuch Bildungsforschung* (S. 937–951). Wiesbaden: Springer VS-Verlag.

Ziegler, A., & Perleth, C. (1997). Schafft es Sisyphos, den Stein den Berg hinaufzurollen? Eine kritische Bestandesaufnahme der Diagnose- und Fördermöglichkeiten von Begabten in der beruflichen Bildung vor dem Hintergrund des Münchner Begabungs-Prozess-Modells. *Psychologie in Erziehung und Unterricht, 2,* 152–163.

Ziegler, A., & Schober, B. (2001). *Theoretische Grundlagen und praktische Anwendung von Reattributionsstrainings.* Regensburg: Roederer.

Zlabinger, R. (2007). *Gültigkeitsüberprüfungen von Verfahren zur Erfassung kreativer Motive.* Nijmegen, St. Pölten: ECHA. (Unveröff. Diplomarbeit zur Erlangung der Qualifikation „Specialist in Gifted Education").

Der Autor

Prof. Dr. phil. habil. Gerhard Lehwald. Studium der Pädagogik in Berlin (Staatsexamen 1966) und der Psychologie in Leipzig (Diplom- Psychologe 1973). Tätig an verschiedenen Universitäten im In- und Ausland (Gastprofessuren). Langjähriger Direktor des Zentrums für Potentialanalyse und Begabtenförderung und Leiter einer Beratungsstelle für hochbegabte Kinder. Vielfältige Vortrags- und Lehrtätigkeit zur Diagnostik, Förderung und Beratung Hochbegabter im Rahmen des European Council High Ability (ECHA). Etwa 200 Veröffentlichungen. Forschungsgebiete: Entwicklungs- und Pädagogische Psychologie, Diagnostik und Förderung von Begabungen, Motive und Persönlichkeitsstruktur Hochbegabter, Beratungspsychologie (einschließlich Lehrertraining).

Register

F

G

H

L

M

N

O

P

Förderung und Entwicklung von Talent

Margrit Stamm (Hrsg.)

Handbuch Talententwicklung

Theorien, Methoden und Praxis in Psychologie und Pädagogik

2014. 594 S., 60 Abb., 12 Tab., Gb
€ 49,95 / CHF 66.90
ISBN 978-3-456-85399-4
Auch als eBook erhältlich

Das Interesse an Themen wie Begabung, Expertise, Talent oder Exzellenz ist in den vergangenen Jahren stark gestiegen. Zwei Fragen erhalten besondere Aufmerksamkeit: Wie entwickelt sich das Talent über die Lebensspanne? Und: Welche Rolle spielt die Umgebung, die Gesellschaft und die Kultur bei der Förderung und Entwicklung von Talent? Diese Fragen rucken auch deshalb in den Fokus, weil unsere Gesellschaft in Zeiten der Globalisierung und des Mangels an hochqualifizierten Fachkräften immer dringender vor der Herausforderung steht, Talent und Begabung sowohl schon bei Kindern in Schule und Früherziehung als auch über die gesamte Lebensspanne hinweg in betrieblichem Talentmanagement gezielt zu fördern. Das Handbuch Talententwicklung untersucht die genannten Fragestellungen konsequent interdisziplinär – und versammelt die Sichtweisen von herausragenden Vertretern der Pädagogik, Psychologie, Sonderpädagogik, Neurowissenschaft und Bildungswissenschaft.

www.hogrefe.com

Ein umfassender Ratgeber zur Hochbegabung

James T. Webb et al.

Hochbegabte Kinder

Das große Handbuch für Eltern

Deutsche Ausgabe herausgegeben von
Inga Liebert-Cop / Suzana Zirbes-Domke.
Übersetzt von Cathrine Hornung.
2012. 595 S., 12 Tab., 1 Abb., Gb
€ 34,95 / CHF 46.90
ISBN 978-3-456-85157-0

Das Leben mit hochbegabten Kindern ist in vielerlei Hinsicht eine besondere Freude, aber auch eine besondere Herausforderung. Als Eltern, Lehrer oder Betreuer stehen Sie oft vor wichtigen Fragen und Entscheidungen, finden jedoch nur wenig verlässliche Informationen über die Erziehung von hochbegabten Kindern und Jugendlichen.

Dieses Buch schafft Abhilfe: James T. Webb und sein Autorenteam verfügen über viele Jahrzehnte Erfahrung zum Thema Hochbegabung. Sie geben umfangreiche und professionelle Hilfestellungen zu allen wichtigen Themen rund um die Hochbegabung Ihres Kindes.

www.hogrefe.com